诉讼与仲裁论丛
Litigation & Arbitration

Proof of Foreign Law: A Comparative Study from the Chinese Law Perspective

论外国法的查明

——中国法视角下的比较法研究

◇肖 芳 著

北京大学出版社
PEKING UNIVERSITY PRESS

图书在版编目(CIP)数据

论外国法的查明:中国法视角下的比较法研究/肖芳著.—北京:北京大学出版社,2010.11

(诉讼与仲裁论丛)

ISBN 978-7-301-17990-1

Ⅰ.①论… Ⅱ.①肖… Ⅲ.①比较法学－研究 Ⅳ.①D908

中国版本图书馆CIP数据核字(2010)第210811号

书　　　名：	论外国法的查明——中国法视角下的比较法研究
著作责任者：	肖　芳　著
责任编辑：	王　晶
标准书号：	ISBN 978-7-301-17990-1/D·2717
出版发行：	北京大学出版社
地　　　址：	北京市海淀区成府路205号　100871
网　　　址：	http://www.pup.cn　电子邮箱：law@pup.pku.edu.cn
电　　　话：	邮购部62752015　发行部62750672　编辑部62752027
	出版部62754962
印　刷　者：	三河市北燕印装有限公司
经　销　者：	新华书店
	965毫米×1300毫米　16开本　13印张　220千字
	2010年11月第1版　2010年11月第1次印刷
定　　　价：	26.00元

未经许可,不得以任何方式复制或抄袭本书之部分或全部内容。

版权所有,侵权必究

举报电话：010-62752024　电子邮箱：fd@pup.pku.edu.cn

目　录

致　谢 ……………………………………………………………（1）

绪　论 ……………………………………………………………（1）

第一章　外国法查明的基本理论 ……………………………（9）
　　第一节　外国法查明的概念 …………………………………（9）
　　第二节　外国法的性质与外国法的查明 ……………………（14）
　　第三节　冲突规范的适用和外国法的查明 …………………（24）
　　本章小结 ………………………………………………………（32）

第二章　外国法查明责任的承担 ……………………………（34）
　　第一节　当事人负责外国法的查明 …………………………（35）
　　第二节　法官负责外国法的查明 ……………………………（45）
　　第三节　法官与当事人分担查明外国法的责任 ……………（54）
　　第四节　法官与当事人在外国法查明中的合作 ……………（69）
　　本章小结 ………………………………………………………（78）

第三章　外国法查明的方法 …………………………………（80）
　　第一节　外国法查明的方法概述 ……………………………（80）
　　第二节　法官亲自调查外国法 ………………………………（87）
　　第三节　通过证据方法查明外国法 …………………………（93）
　　第四节　查明外国法的特殊方法 ……………………………（103）
　　第五节　外国法查明的国际合作 ……………………………（115）
　　本章小结 ………………………………………………………（123）

第四章　外国法的无法查明 …………………………………（126）
　　第一节　外国法无法查明的认定 ………………………（126）
　　第二节　外国法无法查明的处理 ………………………（137）
　　本章小结 …………………………………………………（148）

第五章　中国的外国法查明问题 ………………………（150）
　　第一节　我国有关外国法查明的现状 …………………（150）
　　第二节　我国有关外国法查明的立法 …………………（165）
　　本章小结 …………………………………………………（190）

主要参考文献 ………………………………………………（193）

后记　巴洛克与戴着枷锁的舞蹈 …………………………（199）

致　　谢

　　感谢我在武汉大学国际法研究所的硕士和博士导师郭玉军教授和她的丈夫蔡兴先生。是你们将我一手带入了法学的殿堂,并给予我不断的指引和鼓励。第一次见老师的情景,仍然一如昨天。当时的喜悦和激动,和之后近十年的相处时光,都成为了我一生难忘的温暖回忆。老师之于我,就如我曾经在枫园楼上时常仰望的珞珈山上的那轮明月,不管我在世界的哪个角落,她的清辉都将永远润泽我的心田。

　　感谢我在巴黎第二大学的导师 Bénédicte Fauvarque-Cosson 教授和她的先生及全家,他们于我在法国留学期间给了我如家人般的温暖。老师的才华、激情和博爱让我叹服。正如她的名字一样,她是上帝给我的恩赐,是她为我打开了上帝在对我关上一扇门后,留给我的那扇窗。怀着一颗感恩的心,我将努力把这种赐福留在我的生命之中。

　　感谢从硕士期间开始就一直给予我有形和无形的教诲和关照的武大国际法研究所各位老师:韩德培教授、黄进教授、肖永平教授和宋连斌教授。有幸认识你们并分享你们的智慧和学识,使我有了更多的资本能够安身立命和做自己喜欢的事情。感谢亦师亦友的何其生教授和邓朝晖老师,你们对我的关心总是让我感动。

　　因为本论文的写作,感谢所有曾经对本文的论题作出过研究并发表了有关论著的人们,是你们的辛勤劳动和聪明才智让我的研究有了基础和方向,我正是踩在你们的肩膀上前行的;感谢曾在博士期间为我提供过奖学金的瑞士比较法研究所、中国国家留学基金委和海牙国际法学院,论文资料的收集和写作也曾受惠于你们。

　　感谢我的父母,你们给了我一切,没有你们的爱,我将失去行走于世界的勇气和力量。感谢我年迈的祖父母和姑妈们、叔叔,他们一直都给予我无私的支持和爱护。感谢我温厚淳良的妹妹和表姐,她们热情地接待了我,陪伴了我最后的论文写作时光。

　　感谢曾给予了我无私的关心和帮助,并陪伴我的同窗和师弟师妹们。

虽然我在这里没能一一道出你们的姓名,但是,我希望每一个关爱我的人都能感受到我对你们的感激之情。

感谢北大出版社的编辑王晶女士,她工作之细致与严谨让我时常佩服,为了本书的出版,她也付出良多。

黑夜中,随着音符的跳动,我在心中和自己默默地分享这一路走来的感悟和感动。那一刻的喜悦和激动,一如儿时上学途中我大声地招呼伙伴,"快,过来看啊……":九月的晨光中,路边紫色小菊花上的露珠熠熠生辉,宛若世间最美丽的宝石……

肖芳

2010年10月于北京

绪　　论

国际私法这一首先由学者们创设出来的法,在其几百年的发展中,逐渐构建起宏大而精巧的理论大厦。在这个过程中,国际私法除了收获了世人的赞叹和崇拜之外,也同时被认为是艰深而晦涩的一门学问。那个著名的关于国际私法是黑暗的沼泽地的比喻,和那个关于国际私法学者是一群说着别人所不懂的"行话"、阴郁而孤僻的教授们的形象相映成趣。其实,国际私法以巴托鲁斯等学者为父的出身,就在很大程度上决定了其长期以来过于偏向于理论构建的性格。在国际私法的成长中,法官的角色或地位相对微弱,也使其在司法实践中受到的冷遇易于理解。只是,当我们有一天不再只是醉心于高深的国际私法理论探讨和建设的时候,我们赫然发现,原来司法实践和理论理想之间还有不小的距离。为了国际私法所主张的平等适用内外国法律的理想,我们精心设计了冲突规范,并期望能让应该得到适用的外国法使争议得到合理的解决,最后构建和谐、有序的国际民商事法律关系。但是,身负众望的冲突规范不时地被人抛到一旁,被学界所青睐的"外国法的适用"也不时成为纸上谈兵。国际私法学界在苦恼和愤懑中,开始追寻这一令人沮丧的现实的原因之所在。于是,外国法的查明问题高调进入我们的视野,并且其重要性日渐凸显。

在不同的视角里,外国法的查明具有不同的形象:它是支撑整个国际私法理论大厦的支柱,关系到"国际私法的生死存亡"[1],其单薄让学界唏嘘与担忧;它是"冲突规范任意适用"理论的催化剂,其困难与繁琐让法官和当事人规避冲突规范的适用显得合理[2];它是美国"冲突法革命"者手中的一面

---

[1] 参见郭玉军:《论外国法的查明与适用》,载《珞珈法学论坛》(第6卷),武汉大学出版社2007年版,第240—253页。See also Fentiman, English Private International Law at the End of the 20th Century: Progress or Regress? in Symeon C. Symeonides (ed.), *Private International Law at the End of the 20th Century: Progress or Regress?* Kluwer Law International, 2002, pp.187—188.

[2] See Axel Flessner, Fakultatives Kollisionsrecht, *RabelsZ* 1970, S.550, 551. 转引自徐鹏:《冲突规范任意适用研究》,武汉大学博士学位论文,2006年,第48页。

旗帜,它的难解也成为冲突规范被诟病的一个理由①;它是我国涉外民商事审判事业亟待突破的"瓶颈",外国法往往因为它而不能得到适用,影响了我国的对外开放事业。毫无疑问,它是国际私法中最困难而最有争议的问题之一。

一、研究外国法查明问题的意义

外国法的查明问题本身是国际民商事案件审判过程中十分重要的一部分。在国际私法中,准据法的选择即对具体案件应适用哪一个国家(或法域)的法律一直以来都是居于最主要的地位。但是,当确定了一项外国法应被得到适用后,案件的裁判过程远没有就此结束。由于外国法并不如本国法那样被本国裁判者所熟知,到最后得出裁判往往还有一段不短的路要走。甚至可以说,外国法的查明是国际私法法律选择理论得以最终落到实处的前提条件。②我们在法律选择的问题上建立起了复杂而精巧的理论大厦,但是连接该大厦和地面并支撑它的却是外国法的查明问题。我们在研究和设计冲突规范时,往往是在一个假设的基础上进行的:法院地法和外国法在法院能得到平等对待,或者说外国法能得到如在其本国法院一样的对待。由此,当冲突规范指向外国法之后,法官应该能够作出与外国法官相同的判决。进而,如果各国采用相同的冲突规范,那么,当事人无论在哪一个国家提起诉讼都会得到相同的判决。这一点也成为国际统一冲突法立法的动力和基础。但是,我们不能忽视的是,实际上该要求在很大程度上仍然只是一种假设。如果法院并不能如适用本国法一样适用外国法,则最好的冲突法制度只能存在于理论之中。③冲突法制度的功能的发挥取决于其在国内法院的实施情况,而这又取决于法官能否如适用本国法一样适用冲突规范指定的外国法,外国法的查明就是在该过程中法官和当事人所遇到的最主要的困难。

对外国法的查明和适用的研究体现了国际私法研究进入了一个新的阶

---

① See Friedrich K. Juenger, General Course on Private International Law, *Recueil des Cours*, Vol. 193, 1985, pp.202—205.

② 有学者指出,具备三个主要的条件才能保证法官在本国适用外国法:法官依职权适用冲突规范;法官了解外国法;法官在最高法院的监督下解释外国法。Voir Bernard Audit, *Droit International al Privé*, Economica, 2007, p.216. 也只有在这些条件下,国际私法的平等适用内外国法律的理想才能实现。

③ See F. Vischer, General Course on Private International Law, *Recueil des Cours*, Vol. 232, 1992, p.90.

段,它必将导致国际私法司法实践的发展,从而促进国际私法自身的进步。首先,对外国法的查明与适用的考察,意味着国际私法对实践情况越来越关心。在这样一个已经没有谁会去讨论进行宪法、刑法、民法等专门立法的必要性的时代,在包括中国在内的一些国家的学者们仍然在为国际私法的专门立法而奔走呼号的时候,我们无法说国际私法作为一个法律部门是成功的。国际私法从"学说法"的传统上来说,一直都有过于倾向于理论而不够关注司法审判实践的缺点,从而使其显得高不可攀,必然曲高和寡。而对外国法查明和适用的考察却是从司法制度和司法实践出发来对国际私法基本理论制度进行研究,这样一种路径的采用必然给国际私法带来新的视角和活力。对于社会科学学术研究路径来说,从理论到理论无疑是不可取的,从理论到实践和实践与理论并重才是上策。其次,正如有学者所指出的,国际私法的学术研究总是将注意力集中在冲突规范的设计上,而忽视其他问题,将程序问题当作不是很重要的实践事项。①外国法的查明的研究将对该被忽视而显得薄弱的部分有所加强。冲突规范的设计唯有和其他问题一起平衡发展才能最终促进国际私法真正指导和适用于司法实践。最后,外国法的查明和适用考察的正是外国法的适用问题,促进的正是国际私法冲突规范的目的的实现,因此该制度的合理构建本身就会为国际私法实践的发展提供更广阔的前景。外国法查明问题的受重视,无疑应该被视为国际私法的进步。

此外,外国法的查明问题不仅涉及国际私法理论,还涉及各国国内的民事诉讼制度。对这一问题的研究不仅要考虑我们如何适用外国法这样根本性的问题,还要考察各国国内的民事诉讼制度。可以说,对外国法查明问题的研究将涉及国际私法领域以及民事诉讼领域的诸多方面,有关的研究成果将会体现重要的理论价值。

最后,对外国法查明问题的研究也具有重要的现实意义。外国法由一个概念变为作为准据法的一项项具体的法律,并最后和案件事实结合而得出裁判,这些都有待于外国法的查明。具体到我国的情况来说,最初提出外国法查明问题的不是理论界,而是实践界人士特别是法官们。这说明法官们在实践中遇到这些问题了,需要和理论界来共同研究加以解决。对于今天的中国来说,外国法应得到适用的情况越来越多。相应地,如何查明外国

---

① See Richard Fentiman, *Foreign Law in English Courts: Pleading, Proof and Choice of Law*, Oxford, 1998, p.6.

法的问题也会越来越多地被提出,因为这是一个只要有适用外国法的情况就有可能会遇到的问题。以后这一问题也只会越来越突出。在我国的涉外审判实践中,根据有学者对近几年的涉外案件的抽样调查,虽然外国法在我国法院的适用比例较低,但涉外司法实践中反映出的与外国法查明和适用有关的问题却很多。其中,最棘手和突出的问题是:在涉外审判中法官对适用外国法信心不足,有时会采取一些方法回避适用外国法,从而影响案件的结果,影响涉外案件当事人合法权益的保护。①

二、外国法查明问题的研究现状

(一) 国内研究现状

外国法的查明问题在很长一段时期一直并没有受到我国理论界的重视。虽然从20世纪80年代开始就有少量关于外国法查明的论文发表,但是这些论文也仅是从外国法的查明作为一个国际私法基本理论问题的角度进行讨论的。这种情况也可以理解,因为在涉外民商事案件的审判实践并不丰富的情况下,也很少遇到关于外国法查明的判例,所以理论研究也很容易限于泛泛而谈。另外,我国国际私法学界在很长时间内也曾一直将研究的注意力放在关于如何进行法律选择和冲突规范的设计问题上,而并没有认识到外国法的查明和适用问题的重要性。因此,学界在这一问题上的研究仍然停留在教科书的层面上,而有关教科书的论述也是多年以来一成不变,已经落后于时代和实践了。

但是,近几年这种状况有所改变。首先是实践部门的法官们,如詹思敏、张磊等②,根据自己在司法实践过程中遇到的外国法查明问题以及所采取的处理方法,主要从我国的实际情况出发,对外国法查明的问题进行了探讨。但是,这些研究的缺点在于,缺乏理论深度,往往是就事论事,论述既不系统也不全面,更没有进行令人信服的比较法研究。尽管如此,这些文章从了解我国的外国法查明的现实状况和实践需要的角度来说,仍然具有一定的参考价值。此外,这些论文的出现,对于引起我国理论界对外国法的查明和外国法在我国的适用情况的关注,功不可没。

---

① 参见郭玉军:《近年中国有关外国法查明与适用的理论与实践》,载《武大国际法评论》(第7卷),武汉大学出版社2007年版,第3页。

② 这些论文包括:詹思敏:《外国法的查明与适用》,载《法律适用》2002年第11期;张磊:《外国法的查明之立法及司法问题探析》,载《法律适用》2003年第1期;贺晓翊:《我国法院对英美法系判例法的查明与适用》,载《人民法院报》2004年11月10日等。

然后,"觉醒"起来的国际私法学者们也积极地投入到了对外国法查明的研究中去。由于外国法的适用、查明和解释这几个问题关系密切,因此,往往被放在一起来讨论。在这些研究中,郭玉军教授通过比较法的研究从理论上,同时通过对我国有关判例的考察,也从实践上对外国法的查明和适用问题进行了系统和深入的研究。[1]宋晓博士主要从英美法的视角出发,也结合我国的实际情况对外国法的查明问题进行论述。[2]而徐鹏博士主要从大陆法系特别是德国法的视角,在讨论冲突规范的强制适用还是任意适用的过程中,对外国法的查明问题也有较深入的论述。[3]这些研究都具有较大的参考价值。

因此,就现在的情况来看,我国理论界和实践界都在试图共同探讨如何更好地解决外国法的查明问题。本书的写作正好适应了这样一种发展趋势。笔者希望,不管是在资料收集和占有上,还是在有关理论体系的建构和篇幅长短、内容丰富程度上,本书能成为我国在外国法查明问题的研究上最重要的成果之一。

(二)国外研究现状

如同在其他国际私法问题上的情况一样,在外国法的查明上,欧美发达国家的研究已经领先了我国很多年。这是可以理解的,因为欧美发达国家在有关国际民商事案件审理上的丰富实践是我国所无法相比的。从有关国家的研究现状来看,可以说,外国法的查明是一个既传统又前沿的问题。

在所有的国际私法经典著作里,我们都可以找到有关外国法查明的论述。在大陆法系的论著中,它是作为"外国法的适用"或"冲突规范的适用"中的一个问题来研究的。在有的国家,外国法的查明是"外国法的程序性地位"的一部分。而对于英美法系学者来说,外国法的查明(proof of foreign law)是作为一个独立的冲突法基本理论问题来研究的。从这个意义上来说,外国法的查明应该算得上国际私法的传统问题。

此外,各主要国家的学者也从本国法的角度对冲突规范和外国法的适

---

[1] 参见郭玉军:《近年中国有关外国法查明与适用的理论与实践》,载《武大国际法评论》(第7卷),武汉大学出版社2007年版,第1—20页;郭玉军:《论外国法的查明与适用》,载《珞珈法学论坛》(第6卷),武汉大学出版社2007年版,第240—253页。

[2] 参见宋晓:《外国法:"事实"与"法律"之辨》,载《环球法律评论》2010年第1期,第14—21页。

[3] 参见徐鹏:《冲突规范任意适用研究》,武汉大学博士学位论文,2006年;徐鹏:《外国法查明的比较研究——兼评相关条文设计》,载《中国国际私法与比较法年刊》(第10卷),北京大学出版社2007年版,第159—190页。

用问题做了深入的研究并出版了相关的论著,在这些著作中当然有相当的篇幅是关于外国法查明的论述。德国学者 Flessner 于 20 世纪六七十年代首先注意到了德国法官依职权进行外国法的查明和适用所面临的困难,以及由此造成的外国法的适用在德国法院被规避或忽略的现象,从而提出了主张冲突规范任意适用的理论。但是他只是将外国法查明的困难作为了其理论的论据之一,外国法的查明本身并不是他所要论述的对象。法国学者对于冲突规范和外国法的适用的研究成果中最重要的是 Bénédicte Fauvarque-Cosson 教授所著的《权利的可自由处分性和法律冲突》[①]一书。她围绕法国国际私法司法实践中所逐渐确立的"权利可自由处分性"这一概念,对冲突规范的适用和外国法的查明与适用等一系列问题在法国的处理情况进行了系统而精辟的论述。外国法的查明问题在法国是与"权利的可自由处分性"紧密联系在一起的。而对于英美法国家来说,英国学者 Fentiman 的著作《外国法在英国法院:法律的主张、查明和选择》[②]是一本不可多得的了解英国有关国际私法案件审判制度和实践的力作,其对独具特色的英国的外国法查明和适用制度有深入的探讨。

当然,我们也并不缺少对外国法的查明和适用进行比较法研究的成果。英国学者 Hartley 在关于欧洲主要国家法律制度下外国法主张和查明的比较研究的论文中,提出了英国和德国各自居于一个坐标的两端,而以法国为首的其他几个国家居于中间的论断,揭示了关于外国法的查明和适用的比较法研究上一个最简单也最重要的事实。[③]他的观点甚至对以后的有关外国法查明和适用的比较法研究都具有相当的启发和指导意义。Geerooms 所著的《民事诉讼中的外国法:比较和功能主义的分析》一书[④],据说就是在该论文的启发之下所做的比较法研究。该书以关于外国法在本国法院的查明和适用的具体问题为经,以几个主要法系和法律传统的不同国家的法律制度为纬,对各有关国家的相关制度进行了梳理。其关于各国的理论和司法实践的介绍之翔实,使该书在作为研究参考资料上具有很大的价值。但是,遗憾的是,作者在各种具体制度和实践的比较中,并没能得出有建设性的观

---

① Voir Bénédicte Fauvarque-Cosson, *Libre Disponibilité des Droits et Conflits de Lois*, Paris, 1996.
② See Richard Fentiman, *Foreign Law in English Courts: Pleading, Proof and Choice of Law*, Oxford, 1998.
③ See Trevor Hartley, Pleading and Proof of Foreign Law: the Major European Systems Compared, *International & Comparative Law Quarterly*, Vol. 45, 1996, pp. 271—292.
④ See Sofie Geerooms, *Foreign Law in Civil Litigation: A Comparative and Functional Analysis*, Oxford, 2004.

点。芬兰学者 Jänter-Jareborgä 在 2003 年《海牙国际法学院演讲集》中的论文《内国法院中的外国法：比较法的视角》[①]中也有关于外国法查明问题的探讨,为我们提供了斯堪的那维亚国家关于外国法的查明与适用的有关情况和信息,其比较法的视角和务实的观点值得赞赏。

从上述研究,我们也发现,外国法的查明是一个传统问题的同时又是一个前沿问题。从现有的一些论著来看,关于这些问题的研究远没有达到彻底深入和令人满意的程度。各国学者对于这一问题还在继续进行着热烈的讨论。而外国法的查明作为其中的一个重要部分,还没有有关的专门论著,与之有关的一些具体问题也还有待于继续深入、系统和细致的研究。

三、本书的研究目的

首先,对外国法的查明进行比较法的研究,以获得理论上理想的外国法查明制度。对外国法的查明中的具体问题分别进行比较法研究,以形成对这些问题的深入系统的认识。通过比较研究在外国法的查明上各主要国家的不同做法特别是两大法系之间的分歧,揭示在外国法的查明问题上,内国法院所应该采取的态度和做法。

其次,通过对我国有关外国法查明的实践情况的考察,发现我国有关外国法查明的现实状况以及其中所存在的问题。然后结合比较法中理想的外国法查明模式和制度,来寻求对于我国来说最合适的外国法查明制度,以求对我国的有关立法和司法实践发挥指导作用。

四、本书的研究方法

本书将主要采用比较研究的方法。在系统考察各主要国家在外国法查明问题上的不同做法的基础上,结合这些国家各自不同的司法制度和法律传统,进行比较研究,从而揭示在外国法的查明上,世界上的主要模式或做法之间的差异和相似之处。为了使比较研究更有效,我们特别注意了对作为研究对象的有关国家的选择。首先,在外国法的查明和适用上做法差异最大,分别是外国法"事实说"和外国法"法律说"两大传统的代表的英国和德国无疑是我们应该重点研究的。其次,作为在外国法的查明问题上采用混合主义做法的两大代表,美国和法国也是我们研究的对象。美国法在世

[①] See Maarit Jäntera-Jarebor, Foreign Law in National Court: A Comparative Perspective, *Recueil des Cours*, Vol. 304, 2003, pp.181—385.

界范围的影响,我们姑且不论,美国在外国法的查明问题上对早期从英国继受的普通法传统不断进行改革,从而形成了自己的做法,这一过程本身就值得引起我们的注意。而法国因为其独特的外国法处理方式,以及法国理论和司法界在外国法的查明和适用问题上不懈探索而涌现出异彩纷呈的判例和理论,让我们不能忽视其存在。此外,法国法对某些欧洲国家如比利时和不少非洲国家的影响,也是我们必须对其进行考虑的原因。最后,进入本书研究视野的还有瑞士和西班牙。瑞士的国际私法研究水平之高可以说几乎是举世公认,1987年瑞士《联邦国际私法法规》作为一部开启了一个国际私法立法高潮的国际私法典而在世界范围备受推崇,即是明证。同为成文法传统国家,瑞士在外国法查明上的做法刚柔兼备,值得我国借鉴。而西班牙之所以值得我们考察,一方面是因为西班牙法对拉丁美洲国家的影响,另一方面是因为,在资料收集中笔者发现,在外国法的适用和查明问题上,西班牙的做法和我国的现实情况有较大的相似性。

本书还将采用实证分析的方法。在比较法研究过程中,除了有关的立法以外,各国的司法实践情况,特别是有关的判例将是本书研究的重要对象。而在对我国有关外国法查明情况的研究中,也将重点研究我国的有关司法实践,特别是我国法院的有关判决和做法。只有先掌握我国的实际情况,特别是有关的司法解释的实施情况,才能结合我们在比较法研究中获得的外国法查明的理想模式,而获得适合我国的合理的外国法查明制度。

第一章 外国法查明的基本理论

外国法的查明可以说是一个从名称和概念开始就存在争议的问题,这从其在不同国家的不同表述方法中就可见一斑。而关于外国法的性质是事实还是法律以及冲突规范是依职权适用还是任意适用的争论,也是长期以来一直困扰着外国法的查明的问题。为了给有关外国法的查明的研究提供一个良好的理论基础和前提,我们有必要首先对外国法的查明的概念、外国法的查明问题和一些相关问题的关系进行厘清和阐明。

第一节 外国法查明的概念

在英美法系国家,外国法的查明一般被称为"外国法的证明"(proof of foreign law);在大陆法系国家,外国法的查明被称为"外国法内容的确定"(establishment of the content of foreign law)。[①]二者表述方式不同,也代表了不同的内涵:在英美法国家,外国法最初被视为是"事实",因此属于应该由当事人提供的"证据"的范畴;而在大陆法国家,传统上并不将外国法等同于事实,因此该表述是从法官适用法律的角度来说的。而今天,关于外国法是事实还是法律的纷争已经基本平息,各国基本认为,外国法是具有特殊性质的法律,而外国法是事实还是法律的争论,对外国法的查明已经并不具有当然的影响和直接的联系。[②]因此,从这个角度来说,英美法中"外国法的证明"的表述在某种意义上并不如"外国法内容的确定"显得更为客观。[③]但作为习惯说法,我们还是往往采用"proof of foreign law"。而我国将其翻译成

[①] 以法国为例,其在法国被称为"外国法内容的确定"(ascertainement du contenu de loi étrangère)或者"对外国法的了解"(connaissance de la loi étrangère)。Voir Pièrre Mayer et Vincent Heuzé, *Droit International Privé*, Montchrestien, 2004, p.132.

[②] 具体情况参见本章第二节有关内容。

[③] 也是因为这样的考虑,笔者支持用"ascertainment of foreign law"这样中立的表述。也有学者曾经使用这种表述方式。参见 Friedrich K. Juenger, General Course on Private International Law, *Recueil des Cours*, Vol. 193, 1985, p.203.

"外国法的查明",应该说还是比较合适的,它并没有像"外国法的证明"那样,将主语预设定为当事人,其和"外国法内容的确定"一样比较客观。外国法查明的主体往往为法官、当事人、有关的行政登记官员和仲裁员。① 而外国法的查明的客体包括所有可以对案件裁判结果产生影响的外国的法律规范。②

一、外国法查明问题的发生:广义的概念与狭义的概念

外国法查明问题一般发生在案件应适用的法律为外国法,而该外国法的存在和内容不为法官所了解的情况下。案件的法律适用为外国法的情况,包括法官认定案件应适用外国法,以及当事人认为案件应适用外国法的主张得到法官的认同等情况。从逻辑上来说,案件应适用外国法是外国法的查明问题发生的前提。法官在适用冲突规范确认外国法的适用之前,没有必要审查竞相适用或可能适用的各个法律体系的法律规范,只有当冲突规范指引的是外国法时,法官才面临该外国法的查明问题。对当事人来说也是如此,在起诉或答辩过程中,并不存在应由其来承担确定外国法的存在和具体内容的任务的问题,也仅在当事人认为案件的法律适用为外国法的主张得到法官的认同之后,当事人才有可能被认为应该承担该任务。狭义的外国法的查明的概念也应限定为案件的法律适用确定为外国法之后,围绕如何确定该外国法的存在和具体内容是什么而发生的一系列的制度,包括外国法的查明任务的分担、外国法查明的方法、外国法无法查明的处理等问题。

在理论和实践中,我们也可能从广泛的意义上,或者说从字面意义上,使用"外国法的查明"的表述,其包括法官和当事人在任何时候和阶段所进行的有关了解可能得到适用的外国法的行为。③ 该广义的外国法的查明的概念在理论研究中并不可取。例如,当事人(包括其诉讼代理人)对外国法的查询和了解,包括在起诉准备阶段和诉讼程序进行中,是否都属于外国法的查明的范围呢?笔者认为应该不是,当事人在起诉准备阶段对外国法的了

---

① 考虑到实践中比较突出的是法院对域外法的查明,因此本书将主要围绕法院对域外法的查明展开。对于行政登记程序和仲裁程序中的外国法的查明问题,本书暂不做特别论述。
② 从国际私法研究的角度来说,为了行文方便,本书所说的"外国"法应该也包括"外法域"法。外国法的查明问题当然包括域外法的查明问题。
③ 例如有学者就认为,所有与"如何在法院获得可以从中确定外国法的意思的信息"有关的问题都属于外国法的查明。See John G. Sprankling and George R. Lanyi, Pleading and Proof of Foreign Law in American Courts, *Stan J. Int'l L.*, Vol. 19, 1983, pp. 3, 42.

解应该不属于我们讨论的外国法的查明的范围;如果是的话,那么外国法的查明这一制度的核心内容之一,查明责任的承担问题将从何谈起?一个明显的例子是,在"挑选法院"现象中,原告在确定其要提起诉讼的法院之前,应该是查询和了解了有关国家的法律规定,并对自己的争议进行预先评价之后,才最后决定在哪个法院进行诉讼的。而当事人所进行的这些了解外国法的行为,可能可以被包括在广泛意义上的"外国法的查明"含义之内,但不应该属于我们本书所要讨论的问题的范围,也不应该属于作为国际私法中的一项制度的"外国法的查明"的范围。外国法的查明之所以在理论上具有探讨的意义和相对独立性,就在于外国法的查明责任的分担和外国法无法查明的处理等问题的存在。如果以该核心问题的丧失来换取其概念的扩张,实在不是理性的选择。

当然,我们也不能否认,在现代国际私法中,由于采用补充性连接点或重叠性连接点的冲突规范的出现,在适用这些冲突规范情况下的外国法查明问题具有特殊性。这种实体取向的冲突规范,其所希望达到的实体解决结果其实已经给定,但是该结果的实现条件是要查明所规定的多个法律中有一个法律可以达到这个结果。这些规则可能要求法官必须依职权去调查获得实体结果的条件是否满足,探明竞相适用或可能适用的法律的内容、立法政策或目的。①这些特殊情况我们可以特别讨论,但是其并不构成我们放弃外国法查明的狭义概念立场的充足理由。

外国法的查明可以在初审、上诉审和最高法院的程序中进行。实际上,在有些国家,由于外国法长期以来被简单地当作"事实"来对待,而作为一般原则,"事实"总是只在一审程序中进行证明,因此在这些国家比如西班牙,最高法院长期以来就认为,外国法必须只在一审程序中证明。②但是正如我们下文所要论述的,虽然各国对外国法的认识和处理存在不同的传统,但是外国法并不是简单的"事实"。用对待一般事实的制度来对待外国法,也是不妥的。

此外,从外国法的查明发生的角度来说,还有一点值得指出:外国法的查明之所以成为问题,是因为外国法的内容的确定存在困难。从另一个角

---

① See F. Vischer, General Course on Private International Law, *Recueil des Cours*, Vol. 232, 1992, p.83.

② Alfonso-Luis Calvo Caravaca & Javier Carrascosa Gonzalez, The Proof of Foreign Law in the New Spanish Civil Procedure Code 1/2000, in *IPRax*: *Praxis des Internationalen Privat- und Verfahrensrechts*, Issue 2, 2005, p.171.

度来说,外国法的查明并不是一个必须特别予以讨论和注意的问题,也并不是案件审判过程中一个不能逾越和省略的阶段。在有的国家,如果法官对有关的外国法有足够的了解,甚至对该外国法的了解并不逊于对本国法的了解,或者有关该外国法的内容是举世皆知的,则外国法的查明就不成其为问题。①

二、外国法查明的对象

外国法查明的对象显然就是"外国法",是所有应适用于案件事实、可以对案件裁判结果产生影响的外国的法律规范。而判断哪些形式的规范能够构成有法律效力的规范,即该外国法包括哪些法律渊源,则应该根据该外国法来进行判断。

由于法律制度上的差异,各国具有法律约束力的规范性文件的形式也不同,往往并不限于立法机关制定的成文法或有关的习惯法。可以说外国法的查明对象是比较广泛的。1968年欧洲理事会成员国之间专门针对外国法的查明所缔结的《关于提供外国法资料的欧洲公约》(以下简称"1968年《伦敦公约》")对"外国法资料"所作的广义解释可以作为参考。根据该解释,"外国法资料"的范围不仅仅包括立法机关制定的成文法,而且还包括其他对于审判实践具有指导意义或参考价值的文本。请求国可以要求提供被请求国在民商事领域的法律和诉讼程序的资料,以及有关司法组织的资料。被请求国的答复应当包括有关的法律文本、司法判例;同时还应附具使请求机关正确理解有关法律制度所必需的任何其他资料,诸如理论文章的摘要和立法过程中的准备文件,也可以附加说明性的注解。②笔者认为,外国法的查明对象"外国法"具有较丰富的内涵,范围也比较广泛。其包括可以被认为是法律渊源的成文法、判例法、习惯法、法学学说及立法准备资料等对案件审判具有约束力和指导意义的所有形式的材料。

至于作为外国法查明对象的外国法是当事人主张的外国法,还是法官

---

① 有学者认为,"无论是坚持事实说的国家,还是坚持法律说的国家,均承认外国法须先经过查明或证明才能予以适用"。参见宋晓:《外国法:事实与法律之辨》,载《中国国际私法学会2005年年会论文集》。这种认定实际上是不准确的。例如,《德国民事诉讼法典》第293条规定:"外国的现行法、习惯法和自治法规,仅限于法院所不知道的,应予以查明。"英国法官对一般法律原则和被认为是共识的外国法的有关规定也可以进行司法认知,当事人就此也不用承担外国法查明的责任。See Dicey and Morris, *The Conflict of Laws*, 13th ed., Sweet & Maxwell, 2000, p. 222; Richard Fentiman, *Foreign Law in English Courts: Pleading, Proof and Choice of Law*, Oxford, 1998, p. 250.

② 参见1968年《伦敦公约》第1条、第7条。

确定适用的外国法,由上述外国法的查明的发生阶段来看,可以成为外国法的查明制度对象的"外国法"应该就是法官确定适用的外国法。当事人主张的外国法可以成为当事人证明的对象,但是并不一定能成为外国法查明制度的对象。

外国法查明的对象是只限于外国的实体法,还是也包括外国的冲突规范呢?笔者认为,应该可以包括外国的冲突规范。这主要涉及在有关案件中存在"反致"的情况。而"反致"的发生又关系到一国法院和有关法律对"外国法"概念的理解和定义,即其是否包括外国的冲突规范。如果一国法院接受反致,则在确定反致的发生时,必然要查明本国冲突规范所指定的外国法中有关冲突规范的具体规定。[①]

三、外国法查明问题的本质:功能主义的视角

在对外国法的查明进行概念的界定时,笔者注意到,外国法的查明是一系列问题的总称,而并不是某项具体的事物,用将外国法的查明和与其相关、相似的概念进行比较和区别的方法,并不能得到充分和准确的认识。我们采用功能主义的视角可能更合适。

外国法的查明就是前文所界定的诉讼过程中某一个阶段的一系列问题的总称。而这些问题都是围绕确定应适用的外国法的存在和具体内容这一主题,其目的都是完成将该外国法适用到案件事实上而获得判决结果。也可以说,外国法的查明就是完成有关外国法的适用过程的一个步骤:法官得到有关外国法的材料,通过该材料,法官能够推论出外国法的内容是足够清楚和明确的,法官可以理解该外国法,并进行案件审理的最后一步即将该外国法适用于案件而作出裁判。

从这种功能主义的视角出发,我们可以发现,关于外国法的查明是"国际礼让"的表现,还是实现国际私法基本目的的工具,还是限制外国法适用的手段之一的争论并没有多大意义。这些论点实际上是人为地为该制度赋予了过多的理论含义。我们查明外国法并不是为了显示"国际礼让"、实现

---

① 主张外国法的查明对象包括外国冲突规范的学者也很多。See Bernard Audit, *Droit International Privé*, Economica, 2007, p.229; B. Dutoit, *Droit international privé suisse: Commentaire de la loi fédérale du 18 décembre 1987* (Bâle: Helbing & Lichtenhahn, 2005), Article 16 at note 4; Alfonso-Luis Calvo Caravaca & Javier Carrascosa Gonzalez, The Proof of Foreign Law in the New Spanish Civil Procedure Code 1/2000, in *IPRax: Praxis des Internationalen Privat- und Verfahrensrechts*, Issue 2, 2005, p.174. 有关的案例参见:Adrian Briggs, The Meaning and Proof of Foreign Law, *Lloyd's Maritime and Commercial law Quarterly*, 2006, pp.2—4.

国际私法基本目的或者限制外国法适用,而就是为了实现冲突规范的适用。虽然外国法的查明为这些目的或价值的实现发挥了作用,但是与其说外国法的查明是"国际礼让"的表现、实现国际私法基本目的的工具,不如说冲突规范及其适用是"国际礼让"的表现和实现国际私法基本目的的工具可能更准确。至于说外国法的查明是排除或限制外国法适用的手段之一,应该是一种曲解。该制度的初衷和存在的意义在于实现冲突规范指定的外国法的适用,将其作为限制外国法适用的手段是一种釜底抽薪和一种倒退。在实践中不排除有的法官会利用该制度达到适用本国法的目的,但是我们不能以偏概全,从而以此来否定,外国法查明的本质就是为外国法的适用服务的工具。

第二节 外国法的性质与外国法的查明

讨论外国法的查明时无法绕开的一个问题就是关于外国法的性质的争论。在传统国际私法上,主张外国法是事实,就必然导致由当事人承担证明外国法的任务,外国法无法证明的后果也由当事人自己承担;如果主张外国法是法律,则根据"法官知法"的法谚,法官应承担查明外国法的任务。在司法实践中,英国和德国分别是这两种传统模式的代表。但是对现代有关国家的实践做法和法学理论的考察,我们发现,两种传统模式其实都有很多例外做法,"外国法是一种具有特殊性质的法律",几乎成为一种共识。不管是从理论上还是从实践上来看,外国法的性质与外国法的查明已经并无必然联系。

一、两种传统模式:"事实说"与"法律说"

外国法对于本国法院来说,其究竟应该享有一个怎样的待遇呢?在理论上有两种截然不同的主张,在实践中也相应地有两种不同的做法。根据对外国法的性质的认识不同,这两种做法分别是"事实说"与"法律说"。正如英国学者 Haterley 所指出的,根据其对几个主要国家的外国法的查明和适用的情况的考察,可以发现,英国和德国分别位于一个坐标的两端,是"事实说"和"法律说"的代表,而其他国家则位于这两个极端的中间。[1]笔者对

---

[1] See Trevor Hartley, Pleading and Proof of Foreign Law: the Major European Systems Compared, *International & Comparative Law Quarterly*, Vol. 45, 1996, pp.271—292.

几个主要国家的情况的考察也发现,不管现在其实践中的做法如何,在外国法的查明和适用问题上,它们都曾经或继续在理论和实践上以外国法的性质是"事实"或"法律"为解决某些有关问题的理论基础和出发点。

"事实说"曾为法律实证主义者所主张,其认为,法律是主权者颁布的一般命令,其效力只及于主权者境内,只有境内主权者的法律才是法律,他国主权者的法律不是法律,只能作为事实对待。[1]强调国家主权原则的"国际礼让说",以"国际礼让"作为国际私法的理论基础,内国适用外国法并不是承认法律的域外效力,而只是出于"礼让",如果承认外国法的法律性质,将违反国家主权原则,也有悖于"国际礼让说"。英美等国受荷兰学派"国际礼让说"的影响,采用"事实说"。

外国法的性质被认定为事实的主要后果包括:外国法必须由当事人自行负责证明,在以抗辩制为基本模式的英美法诉讼程序中,只有法律与众所周知的事实才属于法官司法认知的范围,而外国法一般不能被认为是众所周知的事实;外国法的证明问题转变为纯粹的程序事项而非法律事项,外国法证明的规则最终也就受程序规则和证据规则的支配,外国法查明的方式必然要受证据规则的限制,在英国主要通过双方当事人聘请专家证人在法庭上进行交叉盘问的方式来查明外国法;如果当事人之间对外国法的内容不存在争议,则法院必须将其作为判决的依据,即使当事人对外国法内容的认识有错误,法院也不能作出与其相反的认定;由于外国法是事实,其不能适用于以后的案件,即使同一外国法规则的内容在先例中已经得到证明,每个案件所涉及的外国法都仍然必须各自予以证明,不同的案件对于同一外国法规则的证明,完全有可能得出不一致的结论[2];如果当事人不能提供外国法的内容,或提供的外国法的内容真假难辨,根据举证责任分配原则,势必由负有举证责任的当事人承担不利后果。正如有学者所指出的,在英国,传统观点甚至认为,"只要我们知道事实是如何主张和证明的,就可以知道外国法是如何主张和证明了"。[3]

主张"法律说"的学者对"事实说"批评道:既然外国法是事实,具体案件的事实也是事实,只有法律可以适用于事实,为何一种事实可以适用于另

---

[1] See Maarit Jäntera-Jarebor, Foreign Law in National Court: A Comparative Perspective, *Recueil des Cours*, Vol. 304, 2003, pp.179, 264.

[2] See Dicey and Morris, *The Conflict of Laws*, 13th ed., Sweet & Maxwell, 2000, p.222.

[3] Richard Fentiman, *Foreign Law in English Courts: Pleading, Proof and Choice of Law*, Oxford, 1998, p.8.

一种事实?①本国法院适用外国法是本国冲突规范指引的结果,即是适用内国法的结果,根本不存在损害本国主权的问题。"法律说"认为内国依其冲突规范适用的外国法,同本国法一样具有法律的性质。其理论渊源是"法律关系本座说"。"法律关系本座说"主张平等对待本国法和外国法,从法律关系的性质出发来决定其法律适用。本国法官不应因为法律规则"国籍"的差异而给予外国法歧视性的对待。而遵循"法律说"传统的主要是一些大陆法系国家,其典型代表是德国。

德国学界通说和有关的司法实践都认为外国法是法律。在外国法查明问题上,将外国法视为法律而与事实证明区分开来的意义在于:当事人不在外国法的查明问题上承担证明责任,其有权提交有关外国法的证据,但并不为此承担义务②;虽然《德国民事诉讼法典》第 293 条③字面上仅规定法院"有权"查明外国法,但在德国国际私法理论界和司法实践中该条被一致理解为赋予法官"应该"查明外国法的职责,将外国法查明义务转移给当事人将违反该条规定并违背"法官知法"原则;法官并不受当事人提交材料的限制。④

关于外国法是事实或法律的理论,应该说在早期可能曾对有关国家的传统的形成起了很大的作用。但是,随着时间的推移,不仅完全坚持外国法是事实或法律的立场的国家不多见,而且就是英国和德国,特别是英国,现在的做法也已经从自己传统立场的逻辑后果上有所偏离。

二、外国法:具有特殊性质的法律

(一) 两种传统之间的绝对对立已被打破

从实证主义的角度来说,有关国家的司法实践已经无法用外国法是事实或法律的有关理论来进行解释,有关国家的外国法查明制度都显示了一种混合或折中的倾向。

---

① 参见〔英〕马丁·沃尔夫:《国际私法》,李浩培、汤宗舜译,法律出版社 1988 年版,第 320 页。
② 德国学者克格尔更直接指出:"法官可以要求当事人提供帮助,只要他们愿意并且能够帮助",当事人是否提供外国法资料取决于他们的能力和意愿。参见徐鹏:《外国法查明:规则借鉴中的思考——以德国外国法查明制度为参照》,载《比较法研究》2007 年第 2 期,第 66—67 页。
③ 《德国民事诉讼法典》第 293 条规定:"外国的现行法、习惯法和自治法规,仅限于法院所不知道的,应予以证明。在调查这些法规时,法院应不以当事人所提出的证据为限;法院有使用其他调查方法并为使用的目的而发出必要的命令的权限。"
④ 参见徐鹏:《外国法查明:规则借鉴中的思考——以德国外国法查明制度为参照》,载《比较法研究》2007 年第 2 期,第 66—67 页。

英国在外国法证明的某些环节上,从严格的"事实论"上有所退却,主要表现在以下方面:最初,外国法因其事实性质而提交陪审团决定,但自从1920年以来,成文法改变了普通法,外国法从此以后交由法官决定①;如果准据法国是另一英联邦成员国,英国法官可依裁量权将案件事实陈述给准据法国的法院,以听取他们对于法律适用的意见;枢密院在审理上诉案件时,会将案件所涉及的苏格兰法或北爱尔兰法一概视为法律,而非事实,因此不需当事人证明②,上诉法院准备考虑接受对有关外国法问题的上诉;根据成文法,在之前的判决中对外国法的认识都被推定为是正确的,而对以后的案件判决有影响③,这和有关案件中对事实的认识的处理完全不同;法院也愿意通过正式的事实证明方式(formal proof)之外的方式来查明外国法。④上述关于外国法证明的例外情况,已经在一定程度上承认外国法具有法律的属性。英国理论界根据法院的有关实践也认为,外国法在英国并不是一个纯粹的事实,英国冲突法学者 Morris 就曾总结道,"虽然外国法是一个事实问题,但它是一个特殊类型的事实问题"。⑤英国学者 Fentiman 也指出,"外国法的证明和其他需要通过专家证言证明的事实的证明有实质上的区别"。⑥

美国遵循了英国普通法的传统,早期一直采"事实说"。但进入20世纪中叶以后,随着查明外国法在涉外案件中的重要性不断增加,美国立法与司法机关逐渐意识到,法官在此问题上的被动角色不利于跨国民事纠纷得到公正、合理解决,不利于保护当事人的合法利益。⑦在此背景下,将外国法视为事实的传统开始受到质疑并有所动摇。对于外州法律,为了增进州际的信任与了解,其不再被认为纯粹是事实,相反,它们可以成为法官司法认知的范畴。对于外国法律,有些州已采用1962年《统一州际和国际诉讼程序

---

① Supreme Court Act 1981, s. 69(5). See Dicey and Morris, *The Conflict of Laws*, 13th ed., Sweet & Maxwell, 2000, pp. 224—225.

② Ibid., p. 223.

③ Civil Evidence Act 1972, s. 4(2).

④ Richard Fentiman, *Foreign Law in English Courts: Pleading, Proof and Choice of Law*, Oxford, 1998, p. 287.

⑤ See Dicey and Morris, *The Conflict of Laws*, 13th ed., Sweet & Maxwell, 2000, p. 240. 而英国法院也有判例中明确承认,"外国法是特殊种类的事实"。See Parkasho v. Singh [1968] p. 233, 250.

⑥ Richard Fentiman, *Foreign Law in English Courts: Pleading, Proof and Choice of Law*, Oxford, 1998, p. 9.

⑦ 霍政欣:《美国法院查明外国法之考察》,载《北京科技大学学报(社会科学版)》2007年第4期,第79页。

法》而准许法院把外国法看作法律,如果当事人提出适用外国法问题,法官可以以司法认知的方式直接援引外州法乃至外国法,而不一定要求当事人提供证明。最后,1966 年美国《联邦民事程序规则》增加了第 44 条第 1 款,规定在确定外国法时法官可考虑任何有关的资料和来源,法院对外国法内容的确定应被视为对法律问题所作的裁决。① 这一立法标志着美国已经逐步放弃了外国法"事实说"。

法国的理论和实践也经历了将外国法定性为事实,到强调当事人在法律适用上的参与权的转变。最初,法国法院将外国法定性为"事实"并将其作为冲突规范任意适用的法律依据。② 但是,法国最高法院在 1993 年的一项判决中明确指出,"外国法是一项法律规范"。③ 虽然法国最高法院也确认了外国法是法律,但其却又并不准备接受"将外国法接受为真正的法律规范"这一原则所一般应引申的所有结果。在被请求对外国法的查明问题作出决定时,其又重新撇开该"外国法是法律"的识别不谈,而是选择根据争议权利的性质对案件进行区分,并且由此认为当事人对其权利有自由处分权的时候,法官无义务去查明外国法的内容。④

在西班牙,长期以来外国法的查明由西班牙最高法院负责解释。而最高法院就该问题的基本规则包括⑤:外国法不能被作为法律对待,因为如果把其作为法律,就会构成对西班牙主权的一种企图侵害;既然外国法被作为事实,其应该排他地由当事人申请和证明;如果外国法没有被有关当事人证明,西班牙法院必须根据西班牙实体法审理案件。但是,2000 年新的《西班牙民事诉讼法典》对外国法的查明做了新的规定。⑥ 根据该新规定,虽然作为一般原则,有关当事人必须证明外国法,但同时也存在例外情况。学者也认为,因为"事实"的证明所需遵循的规则并不适用于外国法的查明,因此外

---

① FED. R. CIV. P. 44.1.
② See I. Zajtay, *International Encyclopedia of Comparative Law*, III, 1972, Chap. 14, pp.13—39.
③ Civ. 1re, 13 janv. 1993, *Rev. Crit. DIP* 1994.78, note Ancel.
④ Bénédicte Fauvarque-Cosson, *Libre Disponibilité des Droits et Conflits de Lois*, Paris, 1996, p.3.
⑤ Alfonso-Luis Calvo Caravaca & Javier Carrascosa Gonzalez, The Proof of Foreign Law in the New Spanish Civil Procedure Code 1/2000, in *IPRax: Praxis des Internationalen Privat- und Verfahrensrechts*, Issue 2, 2005, p.171.
⑥ 参见 2000 年《西班牙民事诉讼法典》第 281.2 条。

国法是不同于"事实"的事物。①

另一方面,在持"法律说"的国家,作为法律的外国法事实上也没有被完全等同于法院地法。德国在外国法查明上,也从两方面背离了"法律说"的宗旨从而构成例外②:当事人双方来源于同一外国,准据法为该外国法时,如果当事人一致同意该外国法的内容,法官可不作进一步调查就适用该外国法;在合同、侵权等当事人享有法律选择权的有限领域内,即使案件依冲突规则应适用外国法,但如当事人一致同意适用德国法,或当事人双方仅以德国法为申辩理由,法官亦可逾越外国法查明阶段而直接适用德国法。③这两项例外也等于在一定程度上承认外国法具有事实性质。

此外,我们也发现,不管在传统上持"事实说"还是"法律说",在外国法无法查明的处理上,各国的做法有着惊人的相似,即最后一般都适用法院地法(有关具体情况,本书将在以后的章节中详细论述)。早期坚持"事实说"的美国,以及在很大程度上同样坚持"事实说"的法国,曾经在外国法没有得到恰当证明时就遵循了"事实说"的自然逻辑结果,即采取驳回起诉的做法。④但后来,法国和美国都放弃了驳回起诉乃至撤销案件的做法,而代之以适用法院地法。英国也未遵循"事实说"的自然逻辑结果,而是推定外国法与英国法是一致的,从而适用英国法。⑤有学者还就此评论道,外国法一直被认为是事实,但是,当外国法不能被恰当证明时,却摇身一变地等同于英国法,这不是承认外国法等同于法律从而具有法律性质吗?⑥在外国法的错误适用的救济上也是如此,无论持"事实说"或"法律说",有关国家都承认外国法的错误适用可通过上诉机制予以救济,但同时又承认最高司法机关或最高法院不便审查外国法的错误适用问题。

由此可见,从对司法实践情况的比较研究来看,"事实说"与"法律说"的绝对对立已经被打破。持两种不同传统的国家都在不断修正自己的立

---

① Alfonso-Luis Calvo Caravaca & Javier Carrascosa Gonzalez, The Proof of Foreign Law in the New Spanish Civil Procedure Code 1/2000, in *IPRax*: *Praxis des Internationalen Privat- und Verfahrensrechts*, Issue 2, 2005, p.171.

② 宋晓:《外国法:"事实"与"法律"之辨》,载《环球法律评论》2010年第1期,第18页。

③ See Trevor Hartley, Pleading and Proof of Foreign Law: the Major European Systems Compared, *International & Comparative Law Quarterly*, Vol. 45, 1996, pp. 271, 276.

④ See Maarit Jäntera-Jarebor, Foreign Law in National Court: A Comparative Perspective, *Recueil des Cours*, Vol. 304, 2003, pp.179, 325.

⑤ See Dicey and Morris, *The Conflict of Laws*, 13th ed., Sweet & Maxwell, 2000, p.232.

⑥ See Maarit Jäntera-Jarebor, Foreign Law in National Court: A Comparative Perspective, *Recueil des Cours*, Vol. 304, 2003, pp.179, 330.

场,甚至最后互相靠拢,因为外国法同时具有"法律"的一面和"事实"的一面,二者之中的任何一个都不能被抹杀。正如瑞典学者 Jäntera-Jareborg 所指出的,我们其实往往无法将某个特定国家的有关制度归到"事实说"或"法律说"之中去。①在某国法院对外国法的处理上,对实践的考虑,特别是程序需要的考虑,比法律传统的影响更大。

(二) 外国法兼具事实与法律的性质

从应然的角度来说,外国法兼具事实性与法律性,是具有特殊性质的法律。各国学者对此也都多有论述。

法国学者 Pièrre Mayer 对此曾有精辟的阐释:外国法是法律,因为其由国家制定,由法官适用于个人来决定其权利和义务;但是,"内容确定的外国法的存在是一项事实"。例如,禁止离婚的智利法律规范是一项法律,但是"智利法律禁止离婚",却是一个待证明的事实。我们也可以同样这样来说一项法国法,但法国法事实的一面被法官对法国法内容所具有的必须的了解所掩盖,因此并不存在法国法的查明问题。②

外国法兼具事实性与法律性,但从表述上来说,我们应该选择"特殊种类的法律"而不是"特殊种类的事实"。对外国法的处理,更接近于是一个法律问题,如果将其仅仅作为一个事实问题将会起误导作用。以"具有特殊性质的法律"来描述外国法的性质比较恰当。

首先,外国法是法律。从比较法的角度来说,外国法这一事物本身,具有法律的形式和构成要件,虽然其制定者并不是本国立法机关。外国法决定案件辩论和判决的法律基础,影响当事人的有关权利和义务。德国学者沃尔夫就曾指出:"法院所适用的法律是外国法律,而且始终是外国法律"③,并不会因为该法律不在其本国适用就变成了事实。一项外国法在其本国之外的地位肯定会有所改变,但是该改变并不足以导致该外国法作为法律的性质的改变。虽然各国的最高法院一般拒绝对外国法的适用进行审查,从这一点上来看外国法似乎被作为简单的事实来对待,但是,这与其说是外国法法律性质减弱的标志,不如说是尊重外国法的一致性的表现。④另外,从相关的理论研究情况来说,"事实说"比"法律说"受到了更多的批判。

---

① Maarit Jäntera-Jarebor, Foreign Law in National Court: A Comparative Perspective, *Recueil des Cours*, Vol. 304, 2003, pp. 181, 265.
② Pièrre Mayer et Vincent Heuzé, *Droit International Privé*, Montchrestien, 2004, p. 133.
③ 参见徐鹏:《冲突规范任意适用研究》,武汉大学博士学位论文,2006 年,第 91 页。
④ Bernard Audit, *Droit International Privé*, Economica, 2007, p. 238.

Bernard Audit 曾指出,由于法官对外国法不了解,从而使该法律有必要被证明,从这一点上来说其可能更接近于一个事实。但是,因当事人无法证明作为其提出主张的基础的外国法的内容,并不必然导致对当事人诉讼请求的驳回。尽管我们由此有时候仍然说"外国法的'证明'",但是有关证据的法律制度对外国法来说并不合适。①

其次,外国法是具有特殊性质的法律,特殊性在于与国内法不同,其不为本国法官所了解。法官对外国法的认识、查明和解释都受到特殊的原则和制度的支配。正如沃尔夫所指出的:"虽然法院必须适用的外国法仍然是法律,但是其从某种意义上来说,受到的待遇和法院地法孑然不同。这是因为法官不可能像了解其本国法一样了解外国法。"②从这个角度来说,笔者反对持盲目的国际主义的"法律说"的观点。如果认为外国法在国内法院始终要受到和内国法一样的对待,甚至认为外国法对法官和当事人来说和内国法并无区别,这是不客观也是不合理的。从理论上来说,对外国法和内国法的平等对待,在立法中应体现为,立法者在制定冲突规范时排除外国法不得在本国适用的古老观念,而给予外国法和本国法平等的适用机会。双边或多边冲突规范的采用可以被认为是立法中平等对待内国法和外国法的客观表现。但是,各国法律制度中单边冲突规范的存在又说明了内、外国法在本国适用的区别。而对于司法阶段的法官来说,认为其对外国法要和本国法一样地适用,也是不现实的。这种要求对法官来说未免过于苛刻,因为其并不能如了解本国法一样了解外国法,而现实中的大量"国际私法案件"被法官有意或无意的忽视也正说明了这个问题,正因为外国法的适用有困难,所以法官选择避重就轻。因此,正如 Pièrre Mayer 所指出的:"外国法应具有一种特殊的程序性制度,既考虑到其域外性质,也同时考虑到其法律的性质。"③

三、外国法性质的"事实"与"法律"之争与外国法的查明并无必然联系

（一）二者之间并无必然联系

从上文的分析可见,实际上,对外国法性质是事实还是法律的争论基本已经平息,学界对外国法同时兼有事实和法律的性质几乎达成共识。但是,

---

① Bernard Audit, *Droit International Privé*, Economica, 2007, p.226.
② Martin Wolff, *Private International Law*, Oxford, 1950, p.218.
③ Pièrre Mayer et Vincent Heuzé, *Droit International Privé*, Montchrestien, 2004, p.133.

与此相反,关于外国法查明的分歧却仍然存在。①这种反差已经从实然的角度说明,有关外国法性质的争论与外国法的查明制度并不具有必然的逻辑联系。法国学者 Bernard Audit 在论述法国的有关制度的时候就认为,"法国的司法实践显示,在法国,外国法的程序性地位已经从有关外国法的法律性质是事实还是法律的争论中独立出来了"②。很难从法国的有关制度中得出外国法是事实还是法律的答案,因为法国的有关外国法程序性地位的制度本身就是混合性的。正如有学者所指出的,"无论是事实说或法律说……所能证明的内容远远少于所不能证明的内容"③。

从应然的角度来说,关于外国法的性质的争论也不应该和外国法的查明制度紧密联系在一起。有关外国法是事实或法律的主张也许曾经为外国法的查明问题的解决提供过思路和理论基础,但是现在它们已经无法再承担这一使命。虽然关于外国法的性质的争论最初是为了能为有关的制度设计提供理论基础和思路,但是由于有关外国法性质的理论现在已经无法担当这一任务,外国法的性质反而变成了为实践的需要而被改变的对象,二者的地位发生了对换。例如,在美国,外国法的性质之所以被重新界定,从事实变为法律,是为了简化外国法证明的规则,使针对外国法效力和内容的证明不再受制于复杂严苛的证据法规则,从而使诉讼主体可以采取更多灵活的手段和途径查明外国法。

此外,在有的国家,外国法的查明制度和外国法的性质从来就不具有天然的联系。并不是每个国家的有关外国法查明的制度都是如英国和德国一样,从对外国法是事实还是法律的结论中衍生出来。并不是每个国家在传统上都对该问题有明确的回答。④外国法是"事实"还是"法律",在有的国家答案也并不是非此即彼。例如,法国同样是大陆法系国家,但是在法国,在该问题上却没有如德国一样确定外国法就是"法律"的认识,而是学者们从

---

① 主要是体现在外国法查明责任的承担上。在具体问题上的有关分歧,参见本书下文中的有关章节。
② Bernard Audit, *Droit International Privé*, Economica, 2007, p.238.
③ 宋晓:《外国法:"事实"与"法律"之辨》,载《环球法律评论》2010 年第 1 期,第 21 页。
④ 例如,有学者 1978 年在论述外国法的查明问题时,将各国的做法分为三类:消极的,采事实说;积极的,采法律说;折中说,认为法院有自由裁量权而不是义务来适用和查明外国法。而中国被认为和阿根廷、印度、墨西哥、西班牙一样采用消极的"事实说"。See G. T. Yates, Foreign Law before Domestic Tribunals, *Va. J. Int'l L.*, Vol. 17, 1978, p.725. 这种区分,在很大程度上就是作者根据外国法在这些国家适用的司法实践来进行推断并在此基础上做的分类。

司法实践中的有关做法来推论,法国法院到底是站在哪个阵营中。①在我国也同样如此,由于"以事实为依据,以法律为准绳"的审判原则,在我国并无区分事实和法律的传统,对外国法的性质是事实还是法律也从来没有明确的回答。如果用事实或法律的区分来解释和思考我国的外国法查明问题,显然不可能获得满意的答案。

由此,不管各国是先选择了理论上的立场再以其为指导来确立实践,还是由学者从司法实践中总结出本国在该问题上的立场,孰先孰后,都已经不重要。笔者主张割断二者之间的联系,打破将二者捆绑在一起的做法。实际上,将外国法归于事实或法律的推论是过于极端的,对实践毫无益处。"其将所有的法律争议的因素都归入到事实或法律的区分中,实际上经验显示,外国法并不应被纳入这种对立之中:理论分析导致了这种混乱。"②

(二)外国法性质的"事实"与"法律"之争对外国法查明的意义

关于外国法性质是事实还是法律的区别,在理解某些司法实践传统上还具有一定的意义。例如,对于德国来说,虽然《德国民事诉讼法典》第293条字面上仅规定法院"有权"查明外国法,但在德国国际私法理论界和司法实践中该条被一致理解为赋予法官"应该"查明外国法的职责③;而在美国,虽然外国法被重新界定为是法律,但是学者的考察表明,在美国的司法实践中,联邦法院也不倾向于对外国法展开独立调查,法官还是倾向于扮演消极的公断人角色。④而之所以出现这样的情况,其理由就在于,在德国和美国,外国法在司法传统上分别被认为是法律和事实。司法传统的形成和改变并

---

① 法国学者 Pièrre Mayer 就认为,从实证主义的角度来说,"外国法在法国法院的地位更接近于一个简单的事实",其理由之一是法国最高法院在某种程度上将外国法和合同进行类比,而拒绝对初审法院对外国法的解释进行审查。Voir Pièrre Mayer et Vincent Heuzé, *Droit International Privé*, Montchrestien, 2004, p.132. 巴迪福尔和拉加德在《国际私法总论》中,也根据有关法院的判决进行分析并推断指出,"该法律被作为一个事实而被适用(La loi est appliquée ... comme un fait observé)"。Voir Henri Batiffol et Paul Lagarde, *Traité de Droit International Privé*, Tome I, LGDJ, 1993, n° 328.

② Bernard Audit, *Droit International Privé*, Economica, 2007, p.217.

③ 参见徐鹏:《外国法查明:规则借鉴中的思考——以德国外国法查明制度为参照》,载《比较法研究》2007年第2期,第66—67页。

④ See Stephan L. Sass, Foreign Law in Federal Courts, *American Journal of Comparative Law*, 1981, p.109.

非一日之功,其对实践的影响也可谓是根深蒂固。①所以,在对外国法的查明和适用制度的考察和设计中,有关外国法性质是事实还是法律的区分也并非毫无意义,只是其意义比较有限或者不像以前那样具有决定性罢了。

值得指出的是,其有限的意义的存在,仍然还有一个前提,即在有关国家存在将外国法认为是事实或者是法律的传统。在理论研究上,我国学者对外国法性质的认识存在不同的观点,有的认为外国法是法律或者是不同于内国法的法律,有的认为是事实。②对于这些争论,如果是纯粹出于理论探讨,那么基于上文关于外国法是特殊性质的法律的认识已获广泛认可的现实情况,这样的争论毫无意义。如果是出于理解或指导司法实践的目的,笔者也可以认为其大可不必。在我国,国际私法理论界在一段时期内普遍认为,由于我国民事诉讼采取"以事实为根据,以法律为准绳"的原则,人民法院在审理涉外民商事案件时,不管是"事实"还是"法律",都必须查清,因此,把外国法看成是"事实"还是"法律"的争论,在我国没有实际意义。③笔者认为,在我国进行外国法是"事实"还是"法律"的争论也确实意义不大,其关键原因在于,我们并无如英国和德国一样的认为外国法是事实或法律的传统。这种争论对理解我国的有关制度并无帮助。也正因为无此传统,生硬地将外国法认定为事实或者法律,也恐难再获得实践上的回应。

第三节 冲突规范的适用和外国法的查明

在讨论外国法的查明问题时,不管是在理论上还是在实践中,有另一个问题总是和它相生相伴、如影随形:冲突规范的适用,即冲突规范是由法官依职权适用还是由当事人主张适用的问题。

一、冲突规范的适用与外国法查明的联系

从逻辑上来说,冲突规范的适用和外国法的查明紧密相连。冲突规范

---

① 笔者不能认同有关学者的以下观点:"无论是事实说或法律说,它们在很大程度上是拟制的","那些在外国法查明与适用的实践方面有代表性的国家,他们在坚持其中一种抽象学说时,事实上都在为本国独特的实践寻找一以贯之的理论基础"。参见宋晓:《外国法:事实与法律之辨》,载《中国国际私法学会 2005 年年会论文集》。并非在每个国家都如此,有的国家采用"事实说"或"法律说",实际上是传统使然,并且该传统仍然还在某些方面影响着实践。
② 张磊:《外国法的查明之立法及司法问题探析》,载《法律适用》2003 年第 1 期,第 98 页;詹思敏:《外国法的查明与适用》,载《法律适用》2002 年第 11 期,第 48 页。
③ 黄进主编:《国际私法》,法律出版社 1999 年版,第 275 页。

的适用是外国法查明问题和制度产生的前提。正因为冲突规范的适用才导致外国法在本国法院的适用,而由于本国法官对外国法的了解有限,不能确定外国法有关法律规定的存在和具体内容,所以外国法的查明问题应运而生。冲突规范不得到适用,则自然没有外国法的查明问题的发生。例如,在英国,如果双方当事人都不申请外国法的适用,不援引外国法支持自己的诉讼主张,则案件即使具有涉外因素也被当作国内案件来处理,这时不可能存在外国法的查明问题。"从理论上来说,正因为冲突规范的存在,才让一项关于外国法查明制度的规定变得重要起来。"① 而外国法的查明是实现冲突规范所指定的外国法适用的工具和方法,冲突规范的适用的完成和目的的达到在很多情况下都离不开外国法的查明制度。正如前文所述,外国法的查明就是完成有关外国法的适用过程的一个步骤,从本质上来说,就是为外国法的适用和冲突规范的适用服务的工具。② 一旦根据冲突规范有关案件应适用外国法,而法官对外国法的了解不够清楚,从而无法顺利将该外国法的有关规定适用到案件事实上来而作出判决,则外国法的查明制度被启用,以解决法官面临的在适用国内法中所没有碰到的困难,而最终完成外国法的适用,实现冲突规范适用的目的。这一点在实体取向的冲突规范所指向的外国法的查明问题上表现得尤为明显。这类冲突规范的特殊性在于,其适用的目的、所希望达到的实体解决结果其实已经给定,而为了实现该目的和达到该结果,则作为为该冲突规范的适用而服务的工具的外国法查明制度相应地要作出特别的改变,即在案件准据法选定之前就要进行外国法的查明,不管在什么情况下法官都必须依职权去调查案件中所有可能适用的外国法的内容及其适用可能获得的结果。③

当我们考虑到冲突规范的适用模式和外国法查明的模式时,从理论和实践上来说,在很大的范围内,冲突规范的适用和外国法的查明长期以来被认为关系如此紧密,以至于对于这两个问题的回答和解决方式应该是一致的。如果冲突规范依职权适用,则外国法的查明也应由法官依职权进行;如果冲突规范由当事人主张适用,则外国法的查明任务和责任也应由当事人

---

① B. Ancel et Y. Lequette, *Les Grands Arrêts de la Jurisprudence Française de Droit International Privé*, Paris, 2006, p.721.
② 参见本章第一节的论述,第 11—12 页。
③ Voir Bernard Audit, *Droit International Privé*, Economica, 2007, p.224.

承担。在理论研究上,欧洲不少学者主张该观点,例如荷兰学者 De Boer。①从实践领域来说,德国和英国可谓是典型代表。在德国,冲突规范由法官依职权适用,而法官也应依职权查明应适用的外国法;在英国,冲突规范由当事人主张适用,而有关的外国法也由主张其适用的当事人负责证明。这两个国家的有关实践情况似乎更加证明了关于这两个问题的回答和解决方式应是一致的观点。正如前文有关外国法的性质是事实还是法律的论述所论及的,这种主张正是该思维路径的体现。长期以来,正是遵循了从对外国法的性质认定入手来决定冲突规范的适用和外国法查明的方式的做法,外国法被认为是法律就应依职权适用冲突规范和查明外国法,外国法被认为是事实就应由当事人主张适用冲突规范和负责查明外国法。

但是如前文所述,关于外国法是事实还是法律的区分其实无法为冲突规范的适用和外国法查明问题的解决提供令人满意的思路。实际上,在冲突规范的适用和外国法的查明问题之间,在理论上和实践上存在两种思维的路径:一是外国法是事实还是法律的区分,二是争议权利是否可自由处分的区分。② 前者是从外国法的性质出发,而后者是从当事人的权利的性质出发,更关注个案的合理处理和当事人的利益。采第二种思维路径的代表就是法国。③法国最高法院 1999 年通过 Mutuelle du Mans 案④和 Mme Elkhbizi 案⑤,最终以争议是否涉及可自由处分的权利作为确定法官是否应该依职权适用冲突规范的标准:在纠纷涉及当事人可自由处分的权利且当事人未予请求时,法院并无一般性的义务而是可以自由裁量是否适用冲突规范;在关涉当事人不可自由处分的权利事项时,法官才承担义务主动适用冲突规范及其指向的外国法来调整当事人之间的权利义务关系。相应地,学者们主张,有关当事人无权自由处分的权利事项,要求法官承担依职权查明外国法的责任,该义务是其依职权适用冲突规范义务的延伸,最高法院就是依此行事的⑥;当事人有权自由处分的权利,仅仅涉及当事人的利益,如果双方当事

---

① See De Boer, Facultative Choice of Law: the Procedural Status of Choice-of-Law Rules and Foreign Law, *Recueil de Cours*, Vol. 257, 1996, pp.225—421.

② Bénédicte Fauvarque-Cosson, *Libre Disponibilité des Droits et Conflits de Lois*, Paris, 1996, p.4.

③ 在以瑞典为代表的斯堪的那维亚国家,也只有在当事人不可自由处分的法律关系领域,法院才担负依职权主动适用冲突法的职责,在涉及当事人可自由处分权利的法律关系范畴内,法院得应当事人的要求直接适用法院地法。

④ Mutuelle du Mans, Cass. 1 e civ. fr., 26 May 1999, 1999 Bull. Cil. I, No. 172, 113.

⑤ Mme Elkhbizi, Cass. 1 e civ. fr., 26 May 1999, 1999 Bull. Cil. I, No. 174.

⑥ Civ. 1re, 1re juill. 1997, Driss Abbou, *Rev. Crit. DIP* 1998.60, 1re esp., note P. Mayer.

人都不主动地提供有关外国法的信息,而要求法官查明外国法是显得很过分的。①

二、冲突规范的适用对外国法查明的影响

冲突规范的适用和外国法的查明之间的关系无疑是十分紧密的,由此,我们研究外国法的查明就有必要对冲突规范的适用对外国法的查明的影响进行考察。

冲突规范的强制适用往往被认为是法官依职权查明外国法的基础和原因。一方面,冲突规范的强制适用必然导致外国法的依职权适用,而作为外国法适用的一个步骤的外国法查明必然也应该由法官依职权进行。另一方面,如果外国法的查明不由法官依职权进行,则外国法的适用无法得到保障,而最后冲突规范的适用目的也可能最后落空。学者往往从冲突规范的强制性出发来理解法官查明外国法的职责:"规定国际私法的强制性,却同时将外国法的查明完全地交付给当事人,这无疑是没有意义的。因为如此规定等同于将冲突法的效力最终又置于(当事人)的处分之下。"②有瑞士学者更是明确地指出,法律适用机关承担正确查明外国法的责任是"国际私法冲突规范强制性的必要补充和结果"③。法国学者也认为,"如果有一项规定查明外国法的方法的严格纪律,冲突规范将在法官通过适用冲突规范作出的判决中达到其真正的效果"④。

冲突规范的适用还可能对外国法查明标准的设定产生影响。在持严格的冲突规范依职权适用做法的法律制度中,如德国,其冲突规范依职权适用的理念是:为维护当事人对法律适用的合理预期和国际民商事交往秩序的安定性,一国法官应如同外国同行那样解释适用外国法。这必然会给外国

---

① Pièrre Mayer et Vincent Heuzé, *Droit International Privé*, Montchrestien, 2004, p.136. 法国最高法院在 1993 年的判决(82, 16 novembre 1993, Grands Arrêts (82—83), p.718)中也曾确认,"在当事人可以自由处分其权利的事项上,主张冲突规范指定的外国法的适用将会导致一个与适用法国法不同结果的当事人"应承担证明外国法的责任。但是,法国最高法院在 2005 年的两个判决 (83, 28 juin 2005)中又改变了该立场。具体参见本书第 55—57 页。

② Daniel Reichert-Facilides, *Fakutaltive und zwingendes Kollisionsrecht*, J. C. B Mohr Tuebingen. 1995. S.1. 转引自徐鹏:《外国法查明:规则借鉴中的思考——以德国外国法查明为参照》,载《比较法研究》2007 年第 2 期,第 70 页。

③ See Anton K. Schnyder, *Das neue IPR-Gesetz*, Schulthess Verlag (Zuerich), 1990, S.32. 转引自同上注文,第 70 页。

④ B. Ancel et Y. Lequette, *Les Grands Arrêts de la Jurisprudence Française de Droit International Privé*, Paris, 2006, p.721.

法查明设定严苛的标准。①除了有关的成文法规定以外,有关的判例和理论学说、立法资料等都务必要清楚、准确。而对于冲突规范和外国法的适用由当事人主张的国家来说,如英国,该冲突规范适用模式的理论基础是认为外国法也是事实,因此其应由当事人主张和证明。则很自然地,外国法的证明标准也受制于一般的证据规则。而对于区分不同的领域对外国法有限制地任意适用的国家来说,其该种冲突规范适用模式的设定就考虑到了外国法的查明和适用比本国法更困难、更耗费时间和金钱的事实情况,并相对更注重个案的合理处理和当事人的利益,所以在外国法的查明的认定上标准也相对宽松和灵活。如有学者考察发现,斯堪的那维亚国家的司法实践表明,法院在外国法适用上持两种态度,要么只会在需要解决的法律问题清晰明确并且待适用的外国法律规范相对简单的情况下适用外国法(这在通常情况下,并不需要有关外国法内容的充分证据)②,要么法院倾向于依据他们知道的或他们能够知道的材料来作出裁判,不管它们多么有限或对外国法的推测可能出现谬误。③

三、外国法查明问题的相对独立性

冲突规范的适用和外国法的查明之间的联系和前者对后者的影响都是毋庸置疑的,但是这并不能说明外国法的查明对冲突规范的适用的完全从属地位。正如程序问题是实现实体问题目标的工具和手段,但程序问题也具有相对的独立性一样,外国法的查明问题也具有其相对的独立性。

首先,理论上和实践上都有观点和做法认为,虽然冲突规范的适用问题和外国法的查明问题是紧密相关的,但对二者却并不一定要给予相似的回答。瑞士学者 F. Vischer 明确主张,对二者可以分开来看:"如果外国法只在被申请的情况下才适用,则由主张外国法的当事人承担证明责任是很自然的。但是,在一个冲突规范强制适用的制度下,外国法查明的责任同样可以由当事人承担。"④而瑞士的立法和有关司法实践正是采用这种做法,所有的冲突规范都由法官依职权适用,但是对于外国法的查明,却是法官仅在

---

① 徐鹏:《冲突规范任意适用研究》,武汉大学博士学位论文,2006 年,第 64 页。
② Maarit Jäntera-Jarebor, Foreign Law in National Court: A Comparative Perspective, *Recueil des Cours*, Vol. 304, 2003, p. 310.
③ Ibid., p. 311.
④ F. Vischer, General Course on Private International Law, *Recueil des Cours*, Vol. 232, 1992, p. 81.

有限的范围内依职权查明。1987年瑞士《联邦国际私法法规》第16条,一方面规定了外国法查明的一般原则是外国法由法官依职权查明,当然其也可以要求当事人协助,另一方面规定在与金钱有关的事项上,可以(但不是必须的)由当事人承担完全的证明责任。①美国的判例法显示,美国法院已经抛弃了外国法是事实的看法,而认为其为具有特殊性质的法律,外国法的查明不再是专属于当事人的任务,法官在必要的时候也可以进行查明。但是,美国法院对冲突规范的适用情况却没多少改变,在多数情况下并不因外国法的性质不是事实而主动依职权适用冲突规范。②法国最高法院在外国法的查明问题上曾主张,在当事人不可自由处分的权利上,法官依职权适用冲突规范并依职权查明外国法,在当事人可自由处分的权利上,法官可以自由裁量冲突规范的适用,由当事人负责查明外国法。③但是,2005年6月28日,法国最高法院的第一民事庭和商事庭作出了两个判决,这两个判决中的法官采用了相同的立场,确立了新的规则:"法国法官确认一项外国法的适用,就必须查明该项外国法的内容,要么依职权,要么依援引该法律的当事人的请求。法官在当事人的协助下进行外国法的查明,其在必要的情况下也可以亲自去查明。法官应根据该外国实体法对争议的问题作出决定。"④该规则实际上抛开了争议权利的性质这一在冲突规范适用领域中所采用的区分标准,而采用了"法官确认外国法的适用"这一实用主义的标准。这实际上切断了外国法查明问题的处理方式对冲突规范适用的处理方式的依赖和从属,从某个角度来说,确认了外国法的查明问题的相对独立性。最明显的例子是在西班牙,虽然冲突规范必须由法官依职权适用,但是外国法的内

---

① 1987年瑞士《联邦国际私法法规》第16条规定:"(1)外国法的内容由法官依职权查明。法官为了查明外国法,可以要求当事人的合作。在与经济利益有关的事项上,可以由当事人负责外国法的查明。(2)外国法无法查明,则瑞士法得到适用。"

② 在美国的司法实践中,联邦法院很少运用职权主动适用冲突规范及其指向的外国法。See R. J. Miner, The Reception of Foreign Law in the U.S. Federal Courts, *American Journal of Comparative Law*, 1995, pp. 581—582.

③ 该判例规则的原文表述为:"在当事人可以自由处分其权利的事项上,主张冲突规范指定的外国法的适用将会导致一个与适用法国法不同的结果的当事人,应该通过提供其所援引的该外国法内容的证据来证明该区别的存在,如果其无法提供该外国法内容的证据则法国法将补充性地得到适用。"(82, 16 novembre 1993), voir B. Ancel et Y. Lequette, *Les Grands Arrêts de la Jurisprudence Française de Droit International Privé*, Paris, 2006, p. 718.

④ Civ. 1, 28 juin 2005 et Com., 28 juin 2005, *Rev. crit. DIP* 2005, p. 645.

容由主张适用该外国法的当事人负责证明。①

实际上,外国法的查明和冲突规范的适用这两个问题并没有必要进行混同并给予相同的回答。法官依职权查明外国法并不是依职权适用冲突规范原则的必然逻辑结果,虽然似乎将法官依职权适用外国法的义务延伸至查明外国法的内容显得更加协调。②法官依职权适用冲突规范,其对象是冲突规范而不是外国法。法官依据冲突规范结合案件情况找出了案件的准据法,则从理论上来说,冲突规范的适用的任务就已经完成。而如果案件的准据法是外国法,则对于整个审判过程来说,余下的就是外国法的适用问题。如果法官由于对该外国法的内容不够了解而导致适用该外国法存在一定的困难的时候,才会发生外国法的查明问题。正如前文所指出的,外国法的查明是外国法的适用过程中的一个步骤,其属于外国法的适用问题的范畴。而外国法的适用和冲突规范的适用是两个既相关联又不能混同的问题。二者的本质区别在于,冲突规范是本国法而外国法无疑不是本国法。不管冲突规范的适用模式如何,冲突规范都可以由法官根据有关的国内法制度予以适用,但是其指定的外国法却不会由本国法官系统性地适用,由于其"异质性",外国法的适用存在更多的不确定性。对冲突规范适用中的错误无疑可以受到本国最高司法机关的审查,但有关国家都承认最高司法机关或最高法院不便审查外国法的错误适用问题,虽然他们也承认外国法的错误适用可通过上诉机制予以救济。

其次,虽然外国法的查明制度是实现外国法和冲突规范适用的工具和手段,但其仍可以追求与冲突规范的适用所不同的、独立的价值目标。对于冲突规范的适用来说,与外国法的查明所要解决的"如何适用外国法"问题不同,其所应解决的主要是"为什么要适用外国法"及"适用哪个国家的法律"的问题,这就还涉及"法律关系本座说"、"国际礼让说"等一系列国际私法基础理论。对冲突规范的适用虽然也要考虑到有关外国法的适用的实际困难情况,但是在传统国际私法中,其更多地还是考虑如何能使内外国法院对相同案件能作出一致判决,如何公平、合理地解决国际民商事争议。而由于外国法的查明制度具有的工具和手段的性质,我们在评价和设计有关制度时应采用一种更加实用主义的视角,应该更多地考虑到司法实践情况。

---

① Alfonso-Luis Calvo Caravaca & Javier Carrascosa Gonzalez, The Proof of Foreign Law in the New Spanish Civil Procedure Code 1/2000, in *IPRax*: *Praxis des Internationalen Privat- und Verfahrensrechts*, Issue 2, 2005, pp. 170, 172. See also Article 12.6 Spanish Civil Code 1881.

② Bénédicte Fauvarque-Cosson, *Libre Disponibilité des Droits et Conflits de Lois*, Paris, 1996, p.1.

如何迅速、有效地查明外国法应该是其追求的主要目标。申言之,在公平和效率这两大价值目标之中,冲突规范的适用更多地考虑公平,而外国法的查明应更多地考虑效率。外国法的查明制度无法、也不应该过多地承担如何公平与正义地解决案件争议的任务。经济和效率这些价值目标在外国法的查明问题中应该占有相对更重要的地位。例如,在对外国法的查明方法或途径的评价中,专家证言或专家意见等方式的费用成本相对于其被设计所要达到的目的来说是否是合理的,是我们无法忽视的考虑因素。①

最后,外国法的查明制度也可以影响到案件的审判结果,从而也间接地对冲突规范的适用发生影响。在外国法的查明制度中,外国法无法查明的处理,不管是采用怎样的理论支持,是直接适用还是类比适用,客观实际上的结果往往导致本国法的适用。②由此,法官和当事人利用外国法的查明制度来影响案件的结果是可能的。正如美国学者 F. K. Juenger 所指出的:"意图避免支出外国法查明费用以及潜在的错误适用外国法风险的当事人可以规避冲突法体系。"③当事人在外国法查明所要支付的成本可能大于外国法适用获得的收益时,可能有意识地消极进行甚至放弃对外国法的证明,从而造成外国法无法查明或者不能充分查明,最后法院地法得到适用的后果,使得冲突规范适用的目的落空。而在法官依职权适用冲突规范和查明外国法的情况下,如果外国法的查明设定较高的查明认定标准,则法官也可能在外国法的查明会花费较多的时间和精力的时候,倾向于认定外国法无法查明而导致法院地法的适用。在此,实际上冲突规范的强制适用无法实现。更有甚者,如果外国法的查明制度中对法官课以严格的查明义务,法官会在冲突规范的适用之前就有意地规避其适用,使冲突规范实际上成为一种任意性适用的规范。例如,有学者通过对德国涉外民商事审判的深入研究发现,虽然根据德国的有关制度,一旦当事人呈交的证据材料显示有涉外因素,法院就必须适用相关的冲突规范并同时承担起外国法查明的任务,但是实际上,在德国的初级审法院,只要未被当事人提及,法院会简单地忽略案件所涉及的国际私法问题,而上级审法院则将一审中当事人未提及冲突规范的诉讼行为视做当事人之间作出的对法院地法的选择,从而规避外国

---

① See Richard Fentiman, *Foreign Law in English Courts: Pleading, Proof and Choice of Law*, Oxford, 1998, p.298.
② 具体内容参见本书第四章第二节的有关内容。
③ See Friedrich K. Juenger, General Course on Private International Law, *Recueil des Cours*, Vol.193, 1985, p.203.

法的适用。德国学者也不得不承认,国际私法在一定程度上成了任意性法律。①

从德国的依职权适用冲突规范加法官依职权查明外国法的模式的实践情况来看,由于该模式过于刚性,没有充分考虑到外国法的查明和适用的困难,导致在实践中相当数量的具有涉外因素案件的涉外性人为地被"忽略"而最终适用了法院地法。旗帜鲜明地反对冲突规范的完全依职权适用的学说"冲突规范任意适用说"即诞生于德国,这也从另一个角度说明了该德国模式对法院课以过于苛刻的职责。但是,在同样是实行冲突规范依职权适用的瑞士,却没有这种对冲突规范的强制适用的诸多质疑。这和瑞士所实行的较为灵活的、有限制地由法官负责查明外国法的制度不无关系。由此,我们可以发现,冲突规范完全依职权适用原则与实践相碰撞而遇到的困境,显示出了该原则过于苛刻,外国法的查明制度其实也可以成为对该严苛性加以修正的手段,从而增加一定的灵活性以使冲突规范的适用能适应复杂多变的现实情况。

总之,在冲突规范的适用和外国法的查明的关系问题上,从理论上来说,冲突规范的存在和其适用让关于外国法查明的制度变得重要起来,这一点我们不能否认;但是,作为外国法适用领域的"基础问题"②,即实践中外国法查明的客观困难,以及由此而导致的外国法查明问题的相对独立性,我们也无法忽视。

本 章 小 结

本章论述了有关外国法查明的基本理论问题。广义的外国法查明的概念在理论研究中并不可取。狭义的外国法查明的概念应限定为案件的准据法确定为外国法之后,围绕如何确定该外国法的存在和具体内容是什么而发生的一系列的制度,包括外国法的查明责任的承担、外国法查明的方式、外国法无法查明的处理等问题。在现代国际私法中,由于采用补充性或重叠性连接点的冲突规范的出现,使这些情况下外国法的查明具有特殊性,但是这并不构成我们放弃外国法查明的狭义概念立场的充足理由。外国法的

---

① 参见徐鹏:《冲突规范任意适用研究》,武汉大学博士学位论文,2006 年,第 64—65 页。
② B. Ancel et Y. Lequette, *Les Grands Arrêts de la Jurisprudence Française de Droit International Privé*, Paris, 2006, p. 721.

查明并不是案件审判过程中一个不能逾越和省略的阶段。外国法查明的对象就是"外国法",是所有应适用于案件事实、可以对案件裁判结果产生影响的外国的法律规范。应该根据该外国法来判断哪些形式的规范能够构成应适用的有法律效力的规范。外国法查明的对象可以包括外国的冲突规范。在对外国法的查明进行概念的界定时,采用功能主义的视角可能更合适,外国法的查明就是完成有关外国法的适用过程的一个步骤。外国法的查明制度的本质是为外国法的适用服务的工具。

根据外国法在有关国家国内法院所受到的不同对待,在理论上有两种截然不同的主张,在实践中也相应地有两种不同的做法。根据对外国法的性质的认识的不同,这两种做法分别是"事实说"与"法律说"。对现代有关国家的实践做法和法学理论的考察中,笔者发现,两种传统模式其实都有很多例外做法,"外国法是一种具有特殊性质的法律",几乎成为一种共识。外国法兼具事实性与法律性。外国法具有法律的形式和构成要件,虽然其制定机构并不是本国立法机关。外国法是具有特殊性质的法律,特殊性在于其不同于国内法,法官对外国法的认识、查明和解释都受到特殊的原则和制度的支配。不管是从理论上还是从实践上来看,外国法的性质与外国法的查明已经并无必然联系。关于外国法性质是事实还是法律的区别仅仅在理解某些司法实践传统上还具有一定的意义。

从逻辑上来说,冲突规范的适用和外国法的查明紧密相连。冲突规范的适用是外国法查明问题和制度产生的前提,而外国法的查明是实现冲突规范所指定的外国法的适用的工具和方法。从理论上和实践上来说,在很大的范围内,冲突规范的适用和外国法的查明长期以来被认为关系如此紧密,以至于对于这两个问题的回答和解决方式应该是一致的。冲突规范的适用对外国法的查明的影响体现为,冲突规范的强制适用往往被认为是法官依职权查明外国法的基础和原因,冲突规范的适用还可能对外国法查明的标准的设定产生影响。但是这并不能说明外国法的查明对冲突规范适用的完全从属地位。外国法的查明问题也具有其相对的独立性:冲突规范的适用问题和外国法的查明问题是紧密相关的,但对二者却并不一定要给予相似的回答;虽然是实现外国法和冲突规范的适用的工具和手段,外国法的查明制度仍可以追求与冲突规范的适用不同的、独立的价值目标;外国法的查明制度也可以影响到案件的审判结果,从而间接地对冲突规范的适用发生影响,而可以成为对冲突规范的完全依职权适用模式过于苛刻的性质加以修正的手段,从而增加一定的灵活性以适应复杂多变的现实情况。

第二章 外国法查明责任的承担

一旦案件应该适用外国法，而该外国法的存在和内容并不被法官所了解，则首先面临的问题就是应由谁来负责进行外国法的查明，是法官还是当事人？如果是当事人又应由哪方当事人来负责？在他们之间分担查明外国法的责任的标准又如何？我们考察各有关国家的做法，可以发现，在该问题上不同的做法有：由当事人负责外国法的查明，采该种做法的主要是以英国为首的英美法国家、西班牙及受其影响的部分拉丁美洲国家；由法官负责外国法的查明，采该种做法的主要是以德国为首的一些大陆法系国家；区分不同的案件类型由法官和当事人分别承担外国法查明的责任，采该种做法的主要是法国、瑞士等国家。下文将分别对这三种做法进行分析和探讨[①]，最后也将对当事人和法官分工合作共同完成外国法的查明这样一种笔者认为比较合理的外国法查明责任承担模式进行论述。

有一点要指出，本书所说的查明外国法责任的承担，是指由谁在总体上和原则上承担查明外国法的责任。由某一方负责查明外国法并不意味着其他方就承担不得进行外国法的查明的义务。比如德国、荷兰、比利时等国从总体上要求法官有查明外国法的义务，但是这些国家都允许法官在该事项上可以要求当事人的协助。而在美国仍然要求当事人承担查明外国法的责任，但大部分的州法院和联邦法院法官也可以自己查明外国法。我们明确由谁来承担查明外国法的责任，一个重要的意义就是，可以在以后的制度设计中，尤其是在外国法无法查明的处理以及对外国法适用的司法监督问题上，对承担外国法查明责任的主体不履行该责任的行为有所制约。

---

① 由于各国的有关外国法查明的做法和其本国的法律传统、民事诉讼制度等息息相关，以及篇幅方面的考虑，因此在下文的三个章节中，我们先分国别论述有关国家的实践，然后再从法官和当事人不同的角度阐释二者在不同模式下的地位和作用。

第一节　当事人负责外国法的查明

在这些国家,当事人必须负责进行外国法的查明,当事人在外国法的查明过程中起主导作用,而法官处于一个相对消极的地位。采这种做法的原因和基础主要包括:在有些国家具有将外国法和事实之间进行类比的传统;由于民事诉讼程序不告不理的主要特点,人们传统地认为应由当事人承担查明外国法的责任;从实践的角度来说,本国法官不可能知道所有的外国法,由此导致要求当事人承担查明外国法的责任等。

一、英国

在英国法院,在所有事项上都由当事人证明外国法,而法官自己一般不能进行外国法的查明。从传统上来说,外国法在英国是事实而不是法律,其不属于司法认知(judicial notice)[①]的范围,英国法官无权主动适用外国法,也不能对外国法进行司法认知。[②]法官不能对外国法进行司法认知就直接导致当事人必须证明外国法。作为事实,外国法应和其他有关事实一样必须由当事人主张。对于英国法官来说,外国法在英国法院被推定为和英国法的内容是一样的,除非当事人能提供相反的证明。[③]

在当事人仅仅是主张外国法而没有提供有关外国法内容的证据或没有提供足够的证据时,通常会被认为是举证不足,从而导致法院作出不利于援引该外国法的当事人的判决。法院也可以要求当事人证明外国法或为外国法提供更充分的证明。[④]但是,在实践中法院很少作出此类要求或命令。实际上,实践中当事人往往不需要提醒就能够提供必要的专家证据。因为当事人也很清楚,如果其不这么做,则法官将根据英国法对其诉讼请求作出裁判。

至于当事人之间如何对该责任进行分担,根据有关的判例,证明的责任

---

① 司法认知的对象最初限于众所周知的事实,而后扩展到法官履行职责确定应予适用的国内法。法官为行使司法职能而接受的法律训练使其知晓或应当知晓如何确定国内法。See McCormick, Judicial Notice, *Vanderbilt L. Rev.*, Vol. 5, p.296.
② See Dicey and Morris, *The Conflict of Laws*, 13th ed., Sweet & Maxwell, 2000, p.222; Richard Fentiman, *Foreign Law in English Courts: Pleading, Proof and Choice of Law*, Oxford, 1998, pp.3, 64.
③ See Richard Fentiman, *Foreign Law in English Courts: Pleading, Proof and Choice of Law*, Oxford, 1998, p.4.
④ Ibid., p.149.

由主张外国法和英国法不同的当事人承担。①由于在英国法院原告往往根据英国法提出诉讼请求,因此经常就是被告主张外国法的适用,并因此承担证明外国法的义务。但是,如果一方当事人仅仅只是在诉讼请求或答辩陈述中提到外国法,而并没有说明外国法的适用结果,则他不承担外国法的查明义务。②在 1997 年的 University of Glasgow v. The Economist 案③中,原告起诉被告在英国对其进行诽谤。后来原告又试图修改其诉讼请求主张诽谤行为也在其他国家发生,而被告提出答辩认为,原告必须明确其所据以提出请求的外国法并对这些外国法的内容进行证明。而法院驳回了被告的答辩,认为原告并不需要在其诉讼请求中明确每个国家的法律,而应该由被告来证明每个国家的法律都和英国法不同。由此可见英国法的传统,即如果没有相反的证明,外国法在英国法院就被推定为和英国法的内容是一样的。证明外国法的责任就自然地落在了主张外国法和英国法规定不同的当事人身上。在该案中,如果被告不能证明有关外国法的规定和英国法不同,则其就应该根据英国法就其在外国进行的侵权行为承担责任。

英国法中法官对外国法不能进行司法认知和当事人承担外国法查明责任的一般规则也有一些例外④:(1)一般法律原则,比如所有普通法国家都采用的一般法律原则;(2)已经成为一种共识的外国法⑤,比如在曾经的判例中,关于赌博在摩纳哥是合法的,就不用当事人提供有关外国法的证明;(3)由枢密院进行上诉审的外国法,这包括苏格兰和北爱尔兰,以及其他英联邦成员国如新西兰的法律,因为如果枢密院是这些地区或国家的案件的上诉审法院,则其被推定为对这些法律是了解的,可以对其进行司法认知。但是,英国法院还是不愿意对其在以前的判例中确认的外国法的内容进行司法认知。即使有关立法允许在十分有限的条件下英国法院对外国法的判

---

① Guaranty Trust Corp. of New York v. Hannay [1918] 2 K. B. 623, 655 (C. A.).
② Richard Fentiman, *Foreign Law in English Courts*: *Pleading*, *Proof and Choice of Law*, Oxford, 1998, p.145.
③ [1997] EMLR 495.
④ Sofie Geeroms, *Foreign Law in Civil Litigation*: *A Comparative and Functional Analysis*, Oxford, 2004, pp.118—120.
⑤ Dicey and Morris, *The Conflict of Laws*, 13th ed., Sweet & Maxwell, 2000, p. 222; Richard Fentiman, *Foreign Law in English Courts*: *Pleading*, *Proof and Choice of Law*, Oxford, 1998, p.250.

决先例可以作为一种证明外国法的方式①,英国法院也几乎不会考虑通过有关外国法的先例来查明外国法。也就是说,先前的判例中已经确认的外国法对之后的案件审理几乎没有多少影响。这和在英国法院外国法的查明完全由当事人完成这一特点也应该是有关系的,正是这样一种证明模式导致了在英国法院外国法的查明只能通过当事人聘请的专家证人的方式来进行,而该种方式长期以来因为缺乏足够的客观性而被诟病。可见,外国法查明方式的不同也可以影响最后获得的外国法信息的可信度,而决定先例中已经查明的外国法的内容是否能够被法院重复采用。英国法院通过由当事人提供证据证明外国法的方式似乎并不能起到使先例中查明的外国法能被重复采用的效果。

与这种当事人为主导的外国法查明方式相对应,英国法官在外国法查明问题上的自由裁量权是比较有限的。与其他国家不同,英国法官必须在专家证人提供的信息的基础上来裁判外国法事项。因为英国仍然坚持严格的"事实说"的立场,所以法院在外国法内容的确定这一问题上也只对当事人请求法院作出裁判的事项进行裁判,担任消极裁判者的角色。由此,其对于双方当事人聘请的专家证人的主张之外的事项无权裁判。在当事人提供的信息互相矛盾的情况下,法官必须在这些观点之中选择其一。仅在有关的证据是明显地荒谬或不连贯的情况下,法官才可以以其自己的知识和法律技能来独立对有关证据作出裁判。从某种意义上甚至可以说,英国法官在外国法查明上的角色受到了专家证人的限制。

二、美国

在美国,根据联邦立法和大部分州的法律,当事人必须证明外国法,而同时法官也可以主动查明外国法。

(一)有关的变革

美国继受了英国普通法,针对外国法的普通法规则也被美国早期冲突

---

① 英国法院将外国法作为事实的传统使在外国法内容证明上当事人不能援引先例,因为对先例的援引只适用于法律问题。1972年《民事证据法》对这一立场有所改变:该法第4条第2款规定,如果在有关问题上不存在相冲突的判例,在有限的条件下英国法院对外国法的判决先例可以作为一种证明外国法的方式。这些条件包括:在法院可以对外国法进行司法认知的例外情况下,英国法院对外国法的判决先例不能作为外国法的证明;仅仅高级法院、王座法院(Crown Court)作出的合适的、可引用形式的判决才可以作为外国法的证明。不过,实际上英国法院仍然不倾向于通过法院的先例来认定外国法,笔者认为,也还是因为英国法院将外国法作为事实的传统,法官倾向于不对当事人出示的有关先例给予高于其他方式的证据如外国法律条文、判例法和学术著作等的效力。

法理论和实践接受,外国法被认为是事实。外国法也应如事实一样由当事人进行主张和遵循严格的证据法规则进行证明,除了西方国家所公认的国际法、海商法一般原则、有关联邦内部各州的法律或前殖民地的法律这些例外情况外,美国法官一般也不对外国法进行司法认知。但是,现在只有少数州仍然采用普通法的方法,即外国法必须由当事人通过证据方式根据证据规则来证明,而有关联邦立法和大多数州都对该传统的普通法做法进行了变革,使美国的做法和英国呈现了一些区别。

在第二次世界大战后,随着国际和州际民商事交往的大量增加,传统的将外国法当做事实来证明的高度技术化的做法表现出了费用昂贵和耗时过长的缺点,法律界对此进行了反思和批判,这导致了一系列偏离普通法规则的成文法规和统一法案的产生。① 20 世纪 60 年代,许多州就通过立法或采用统一法案的方式改变了域外法的证明方式。根据美国联邦法律和大部分州的法律,法院对外国法内容的确定被认为是"对一项法律问题的裁判"。② 通过在外国法的查明问题上具有里程碑式意义的 1966 年美国《联邦民事程序规则》第 44 条第 1 款的规定,联邦最高法院将外国法从证据规则中解放出来,当事人不再需要根据复杂、正式的证据规则来证明外国法。这也意味着当事人不再能要求法官对外国法进行司法认知,因为司法认知理论只适用于证据规则领域,从而将司法认知的概念从外国法的查明领域排除。很多州法院就采用了该联邦立法的做法。同时,也有不少州法院,虽然依然从证据法的角度出发来处理外国法的查明问题,但是认为法官可以对外国法进行司法认知。③ 通过接受外国法为司法认知的对象,当事人不再被要求根据正式复杂的证据规则来证明外国法。

虽然美国联邦法院和各州法院的实践各不相同,但是我们可以发现,一个共同点就是,法官被允许进行外国法的查明。法院可以在外国法的查明程序中担任一个比以前更积极的角色。如果法院自己进行外国法的查明应

---

① See A. Nussbaum, Proving the Law of Foreign Countries, *American Journal of Comparative Law*, Vol. 3, 1954, p.60.

② 参见 1966 年美国《联邦民事程序规则》第 44 条第 1 款的规定:"一方当事人意图提出一项关于外国法律的争论时,应当在其诉状中予以说明或给予其他合理的书面通知。法院在确定外国法时,可以考虑包括证言在内的任何相关的材料或资源,无论其是否由一方当事人呈交或依据联邦证据规则是否可以被接受。法官的决定应被看做对法律问题的裁判。"

③ 1936 年美国《统一域外法司法认知法》(Uniform Judicial Notice of Foreign Law Act)中规定,法官必须对其他州的法律进行司法认知,而对外国法的司法认知属于法官自由裁量的范围。不少州采用了该法,有的州的立法还允许或要求法官也对外国法进行司法认知。而没有有关成文立法的州也从判例法上脱离了普通法的传统做法。

该说是符合有关法律规定的。例如,在 Trans Chem. Ltd. v. China Nat'l Mach. Import & Export Corp. 案①中,法院为了确定是否争议的公司是中国公司,自己进行了中国法的查明工作,包括分析中国宪法、大量其他相关的法律及许多辅助资料比如有关中国公司法的法学刊物文章等。在该案中,双方当事人都指定了专家证人给出了相反的意见,因此法院选择自己进行独立的调查和分析。

(二) 查明外国法的责任仍由当事人承担

尽管根据联邦法院和大多数州法院的有关做法,法官可以自己进行外国法的查明,但是在美国法下,外国法查明的责任仍然是由当事人承担,法官只是被允许进行外国法的查明,但是其并不承担外国法查明的责任。

首先,有关的立法仍然要求当事人承担外国法查明的责任而并没有对法官规定该责任。正如我们通过对 1966 年美国《联邦民事程序规则》第 44 条第 1 款规定的分析即可以发现,在第 44 条第 1 款中对法官确定外国法采用的措辞是"可以",实际上该规定并没有对法院课以查明外国法的义务。该条也并没有解除当事人及其律师必须向法院说明该外国法的规定是什么的义务。②法院当然可以要求当事人就外国法提供更完全的信息,在美国律师仍然是查明外国法的最主要的渠道。③上述有关变革的主要目的在于简化外国法证明的规则,使其不再受制于严苛的证据法规则,使诉讼主体因此可以采取更多灵活的手段和途径查明外国法。在第 44 条第 1 款背后的一项法律政策就是外国法查明的问题应该得到最大程度的解决,所有可能获得的材料都应该被利用,由此法院可以在外国法的查明中担任一个比以前更加积极的角色。④但是,该条规定仅是对法官创立了比以前更大的自由裁量的范围,希望法院在查明外国法的问题上充分发挥其作用,却对传统实践中当事人应该负责提供有关外国法信息的做法并没有实质性的影响。

其次,英国普通法的传统对司法实践仍有影响,法官仍然不愿意在外国法的查明上承担更大的义务。实践显示,州法院法官往往不会主动作出第一步来调查收集外国法信息,其往往是进行调查补充当事人提供的信息。

---

① 978 F. Supp. 266, 278—290 (S. D. Texas 1997).
② Milton Pollack, Proof of Foreign Law, *Am. J. Comp. L.*, Vol. 26, 1978, p.470.
③ See Roger J. Miner, The Reception of Foreign Law in the U. S. Federal Courts, *Am. J. Comp. L.*, Vol. 43, 1996, p.587.
④ Charles A. Wright and Arthur R. Miller, *Federal Practice and Procedure*, West Publishing, 1995, p.208.

联邦法院其实根本并不倾向于承担主动查明外国法的义务。①在当事人提供的有关信息并不对立的情况下,法院往往就会直接接受当事人提供的信息并对案件作出判决。在大多数情况下,如果没有当事人的帮助,法官并不愿意做主动的调查。而且,法院对当事人提供的信息进行补充而进行有限的主动调查工作的少数情况,往往是发生在涉及的外国法是英语语言国家的法律时,当涉及大陆法系国家的法律时,法院会更加不愿意进行主动查明。②

英国普通法中将外国法认为是应由当事人证明的"事实"的传统对美国法院的影响是非常深远的,直至今日美国法院的这种不愿主动查明和适用外国法的倾向并没有因为在当今互联网时代法官和当事人更容易获得有关外国法内容的信息而有所改变。③有学者甚至认为,当要适用的法律为外国法时,许多联邦法院实际上仍然是要求外国法像事实问题一样被"证明"。④

相应地,在理论上,美国学者也无法就法官承担查明外国法的义务达成共识。虽然有学者支持专家证言在外国法的查明中并不总是必须的,法院可以基于自己对外国法的独立调查而作出判决,但是仍然有些人认为,法官在没有专家证言的情况下不能根据自己的调查结果确认有关文件或适用外国法。⑤美国学者 Currie 甚至反对法官在外国法的查明中担任更积极的角色,而是认为法官在外国法资料的收集和提供上应保持消极的裁判者的角色。他虽然同意当事人可以向法院呈交任何相关的信息,但是他认为,如果法官对专家证人出具书面意见的可靠性或者出具的有关外国法的出版物的真实性发生怀疑,其应该裁量决定由双方的专家证人进行交叉询问,或者依据证据法规则对呈交的书面材料进行审查,而不是亲自进行外国法的查明。⑥

---

① Stephan L. Sass, Foreign Law in Federal Courts, *American Journal of Comparative Law*, 1981, p. 109.

② See Sofie Geeroms, *Foreign Law in Civil Litigation: A Comparative and Functional Analysis*, Oxford, 2004, pp. 120—121.

③ Louise Ellen Teitz, From the Courthouse in Tobago to the Internet: the Increasing Need to Prove Foreign Law in US Courts, *Journal of Maritime Law and Commerce*, January, 2003, pp. 97—98.

④ Ibid., pp. 99, 114—116.

⑤ Stephan L. Sass, Foreign Law in Federal Courts, *American Journal of Comparative Law*, Vol. 29, 1981, pp. 97, 109—110.

⑥ See Brainerd Currie, *Selected Essays on the Conflict of Law*, Duke University Press, 1963, pp. 75—76.

三、西班牙

与英美法国家不同,在西班牙,冲突规范必须由法官依职权适用①,但是外国法的内容由主张适用该外国法的当事人负责证明。法官只在必须的时候可以"介入"外国法的查明,但是其并不承担查明外国法的责任。

长期以来,有关外国法查明问题的做法由西班牙最高法院负责解释。西班牙最高法院就该问题的基本规则包括②:外国法不能被作为法律对待;既然外国法被作为事实,其应该排他地由当事人申请和证明;法院可以"介入"外国法的证明,但是其不被要求这么做。外国法被认为是一种特殊性质的事实问题。③有关外国法查明的立法出现在2000年新的《西班牙民事诉讼法典》中,该法第281.2条中规定:"习惯和外国法也需要证明……外国法的内容和效力必须证明,法院可以使用任何其认为必要的方法……"根据该新规定,作为一般原则,有关的当事人必须证明外国法。虽然法院也可以介入,以澄清外国法的有关具体信息或该外国法应如何适用于案件,但是法院并不能代替当事人的地位,而其仅仅是在必须的时候介入,对当事人提供的材料进行补充或查清当事人所提供的相冲突的证明材料。

一般来说,当冲突规则指定适用外国法,和该外国法的适用有关的当事人必须证明该外国法的内容及其效力。该当事人可能是原告也可能是被告。例如:如果一方当事人主张反致(《西班牙民法典》第12.2条规定承认反致),该当事人必须证明该导致反致的外国冲突规范;如果当事人根据一项外国法提起诉讼,则他必须证明该外国法;另外,如果被告根据外国法进行抗辩,他也必须证明该外国法。而冲突规范包含于一项国际公约中的事实并不会使情况有所改变,在此情况下,仍然是当事人而不是法院必须证明外国法。在2003年的SAP Alicante案④中,根据1980年罗马《国际货物买卖合同法律适用公约》,一项国际贷款受比利时法支配,但是当事人没有证明比利时法,而法院明确确认自己也不应进行比利时法的查明。外国法查

---

① See Alfonso-Luis Calvo Caravaca & Javier Carrascosa Gonzalez, The Proof of Foreign Law in the New Spanish Civil Procedure Code 1/2000, in *IPRax*: *Praxis des Internationalen Privat- und Verfahrensrechts*, Issue 2, 2005, pp.170, 172. See also Article 12.6 Spanish Civil Code 1881.

② Alfonso-Luis Calvo Caravaca & Javier Carrascosa Gonzalez, The Proof of Foreign Law in the New Spanish Civil Procedure Code 1/2000, in *IPRax*: *Praxis des Internationalen Privat- und Verfahrensrechts*, Issue 2, 2005, p.171.

③ Ibid.

④ SAP Alicante November 18th 2003 AW 43061.

明的费用,在原则上也由主张该外国法适用的当事人承担,除非法院在案件判决中对该费用的承担作出相反判决。西班牙最高法院从未指出法院在什么时候,如何介入外国法的证明,由此法官进行外国法的查明就成为一种可自由裁量甚至是专断的行为,法官可以认为自己不用进行任何外国法的查明行为。如果外国法没有被有关当事人证明,西班牙法院就通常根据西班牙实体法审理案件。①

四、当事人和法官各自的地位和作用

(一) 当事人

在该种模式下,当事人在外国法的查明上担任主要角色,外国法无法查明将导致对承担该责任的当事人不利的后果,而查明外国法的费用也一般由该当事人负担。这和有关国家早期将外国法作为事实来对待,从而主张"谁主张谁举证"的原则是分不开的。如果当事人不能提供外国法的内容,或提供的外国法的内容真假难辨,根据举证责任分配原则,势必由负有举证责任的当事人承担不利后果。

此外,我们不能否认,在大多数国际私法案件中,往往是当事人在外国法的适用上具有利益,而法官虽然在本国法的适用上具有利益,但在外国法的适用上并不当然具有利益。英国学者直截了当地阐明了当事人私人利益与外国法适用和查明的关系:"就涉及国际私法问题的诉讼的性质而言,外国法的适用会对一方有利,他也应该为此花费精力来申辩和证明外国法,如果适用外国法对任何一方都没有利益的话,从实际效果而言,就不会是一个国际私法的案件。"②这和柯里主张的从利益冲突的角度区分"虚假的法律冲突"和"真实的法律冲突",而前者并不构成法律冲突的论点不谋而合。③当事人在外国法的适用上具有利益,则其在进行外国法的查明时也具有合理的动力。为了避免对自己不利的判决结果,当事人往往能够积极地进行

---

① 西班牙最高法院的判例显示,如果当事人没有能够证明外国法,法院在大多数情况下适用了西班牙法,在少数案件中,最高法院以没有证明外国法为由直接驳回当事人的诉讼请求。从这一点来看,西班牙法中外国法查明的情况和我国比较相似:最高法院出于希望法官在必要的时候与当事人共同进行外国法查明的目的,而规定法官"可以"进行外国法的查明,然而实践中,法官对此进行了专断的"滥用",导致法官往往并不进行任何查明外国法的行为。

② David Mc Clean, Perspectives on Private International Law at the Turn of the Century: General Course on Private International Law, *Recueil des Cours*, Vol. 282, 2000, p.227.

③ See Brainerd Currie, The Constitution and the Choice of Law: Governmental Interests and the Judicial Function, *U. Chi. L. Rev.*, Vol. 26, 1958, p.10.

外国法的查明。

当然,并不是所有的当事人都应承担外国法查明的责任。按照该利益分析的逻辑,在当事人之间,外国法查明的责任应由在外国法的适用上具有利益的一方当事人承担。该当事人一般是根据外国法提出诉讼请求的人、主张外国法的规定和法院地法的规定不同的人或主张外国法的适用会导致和法院地法适用不同结果的人。

由于当事人承担外国法查明的责任,在外国法的查明上担任主要角色,因此,当事人可以通过自己的行为来控制甚至操纵案件审判结果。当事人在预计为外国法查明所支付的成本大于外国法适用将获得的收益后,可以有意识地消极举证甚至放弃举证,直接造成外国法无法查明或者不能充分查明的后果,从而最后导致法院地法的适用。此外,当事人对外国法的熟悉了解程度、为收集外国法资料和提供合格专家证人所具备的经济实力等要素、当事人聘请的专家证人所具备的专业素质和能力都会影响法官的判断。[1]在美国,当事人提供的意见相冲突的时候,实践中法院的做法是首先比较双方的专家的资质,法院倾向于认为"最好的专家会给出最正确的答案"。[2]只在该方法行不通的时候,法院才会考虑对有关的外国法信息进行独立的评价。而在英国,专家关于外国法的法律意见的说服力,主要取决于与有关外国法的证据相关的说理的逻辑性和连贯性。法院对外国法内容的确定和解释也往往和当事人的专家证言很相近。

(二)法官

在该模式下,法官往往只是担任消极裁判者的角色,但也享有和其裁判者地位相应的一定的自由裁量权。

在诉讼程序中,一般来说,如果当事人之间对外国法的内容不存在争议,则法院就会将其作为判决的依据,即使当事人对外国法内容的认识有错误,法院也不会作出与其相反的认定。因为英美法系的法官自己并不进行有关的外国法查明,他们对外国法是否查明的认定完全是建立在当事人所提供的资料及当事人在交叉质证过程中的表现基础之上,对当事人提供的证据有很大的依赖性。至于他们认定为证据充分的外国法内容和该法律在其本国适用的客观情况是否相符,却并不是英美法系国家法官所能够和应

---

[1] 参见徐鹏:《外国法查明:规则借鉴中的思考——以德国外国法查明为参照》,载《比较法研究》2007 年第 2 期,第 69 页。

[2] See John G. Sprankling and George R. Lanyi, Pleading and Proof of Foreign Law in American Courts, *Stan J. Int'l L.*, Vol. 19, 1983, p. 83.

该关心的。

虽然当事人在外国法的查明上担任主要角色,但是也并不意味着法官在外国法的查明中就不发挥任何作用。①法官往往擅长法律推理,由此有能力通过基本的推理和连贯性标准来对专家的有关外国法证据进行判断。在有关的判决中,英国法官曾对此进行了说明:"在对有关的专家意见进行评价时,法官的角色至少在一点上是和其评价一般的事实证据有所不同的:在后一种情况下,法官自己就是一个律师。"②法官作为裁判者,大部分国家同时都给予了法院自由裁量的权力来对有关外国法的信息进行评价。实际上,在有关国家的有关判例中,法官就没有采纳双方当事人都同意的关于外国法的证据,其理由包括:专家意见中对于为各国律师所熟悉的概念存在误解,该外国法的意思和当事人提供的英文翻译相矛盾,或者仅仅就是证人采用了一种"荒谬"的观点或"有关的材料支持法院的立场"。③

但是也不能否认,法官的角色和自由裁量权仍然是有限的。从理论上来说,在除英国之外的一些国家,法官可以自主决定外国法的内容,即使当事人没有争议的外国法信息,法官也可以不予采纳,而当事人之间有争议的内容,则法官必须对此作出判断,他也可以驳回双方当事人的陈述而作出自己的解释。但是,实践情况显示,在当事人之间就外国法信息没有争议的情况下,法院往往对其予以采纳,法官对当事人没有异议的外国法信息不予采纳的情况只是例外。而在当事人提供的意见相冲突的时候,法院也首先避免自己作出解释,而是根据信息提供者的资质情况来判断哪种信息更可取,最好的专家证人或更有名的学术机构作出的外国法意见更为可信,法院倾向于认为"最好的专家会给出最正确的答案"。④只在该方法行不通的时候,法院才会考虑对有关的外国法信息进行独立的评价。

---

① Sofie Geeroms, *Foreign Law in Civil Litigation: A Comparative and Functional Analysis*, Oxford, 2004, p.174.

② Morgan Grenfell & Co Ltd v. Sace-Istituto Per I Servizi Assicurativi Del Commercio ([2001] ALL E. R. (D) 303.).

③ Sofie Geeroms, *Foreign Law in Civil Litigation: A Comparative and Functional Analysis*, Oxford, 2004, pp.173—174.

④ See John G. Sprankling and George R. Lanyi, Pleading and Proof of Foreign Law in American Courts, *Stan J. Int'l L.*, Vol. 19, 1983, p.83.

第二节　法官负责外国法的查明

在这些国家,法官必须进行外国法的查明。法官在外国法的查明中起主导作用,而当事人处于一个相对消极的地位。采这种做法的原因和基础主要包括:外国法被认为是"法律",根据"法官知法"的原则,法官对外国法的查明具有不容置疑的责任;只有要求法官依职权负责外国法的查明,才能保证强制适用的冲突规范的目的得到实现等。

一、德国

在德国,法官必须依职权查明外国法,同时法官也可以要求当事人的协助。

（一）法官查明外国法的责任

德国是严格遵守"法官知法"原则的国家,该原则在德国有两个方面的表现:一方面,法官必须依职权适用外国法,因为外国法在德国被认为是法律而不是事实;另一方面,法官必须依职权查明外国法。德国在外国法的查明问题上有成文法规定。1900 年以前的《德国民事诉讼法典》就包含了一个有关的条款,现行的《德国民事诉讼法典》第 293 条的规定与以前的立法相同,该条规定:"外国的现行法、习惯法和自治法规,仅限于法院所不知道的,应予以证明。在调查这些法规时,法院应不以当事人所提出的证据为限;法院有使用其他调查方法并为使用的目的而发出必要的命令的权限。"虽然该立法字面上仅规定法院有权查明外国法,并没有回答法官是否承担查明外国法的责任问题,但是事实上,对该条的基本理解,在德国有关司法判决和法学理论上并没有争议,德国的学说和司法实践确立了非常严格的法官应该依职权查明外国法的传统。德国法院必须如外国法院一样查明和适用有关的外国法。①

该条虽然规定,"外国的现行法、习惯法和自治法规,仅限于法院所不知道的,应予以证明",但是其并不能被认为规定了当事人对外国法内容进行证明的责任。②尽管第 293 条论及外国法内容的"证明",但其仅仅是给法院

---

① BGH 30.4.1992, IX ZR 233/90, BGHZ 118, 151—170. See also Kropholler, J. Internationales Privatrecht, 6th ed., Tübingen: Mohr Siebeck, 2006, pp.215, 644.

② Klaus Sommerlad and Joachim Schrey, Establishing the Substance of Foreign Law in Civil Proceedings, Comparative Law Yearbook of International Business, Vol. 14, 1992, p.147.

规定了一个利用一般证据方法进行外国法查明的机会,而并没有要求证明外国法的存在及其内容的程序采用有关事实证据的证明责任的一般规则。①主张一项外国法的存在的当事人并不必须证明该外国法的存在和内容,即使在该问题上有争议。一般来说,根据外国法提出主张的当事人也并不承担其诉讼请求或答辩因该外国法无法调查或无法被证明而被驳回的风险。一方当事人提供的有关外国法的存在和内容的证据不够充分,对法院查明外国法的责任并无影响。

德国学界在对待外国法的问题上,通说就一直是将外国法视作法律。外国法被视为法律,则外国法的查明与事实证明有所区别,因而当事人不在外国法的查明问题上承担证明责任。在司法实践中也很难找到这样的案件,其中法官拒绝查明外国法或者试图通过让当事人承担该责任而绕开自己的义务。德国法官从19世纪晚期起建立了一种始终如一的主动查明外国法的实践传统:当案件涉及外国法的时候,法官有义务查询所有可能获得的资源。②从某种意义上来说,司法实践实际上发展了第293条的含义,该立法被认为要求法官通过考虑所有可能获得的资源来查明和解释外国法。

由此,作为该条规定的一个逻辑后果,尽管州最高法院和联邦法院同时对其在审查下级法院法官是否用尽所能获得的资源查明外国法上的权力进行了一定的限制,当事人可以以法官违反了该义务为理由提出上诉。德国联邦法院在考察法官是否履行了该查明外国法的责任时,也采用了比较严格的标准,从而使法官在外国法的查明上承担了较严苛的责任。在1991年的一个案件③中,联邦法院就以下级法院没有通过所有其能获得的资源查明委内瑞拉法律为由撤销了上诉法院的判决。一般来说,法院从对熟悉有关争议问题的学术机构获得专家意见并请该专家对法院就其意见进行说明,就被认为履行了法律所规定的查明外国法的义务。但考虑到案件的特殊情况,该案中联邦法院认为,对有关的外国法问题缺乏成文法规定、有关的判

---

① See Dölle, *Yearbook of the Max-Planck-Society*, Vol. 1956, pp. 39 et seq.
② See Sofie Geeroms, *Foreign Law in Civil Litigation: A Comparative and Functional Analysis*, Oxford, 2004, pp. 92—94.
③ BGH, NJW 1991, 1418, 1419. 在该案中,共有两项关于外国法内容的问题需要查明,法院请求Max Planck比较法与国际私法研究所作出了有关的专家意见。然而该专家意见只通过委内瑞拉最高法院的有关判决查明了第一个问题,但对于第二个问题未能找到任何有关的判例。尽管如此,专家意见参考了委内瑞拉的一般实践还是对第二个问题作出了回答。而原告在其被请求在法院就有关问题发表意见的时候,对专家意见提出了疑问,并提供了一个意见相反的私人专家意见(Privatgutachten)。法院最终采纳了Max Planck研究所的专家意见,对案件作出了判决。联邦法院认为,上诉法院这样做并没有穷尽有关该委内瑞拉立法和司法实践的所有可能获得的资源。

例法以及委内瑞拉法学教授的一致意见,则法官应该咨询熟悉有关委内瑞拉实践情况的委内瑞拉律师以获得有关的正确信息。

与法官承担该严格的外国法查明责任相对应的,联邦法院要求法官在其判决中说明其在查明外国法上所做的努力。当法官没有在其判决中说明其为查明外国法所作出的努力,则联邦法院将认为法官没有查明外国法。① 在1992年的一个案件②中,联邦法院认为,上诉法院法官仅仅参考了一项西班牙的成文法规定就作出判决,其被认为没有履行查明外国法的义务,因为法院的判决并没有说明法官是否在完全程度上查明了西班牙实体法。联邦法院认为,从判决中并不能发现,上诉法院查明了该法律规定在西班牙的实践情况、判例法及有关的学术理论,而并不是仅通过对有关外国成文法的字面解释来查明该外国法。

虽然根据德国的有关立法和实践,法院可以要求当事人提供有关信息协助进行外国法的查明,但这绝不能被认为是查明外国法责任的转移。③法院求助于当事人更应该被认为是法官履行其查明外国法的义务的结果,而不是对其责任的限制。仅仅在例外情况下,例如当事人拒绝遵照法院的要求或者拒绝提供意见,并且在法院的所有努力都失败后,法院才被允许作出对有关当事人不利的判决。④

(二)法官的自由裁量权与当事人的义务

在德国,法官有权根据案件具体情况决定是否要求当事人提供协助,决定采用何种方式查明外国法。而当事人在法官作出要求时有义务进行外国法的查明。

外国法的查明通过何种方法来进行,属于法官的自由裁量权范围。联邦法院也不审查针对下级法院法官在查明外国法的过程中对查明方法的选择问题的上诉。早在1961年的一个案件中,当事人针对上诉法院通过咨询德国驻阿富汗大使馆和世界交通组织来获得阿富汗第二次世界大战之前有关汇票的法律的相关信息提起上诉。⑤联邦法院就认为,法院选择通过何种方法来查明外国法是它的自由,其只审查下级法院是否超出了该自由的界

---

① Sofie Geeroms, *Foreign Law in Civil Litigation: A Comparative and Functional Analysis*, Oxford, 2004, p.95.
② BGH, NJW 1992, 3106, 3106, 3107.
③ See e.g. BGH, IPRAX 1983, 178, 180.
④ Sofie Geeroms, *Foreign Law in Civil Litigation: A Comparative and Functional Analysis*, Oxford, 2004, p.95.
⑤ Ibid., p.94.

限。同样,法官是否对其获得的信息进行了足够考虑的问题,也是一个法官自由裁量的问题,当事人也不能以其为理由提起上诉。但是,为了保证职权的合适行使,法院也被要求在其判决中说明其在行使自由裁量权所做决定中考虑的因素。①

虽然法官承担了查明外国法的责任,但其也可以根据案件具体情况,在必要的时候决定要求当事人协助法院查明外国法,因此当事人也有在可能的情况下提供协助进行外国法查明的义务。一般来说,法院会要求当事人提供外国成文法规定的翻译或者要求其向法院提供私人的法律意见。而关于是否要求当事人协助法院进行外国法的查明的判断,也属于法官的自由裁量权范围,其可以根据当事人对该外国法的了解情况来做决定。在当事人具有查明外国法的便利条件时,其更应该协助法官进行外国法的查明活动。在1976年的一个案件②中,联邦法院认为,上诉法院有理由期望当事人提供有关外国法的判例的内容或通过其他方式告知法院有关信息,并进一步认为,当事人不履行合作义务,甚至使上诉法院有理由在有限的外国法信息基础上作出不利于被告的判决。但是正如前文所指出的,这绝不能被认为是查明外国法责任的转移。将外国法查明责任转移给当事人将违反《德国民事诉讼法典》第293条规定并违背"法官知法"原则。德国学者克格尔更直接指出:"法官可以要求当事人提供帮助,只要他们愿意并且能够帮助。"在他看来,当事人是否提供外国法资料取决于他们的能力和意愿。③

二、荷兰

荷兰没有有关外国法查明的成文立法。其2002年的"《国际私法通则》草案"也没有关于外国法查明的特别规定。荷兰在有关问题上的立场取决于最高法院的判例,根据荷兰最高法院的意见,应由法官来承担查明外国法的责任。

荷兰最高法院的这一立场确立于20世纪早期,特别是1915年里程碑

---

① BGH, NJW 1988, pp. 647, 649.
② BGH, NJW 1976, 1581, 1583. 该案涉及一项《土耳其商法典》有关规定的查明,法官就此分别征询了德国和土耳其专家的意见。被告上诉认为法官没有履行其查明外国法的义务,他认为法官没能进一步调查两个土耳其最高法院的有关判决,而他在上诉的有关材料中提出了这两个判决。而联邦法院并不同意被告的意见,还相反认为被告没有履行其协助法官的义务。上诉法院通过咨询两个专家履行了其义务,而被告在案件开庭审理之后才又提供两个新的土耳其最高法院的判决。上诉法院并不能被认为违反了其查明外国法的义务。
③ 徐鹏:《冲突规范任意适用研究》,武汉大学博士学位论文,2006年,第61页。

式的 Ehlers & Loewenthal v. Van Leeuwen 案①。在该案中最高法院要求下级法院主动适用德国法,在主动依职权适用外国法的同时,也规定法院应该依职权主动查明应适用的外国法。其将依职权查明外国法作为了依职权适用外国法的逻辑结果,而依职权适用外国法的义务是来自于冲突规范的强制性质,由此,冲突规范的依职权适用似乎就是法官依职权查明外国法的基础。而1931年的 Zwitsers Kind 案②也再次确认了法官必须主动查明外国法。这两个案件构成了荷兰司法实践中里程碑式的判例。所有的荷兰学者,包括主张冲突规范任意适用理论的学者如 De Boer③,都支持最高法院的有关立场即法院应承担查明外国法的主要责任。

与该责任相适应,通过何种方法获得有关外国法的信息属于法官自由裁量权的范围。法官可以依赖专家、证人、学者、专门机构以及外国机构来完成其查明外国法的任务。在1937年的一个案件④中,当事人上诉认为,初审法院只在当事人提供的有关外国法信息的基础上就作出了判决(虽然当事人对该信息并无异议),其并没有完全履行其查明外国法的义务,最高法院驳回了当事人的上诉。最高法院认为,法院有权自由选择其获得有关外国法信息的渠道,因此当然也被允许使用当事人提供的信息。

荷兰法官也有权要求当事人对其予以协助进行外国法的查明。虽然没有成文法和最高法院的判例支持,但在荷兰一般认为法院可以要求当事人就外国法提供有关的信息。⑤法院一般要求当事人提供外国成文法律规定的翻译,或者外国法律规定的复制件。虽然当事人往往也会提供有关外国法的法律意见,但是因为最后查明外国法的任务仍然是法院的责任,法官不能强制当事人这么做。如果当事人没能完成该要求,法官也不能以其为理由拒绝当事人的诉讼请求。

然而,与德国严苛的法官查明外国法责任不同的是,荷兰法官在实践中更加倚重当事人的作用。荷兰法院在实践中,经常要求当事人来进行外国法的查明。在当事人就外国法的内容达成一致时,法官往往并不会介入外国法的查明而是接受当事人的意见。即使在当事人不能达成一致的情况

---

① HR 4 June 1915, NJ 1915, 865.
② HR 20 March 1931, NJ 1931, 890.
③ See De Boer, Facultative Choice of Law: the Procedural Status of Choice-of-Law Rules and Foreign Law, *Recueil de Cours*, Vol. 257, 1996, pp. 225—421.
④ HR 28 June 1937, NJ 1938, 5, 8.
⑤ Sofie Geeroms, *Foreign Law in Civil Litigation: A Comparative and Functional Analysis*, Oxford, 2004, pp. 99—100.

下,法官也似乎并不倾向于主动亲自进行外国法的查明。法院在认为缺少有关的外国法信息无法作出判决的情况下,往往要求当事人提供进一步的信息,而有关判例也显示,法院仅仅依靠当事人提供的有关外国法信息就作出了判决。① 法官适用当事人完全不了解的外国法的可能性一般来说很小。在对有关司法实践的考察中,我们很难发现有法官不通过当事人而独立查明外国法的判例,只在极少的判例中,法院在依职权宣布外国法的适用之后依职权进行了外国法的查明。②

三、比利时

比利时在 2004 年《国际私法法典》颁布以前也没有任何有关的成文立法,但是比利时最高法院的判例确定,法官必须依职权查明外国法。2004 年比利时《国际私法法典》第 15 条就该问题的规定肯定了有关的司法实践,更明确地确定了法官应该承担依职权查明外国法的责任。③

最高法院就强制性查明外国法作出了多个判决,对下级法院课以了严格的查明外国法的责任和义务。在 1993 年的一个案件④中,涉及一项《德国民法典》规定的解释和适用,初审法院没有进行外国法的查明而是根据与该条规定相似的《比利时民法典》有关规定的判例法来解释和适用了该德国法。最高法院认为,下级法院在面对当事人根据外国法提出的诉讼请求时,应该根据该外国法在其本国所得到的解释来查明和确定其内容,而法院根据比利时有关法律的司法解释来适用德国法违反了法律规定的有关义务。确定有关法官应依职权主动查明外国法的规则的关键性判例是 1980 年的 Babcock 案。⑤ 在该案中,最高法院确认,法官有义务查明和确定外国法的内容,如果必要的话还要获得任何有关该外国法规则在该外国法律制度中的

---

① HR 9 November 1990, NJ 1992, 777, 789, 802.
② See Sofie Geeroms, *Foreign Law in Civil Litigation: A Comparative and Functional Analysis*, Oxford, 2004, pp. 99—103.
③ 2004 年比利时《国际私法法典》第 15 条规定:
"(1) 本法所指定的外国法的内容由法官查明。
外国法根据其在外国所得到的解释被适用。
(2) 当法官不能查明外国法时,他可以要求当事人的协助。
如果在有效的时间内查明外国法是明显不可能的,适用比利时法。"
④ Cass. belg., 18 June 1993, R. G. A. R. nr. 12.366 (1994).
⑤ Voir Fallon, L'Application du Droit Etranger en Belgique, *Revue Critique de Droit International Privé*, 1996, p. 308.

适用情况的信息。而在1990年的Abu Dhabi案①中,涉及法院因为当事人没能证明有关外国法而驳回其诉讼请求这种做法是否是错误的问题。上诉人主张原审法院没有履行其查明外国法的义务,因为其这样做实际上是将查明外国法的责任转移给了当事人。在该案中最高法院指出,冲突规范的强制适用不仅要求法官主动依职权适用外国法,而且还包括法官主动依职权查明外国法的义务。此后最高法院的有关判例也确认了这一观点。而比利时学界也赞同最高法院的立场,比利时学者的一般观点是虽然不排除当事人的合作,但是法官在外国法的查明中应担任更主要的角色。②正是这些判例和有关学者的讨论,使下级法院也接受了这一立场,而不是像以前一样主张由依据外国法提出诉讼请求的当事人负责外国法的查明。

至于当事人的合作义务,比利时有些下级法院并不排除当事人在外国法的查明问题上的合作,并且仍然强调当事人应努力证明外国法。比利时学者也接受,法官可以通过当事人提供的信息来查明外国法。但是,当事人在何种程度上介入外国法的查明问题,仍然不是很清楚,立法和最高法院的判决都未涉及。

与比利时类似,意大利法院在司法实践中,曾于1966年作出有关判决,采纳了意大利多数国际私法学者的意见,认为外国法应该被视为法律,法官有义务运用所有手段确定外国法律规则的效力和内容,适用外国法的错误可以上诉到最高法院。但意大利法院在此后的各种判决中并未能坚持上述观点,在有的判决中认为了解外国法并不是意大利法官依职责所必备的知识,在适用外国法中享有利益的当事人必须主张和证明外国法。③不过,1995年意大利《国际私法制度改革法》第14条,最后通过立法的方式,明确确认了外国法应由法官依职权查明。

四、法官和当事人各自的地位和作用

(一)法官的责任和自由裁量权

在此种模式下,法官几乎承担了全部的查明外国法的责任,虽然该责任在不同国家严格程度有所不同。没有一个国家认为法官查明外国法的责任

---

① Cass. belg., 3 Dec. 1990, Arr. Cass. 1990-1 I, 366, 367.
② Sofie Geeroms, *Foreign Law in Civil Litigation: A Comparative and Functional Analysis*, Oxford, 2004, p.104.
③ See Guido Alpa, Foreign Law in International Legal Practice: An Italian Perspective, *Mediterranean Journal of Human Rights*, Vol. 4, 2000, pp.165—183.

是绝对的,但它们同时又要求法官尽其最大的努力去查明外国法。

法官必须尽自己的能力来进行外国法的查明,其间可以要求当事人的协助,但是原则上法官在外国法的查明上应该积极、主动,发挥主导作用。这种做法更重视法官的调查,法官对于外国法的查明具有最终的决定权。法官不应受制于当事人提供的资料,在必要的时候应该对外国法进行独立调查。正因为法官承担该查明外国法的责任,当事人可以以法官没有尽到该义务而提起上诉。

对于法官承担外国法查明的责任依职权查明外国法,学者们从不同角度来说明其必要性。从将外国法视为法律的角度出发,认为法官既然肩负适用法律对当事人之间的争议进行裁判的职责,他就不应因为法律规则"国籍"的差异而给予外国法歧视性的对待,将确定和解释外国法内容的权力转移给当事人,从而将裁判权在相当程度上让与给当事人。① 从冲突规范强制适用的角度出发,一方面,只有赋予法官查明外国法的责任,才能避免法官或当事人有意识地规避外国法的查明,导致冲突规范指定的外国法无法得到适用的情况,从而保证冲突规范依职权适用目标的最终实现;另一方面,在这些国家,其冲突法意图达到的判决一致和可预见性等目标,要求该外国法必须如在其本国一样得到适用,法官应尽量不受到当事人对外国法的主观认识的影响,而主动采取适当的途径查明相关外国法规范在其来源国的客观适用状况。

与法官的该主导性地位和职责相应,法官在对外国法内容的确定和判断上具有很大的权力,该权力并不受当事人的限制。双方当事人就外国法的实体内容达成的合意并不足够来约束法院。不管当事人对于有关的外国法信息认识是否一致,法官都可以驳回双方当事人的意见而对外国法的内容作出自己的解释,或者亲自进行外国法的查明或通过其他方法进行独立的外国法查明。法官也可以自己主动地对外国法的有关信息进行评价。

为了履行该查明外国法的责任,法官在外国法的查明问题上具有很大的自由裁量权,其可以根据案件具体情况决定是否要求当事人予以协助进行外国法的查明,也可以决定采用何种方式来查明外国法。各国立法几乎都确认了法官在要求当事人协助查明外国法上的权力。法官完全可以通过考察个案的具体情况,通过对法院和当事人同相关外国法资料的接近程度的比较,对法院或当事人查明外国法将可能支出的成本、耗费的时间,当事

---

① 徐鹏:《冲突规范任意适用研究》,武汉大学博士学位论文,2006年,第61页。

人获得救济的急迫程度,所需查明外国法内容的渊源形式以及案件疑难程度等诸多要素进行综合考虑和细致权衡后,来确定是否要求当事人来进行外国法的查明。①在对查明外国法的方法的选择上,法院可以根据其职权在同样合适的方法之间进行选择,还可以将不同的查明外国法的方法进行结合。在决定采用何种方式证明外国法的问题上,当事人不具有太多发言权,法院并不需要受当事人的"允许"或"没有异议"的约束。虽然有关国家的判例很少涉及法官在该职权的行使中应采用何种标准,但是法官可以采用的标准应该可以包括:有关信息资源的可靠性;获得该信息必须的时间;法官自己在对某外国法的查明方法上的经验;所涉法律争议的复杂程度,越复杂就越需要形式严格的证明(比如正式的专家意见);争议问题的重要性(这涉及对争议事项重要性和查明外国法的支出是否成比例的考虑,有时可以通过考察争议标的额和查明外国法的支出来进行);该外国司法制度和本国之间的相似性或差异性等。

(二) 当事人

在该模式下,当事人在外国法的查明中处于次要的地位,主要是协助法官完成查明外国法的责任。

当事人虽然承担提供协助进行外国法查明的义务,但是与在当事人承担外国法查明责任的模式下不同的是,当事人在查明要适用的外国法问题上的无能既不会解除法院对该法律争议作出判决的义务,也不会允许法院以缺乏证据为由驳回当事人诉讼请求,当事人并不会因此而当然承担对自己不利的后果。

与当事人并不承担外国法查明责任的角色相对应,当事人在外国法的查明上具有比较有限的权利。如果一方当事人希望影响对外国法查明方法的选择和查明的程序,则其必须很充分地说明为什么某项方法是特别合适的,并且对此提供更详细的证明,比如,为什么希望采用专家意见的方式来查明外国法,以及有关专家意见的提交是必须的等。②

当然,尽管如此,在外国法的查明上也应该尊重民事诉讼中的"对审原则"(principe de la contradiction),尊重当事人的抗辩权(right of defense)。在该情况下法官在外国法的查明上享有很大的权力,由此,学者们主张法官

---

① 徐鹏:《冲突规范任意适用研究》,武汉大学博士学位论文,2006年,第61—65页。
② Klaus Sommerlad and Joachim Schrey, Establishing the Substance of Foreign Law in Civil Proceedings, *Comparative Law Yearbook of International Business*, Vol. 14, 1992, p.153.

在行使其权力时应尊重当事人的抗辩权。在德国,法官依职权适用外国法的情况下,法官也不能适用一项当事人完全不知道其规定的外国法。法官必须提前和当事人讨论案件的事实和法律的争论点。① 在荷兰,虽然宪法没有有关的规定,也没有有关的最高法院判决,但荷兰的下级法院似乎很尊重当事人的抗辩权。比利时最高法院也多次表达了其在外国法的查明上很尊重当事人的抗辩权。②

第三节　法官与当事人分担查明外国法的责任

在有些国家,法官和当事人分别在各自不同的有限领域内承担查明外国法的责任。法官在某些特定案件中承担查明外国法的责任,而当事人在其他的案件中负责外国法的查明。当然,法官和当事人也都可以在对方承担查明外国法的责任的时候进行一定的协助行为,来共同完成外国法的查明。这种做法实际上是前述两种做法的折中和混合。

一、瑞士

瑞士是在外国法的查明问题上有成文立法的少数几个国家之一。1987年瑞士《联邦国际私法法规》第16条为外国法查明问题规定了外国法查明责任的划分和外国法无法查明的处理。③ 根据该条,外国法的内容一般由法官依职权查明,法官为了查明外国法,可以要求当事人的合作;但在与经济利益有关的事项上,法官也可以要求由当事人负责外国法的查明。该立法实际上是根据案件争议是否是与经济利益有关的事项,而将案件分成两类,在不同的案件中,法官或当事人承担的查明外国法的责任是不同的。

在1987年瑞士《联邦国际私法法规》颁布前,外国法的查明和适用都由瑞士联邦各州根据自己的程序法来决定法官和当事人在多大程度上承担查明外国法的义务,就司法实践情况来说,实际上往往是完全由当事人负责证明外国法。在当事人对外国法缺少足够的证明的时候,法官往往就适用瑞

---

①　Sofie Geeroms, *Foreign Law in Civil Litigation: A Comparative and Functional Analysis*, Oxford, 2004, p.104.
②　Ibid., p.103.
③　1987年瑞士《联邦国际私法法规》第16条规定:"(1)外国法的内容由法官依职权查明。法官为了查明外国法,可以要求当事人的合作。在与经济利益有关的事项上,可以由当事人负责外国法的查明。(2)外国法无法查明,则瑞士法得到适用。"

士法,而不是考虑依职权去查明外国法。在 1966 年作出一个有关的判决①以前,瑞士联邦法院都以外国法的内容没有被充分证明就被假设和瑞士法相同为由而适用瑞士法。当外国法的适用由国际条约或瑞士国内法强制性规定时,也仍然是由主张外国法的适用的当事人证明外国法的内容。但是《联邦国际私法法规》第 16 条的规定结束了这种状态。

  在瑞士外国法被认为是一个法律问题,在冲突规范的适用上也如德国一样,采用严格的法官依职权适用的观点和做法。虽然在 1987 年瑞士《联邦国际私法法规》中并没有有关的规定,但是主流观点都认为,冲突规范是强制适用的。②瑞士联邦法院在一系列的判决中也确认了冲突规范必须由法官主动依职权适用。③而法官依职权查明外国法则被认为是冲突规范依职权适用的要求和结果。从外国法的适用的角度来说,外国法被认为是被并入了瑞士国内法中,因此"法官知法"原则也适用于外国法。④从这样的理论基础出发,法官依职权查明外国法就必然成为一个一般原则。但是,与德国由法官依职权适用冲突规范和查明外国法的过于刚性的做法不同,该"法官知法"原则还有一个重要的例外:在涉及经济利益事项上,也可以由当事人负责证明外国法。因此,法官其实也不是在所有案件(甚至也不是大多数案件,因为与经济利益有关的事项范围实在是非常广泛)上都承担查明外国法的责任,而是在非经济利益事项上承担该责任。

  承担查明外国法的责任的法官为了查明外国法也可以在当事人并未主动进行外国法的查明的时候,自由裁量要求当事人的合作。当事人可能比法官更方便在有关的外国获得外国法的资料和信息。当事人的这种合作包括向法院提供难以获得的有关立法或司法判决材料,或指定在该领域的外国专家等。但是,尽管如此,当事人的合作并不能影响法官正确适用外国法的义务,法官仍然对查明外国法负有责任。当事人的合作并不构成一项责任,仅在与经济利益有关的事项上当事人才承担该查明外国法的责任。当事人如果恶意地拒绝提供合作,其并不会当然输掉其诉讼,也不会直接导致瑞士法代替外国法得到适用。在此情况下,只有法官也无法查明外国法才

---

① ATF 92 II 112.
② See B. Dutoit, *Droit international privé suisse*: *Commentaire de la loi fédérale du 18 décembre 1987* (Bâle: Helbing & Lichtenhahn, 2005), Article 16 at note 3.
③ ATF 81 II 176; 95 II 122; 118 II 79; 126 III 492; 128 III 346.
④ Cf. B. Dutoit, *Le Droit International Privé ou le Respect de l'Altérité*, Bruxelles, Bruylant, 2006, p.36; A. Bucher et A. Bonomi, Droit International Privé, Bâle etc., 2004, p.122.

最后不得不适用瑞士法。对恶意当事人唯一真正的惩罚是,在实践中,"法官可以根据具体情况,要求该恶意当事人承担其恶意态度所导致的费用"。①

在涉及经济利益的事项上,可以由当事人承担查明外国法的责任。当事人不再仅仅是被请求提供合作,而是可以被要求负责证明外国法。如果主张外国法的适用的当事人无法证明外国法的内容,则根据瑞士《联邦国际私法法规》第16条的第2款,瑞士法得到适用,但是对方当事人也仍然可以被允许来证明原告的诉讼主张根据该外国法是不成立的。②由于外国法在瑞士是法律而不是事实,所以虽然当事人负责证明外国法,但是有关证据的一般规则并不适用于外国法的证明。当事人对外国法的证明并不是严格意义上的"提供证据",而更像是"说明"外国法的内容。③

在这类案件中,法官也并不是必须要将查明外国法的责任转移给主张该外国法适用的当事人。法官有权力决定是否要求当事人承担外国法查明的责任。当法院对该外国法拥有足够的认识或该外国法的内容可以容易地获得的情况下,其可以自己主动查明外国法的内容。法官也可以首先要求当事人负责证明,然后根据当事人查明的结果再来决定,是否需要其自己来查明外国法,或者是否需要由当事人负责对外国法再进行补充性的调查来获得对外国法的足够认识。④但是,当面对一方当事人特别需要保护的时候,即使是在经济利益事项案件中,法官也不应该过于轻易地将查明外国法的责任交给当事人。作为裁判者,法官在对外国法内容的证明进行评价时拥有较大的权力,如果他能被说服而相信外国法的存在和内容,就可以对有关外国法的内容进行认定。否则,在必要的情况下,他可以要求当事人提供补充证明或自己亲自进行补充查明。

最后,值得注意的是,由于法官负责查明外国法在瑞士仍然是一项基本原则,所以与我们下面将要论述的法国不同的是,在所有的案件中,即使在涉及经济利益的事项上,不管其是否承担查明外国法的责任,法官都被要求对外国法的查明保持一种相对积极的态度,其在该问题上的完全不作为是

---

① B. Dutoit, *Droit international privé suisse*: *Commentaire de la loi fédérale du 18 décembre 1987* (Bâle: Helbing & Lichtenhahn, 2005), pp.58—59.
② See Keller, Girsberger in: *IPRG-Kommentar* ad art. 16, n° 43, p.159.
③ B. Dutoit, *Droit international privé suisse*: *Commentaire de la loi fédérale du 18 décembre 1987* (Bâle: Helbing & Lichtenhahn, 2005), p.60.
④ A. Bucher et A. Bonomi, *Droit International Privé*, Bâle etc., 2004, p.122.

不被允许的。即使在与经济利益有关的事项上,法院也不能没有进行任何查明外国法的行为也没有要求当事人提供有关外国法的资料,就认定外国法无法查明而适用瑞士法。①瑞士联邦法院在有关的判决中也确认,即使查明外国法的责任被交给了当事人,法官也还是应该进行合理的努力来查明外国法。②

二、法国

法国在外国法的查明问题上也没有成文立法,因此法国最高法院在该问题的解决上也起到关键性的作用。外国法的查明至今在法国仍是国际私法上最有争议的问题之一。和冲突规范的适用是否由法官依职权进行的问题一样,在外国法的查明问题上,法国最高法院曾作出过很多立场不同的判决,甚至可以说,法国最高法院在该问题上的立场也仍然还处在变动中。但是,我们仍然可以肯定,法国现在的司法实践是一种混合和折中的做法,法国法官和当事人都承担有限的查明外国法的责任。

实际上,法国在传统上并未承认外国法作为"法律"的地位,外国法查明的责任由当事人来承担。在 1988 年最高法院推翻 1959 年的 Bisbal 案③立场之前,法国最高法院一直主张当事人应承担查明外国法的责任。当事人在外国法的查明上起主要作用。法官并不具有依职权查明外国法的义务,他仅仅是被许可或允许来查明外国法,他是否进行外国法的查明是他自由决定的事情,而他所做的行为也只是在必要时要求当事人的合作。④查明外国法的责任主要在其诉讼请求由外国法支配的当事人身上,即使该当事人并没有主张外国法的适用也是同样如此,而并不是由主张外国法适用的当事人负责证明外国法,因此是否事实上最初是其对方当事人提出案件应适用外国法并不重要。⑤在 1948 年的 Lautour 案⑥中,最高法院就采该观点,而该判例的影响一直持续到 20 世纪 80 年代。在该案中,被告是一起交通事

---

① B. Dutoit, *Droit international privé suisse*: *Commentaire de la loi fédérale du 18 décembre 1987* (Bâle: Helbing & Lichtenhahn, 2005), p. 62.
② See Judgment of the Federal Supreme Court 128 III 346, 351 at para. 3.2.1.
③ Civ. 1re, 12 mai 1959, *Bisbal*, *R*., 1960, p. 62, note H. Battifol.
④ Pièrre Mayer et Vincent Heuzé, *Droit International Privé*, Montchrestien, 2004, p. 134.
⑤ 这与法国法院现在的做法有所不同。在 1991 年,最高法院在 Masson 案中,又推翻了其之前的观点,而确立了现在的立场,即不管其是原告还是被告,由主张外国法适用的当事人负责查明外国法的内容。Masson, Cass. 1e civ. fr., 5 Nov. 1991, 1991 Bull. Civ. I, No. 293, 193.
⑥ Civ. 25 mai 1948, *Lautour*, D. 48.357 n. P. L.-P., S. 49.1.21 n. Niboyet, RC 49.89 n. Batiffol, GA n° 19.

故的肇事者,原告针对其提出了一项损害赔偿请求,被告主张在本国的冲突规范指定的外国法中没有任何导致其承担损害赔偿的责任推定制度。在该案中虽然是被告首先提出了外国法的适用,但仍应由原告证明外国法的内容,因为这是其主张获得支持的必要条件之一。在 1984 年的 Société Thinet 案①中,最高法院更明确地确认了该立场。

与此相反,法国理论界一直都有不少学者主张法官应该承担外国法查明的责任。Paul Lagarde 至今仍为法国最高法院拒绝对法官规定从总体上依职权适用冲突规范的义务以及从总体上承担查明外国法的义务,而感到遗憾。②而 Bernard Audit 则主张,即使在当事人主张适用外国法的情况下,也应该和法官依职权适用外国法的情况一样,当事人所应该做的也只应限于尽可能地帮助法官查明外国法的内容。③

值得欣赏的是,法国最高法院几十年来,一直没有停止对外国法的查明和适用问题的探索,作出了为数众多有影响的判决,其中很多判例都力求在理论上有所创新,来获得对有关问题的更合理的解决。这使得法国在该问题上的有关学说争论比较独特也十分引人注目。

(一) 争议权利的性质与外国法查明的责任

法国最高法院在有关案件的判决中,对上述 1959 年 Bisbal 案所确立的制度,即法官任意适用冲突规范和由当事人负责查明外国法,提出质疑,进而引入了当事人对争议权利有无自由处分权的区分。现在关于冲突规范适用的一般规则是,在当事人没有自由处分权的事项上,法院必须依职权适用冲突规范及其所指定的外国法(不管该冲突规范的来源如何,是属于本国法还是来源于国际条约)。④在当事人有自由处分权的事项上,当事人可以请求法院适用冲突规范,法官也可以依职权适用冲突规范,除非当事人达成了

---

① Soc. Thinet, Cass. 1e civ. fr., 24 Jan. 1984, 1985 Bull. Civ. I, No. 33, 26.
② Paul Lagarde, Note sous Cass. 1e civ. fr., June 11, 1996, *Rev. Crit. DIP* 72 (1997).
③ Voir Bernard Audit, *Droit International Privé*, Economica, 2007, pp.229—231.
④ Voir Pièrre Mayer et Vincent Heuzé, *Droit International Privé*, Montchrestien, 2004, p.132; Y. Loussouarn et Bourel, *Droit International Privé*, Précis Dalloz, 2004, pp.315—318. See also Cass. Civ. 1, 6 May 1997, Bull. Civ. I, No. 140; Cass. Civ. 1., 26 May 1999 *Mutuelles du Mans*, Bull. Civ., I, n 172, 113; Cass. Civ. 1, 14 June 2005, Bull. Civ. No. 243.

一项"程序性协议"(accord procédural)①来排除法官对外国法的适用。②争议涉及的权利是否是当事人可自由处分的,就是区分冲突规范是否必须由法官依职权适用的标准。虽然上述这些判决是有关外国法的适用问题,争议权利当事人有无自由处分权的区分也是针对冲突规范是否应由法官依职权适用的,但其对外国法的查明问题的影响也是很大的。法国法院一些判决表明,系争纠纷是否属于当事人可以自由处分的权利同样成为法官是否承担查明外国法责任的标准。③

对于当事人无权自由处分的权利,法国最高法院要求法官承担依职权查明外国法的责任,该义务被认为是其依职权适用冲突规范义务的延伸。④因为如果要求当事人负责查明外国法内容,则如在英国一样,当事人可以消极地或有意地不进行外国法的查明,而使外国法无法得到适用,最后往往导致法院地法得到适用,这实际上是允许当事人可以间接地处分其权利。这显然和权利的不可自由处分性质是不相容的,因而是不被允许的。

与法官该责任相应的,以前由当事人负责对外国法进行举证的时期,外国法内容"缺乏证据的后果"就是导致法院地法适用的解决方式也有所变通,以适应法官所承担的新义务:实践显示,当事人没有对外国法提供足够的证明并不必然导致不适用外国法,因缺乏证明而使外国法得不到适用只是一种例外情况。⑤在这种例外情况下,法院还应对其特别进行说理和论证,并在这一点上受到最高法院的监督,当事人没有提供充分的外国法的信息并不构成不适用外国法的充分理由。为了查明外国法,法国法官必须利用其所能获得的所有资源⑥,也可以寻求当事人的帮助。法国学者也支持应该

---

① 在1997年5月6日的Soc. Hannover international v. Baranger案中,法国最高法院确认如下规则:"对于其有权自由处分的权利来说,当事人可以对法院地法的适用达成协议,即使存在一项国际公约或者一个合同法律选择条款指定应适用的法律。当事人在诉状中援引一项不同于条约或合同所选择适用的法律可以构成一项此类协议的达成。"该判例确认了 accord procédural 的规则以及有关制度。Voir B. Ancel et Y. Lequette, *Les Grands Arrêts de la Jurisprudence Française de Droit International Privé*, Paris, 2006, p.733, note B. Fauvarque-Cosson.

② Voir *Rapport annuel de la Cour de cassation 2005*, Quatrième partie, La jurisprudence de la Cour, L'application du droit communautaire et du droit international, Conflit de lois; B. Fauvarque-Cosson, *Libre Disponibilité des Droits et Conflits de Lois*, Paris, 1996, pp.6—7. See also Cass. Civ. 1, 6 May 1997, Bull. Civ. I, n° 140.

③ Bénédicte Fauvarque-Cosson, *Libre Disponibilité des Droits et Conflits de Lois*, Paris, 1996, p.129. Voir aussi, Pierre Mayer et Vincent Heuzé, *Droit International Privé*, Montchrestien, 2004, p.125.

④ Civ. 1re, 1re juill. 1997, Driss Abbou, *Rev. Crit. DIP* 1998.60, 1re esp., note P. Mayer.

⑤ Pierre Mayer et Vincent Heuzé, *Droit International Privé*, Montchrestien, 2004, p.135.

⑥ Bénédicte Fauvarque-Cosson, *Libre Disponibilité des Droits et Conflits de Lois*, Paris, 1996, p.129.

允许法官要求当事人提供协助,但同时又认为当事人并不承担任何查明外国法的责任。①

有关的判例显示,法国最高法院将法国法官查明外国法的责任在很大程度上建立在冲突规范的强制适用上。在多个案件中,最高法院都认为在有关当事人不可以自由处分的权利案件中法官应承担查明外国法的责任。②即在当事人不能自由处分的权利事项案件中,法官必须依职权根据冲突规范适用外国法并依职权查明外国法。法院没有查明应适用的外国法,就构成了对有关冲突规范的违反。

对于当事人有权自由处分的权利,从1986年开始法国最高法院就一直采用的立场是由主张外国法的适用会导致和法国法不同的判决结果的当事人承担查明外国法的责任。③在1993年的Amerford案④中,最高法院就认为,当案件是当事人可以自由处分的权利事项时,如果当事人主张根据冲突规范适用外国法将会获得和适用法国法不同的结果,则该方当事人必须通过证明该外国法的内容来说明该不同之处的存在。如果当事人无法说明这一点,则会导致法国法的补充适用。这种情况下法官不用进行外国法的查明与法国法替补适用被认为是合理的。外国法的适用仅仅涉及当事人的利益,如果在双方当事人都不主动地提供有关外国法信息的情况下还要求法官查明外国法显得很过分。在实践中,如果外国法的内容和法国法有所不同并导致案件会有不同的结果,一方当事人在查明外国法的内容上有利益,则他一般将提供有关外国法的证明或者至少是有关的信息让法官可以采取预审措施。如果双方当事人都不提供这样的证明,则很可能外国法的内容就和法国的内容一样,或者至少会导致一样的结果。从这样的推理出发,最高法院通过要求外国法的适用能导致不同的案件结果这样一种方式来避免了虚假法律冲突所导致的问题。⑤

(二)"法官确认外国法的适用"与外国法查明的责任

但是,如果我们认为法国外国法的查明问题因为争议权利的性质是否

---

① Pierre Mayer, Note sous Cass. 1e civ. fr., 1 juillet 1997, *Rev. Crit. DIP* 64 (1998). 其同时主张,在当事人没有正当理由而拒绝合作的情况下,当事人的不合作仅仅只应导致驳回当事人的诉讼请求。

② 如Driss Abbou案。Driss Abbou, Cass. 1e civ. fr., 1 July 1997, 1997 Bull. Civ. I, No. 222.

③ Pièrre Mayer et Vincent Heuzé, *Droit International Privé*, Montchrestien, 2004, p.136.

④ Amerford, Cass. com. fr., 16 Nov. 1993, 1993 Bull. Civ. IV, No. 405, 294, 295.

⑤ Bénédicte Fauvarque-Cosson, *Libre Disponibilité des Droits et Conflits de Lois*, Paris, 1996, p.129.

是当事人可以自由处分的区分而获得解决的话，那么显然是低估了法国人在理论探索和构造精巧的说理方面的努力和热情了。在对法国法院有关判例的考察中，有另一种对法官和当事人查明外国法的责任进行区分的方式也一直出现在我们的视野中：法官确认外国法的适用就必须负责查明外国法。通过对有关案例的研究，法官承担查明外国法的责任的标准似乎取决于法官是否确认外国法应予适用。①

在 1994 年的 Demart Pro Arte 案②中，下级法院适用了西班牙法但没有做任何努力去查明该法，最高法院认为下级法院在确认了外国法的适用之后又没有查明外国法，其违反了《法国民法典》第 3 条和有关的国际私法规则。此后，最高法院在 1998 年的几个判决中也再次确认，法官如果确认案件适用外国法就必须对该外国法进行查明。2003 年最高法院第一民事法庭在判决中明确主张："确定案件适用外国法的法国法官应负责通过任何方式，在需要的时候自己亲自调查，来保证有关外国法适用于争议问题。"③而最引人注目的是最高法院在该问题上的两个相对最新的判决。2005 年 6 月 28 日，法国最高法院的第一民事庭和商事庭在同一天作出了两个立场相同的判决确认："法国法官确认一项外国法的适用，就必须查明该项外国法的内容，要么依职权，要么依援引该法律的当事人的请求。法官在当事人的协助下进行外国法的查明，在必要的情况下也可以亲自去查明。法官应根据该外国实体法对争议的问题作出决定。"④就此，似乎更加奠定了该"法官确认外国法的适用"就应承担外国法查明责任这一标准的地位。

但是，对于法国法院的该种做法和"创造"，学者们特别是法国学者却很少从理论上为其提供支持，相反还对其真正的施行情况持怀疑的态度。从 1993 年 Amerford 案⑤判决中的"当事人有自由处分权的争议案件中由当事人负责查明外国法"的规则，到 2005 年 6 月的两个判决所确立的规则，显示了法国法院在有关问题的立场上摇摆不定，说明了法国法官对外国法的查明这一问题还没有得到最后的解决。法国学者认为，2005 年 6 月同一天作出立场相同的两个判决，显示了在外国法查明的问题上，最高法院要同时确

---

① Horatia Muir Watt, Note sous Cass. 1e civ. fr., 27 Jan. 1998, JCP 1998 II No. 1098, 1109, 1110; Cass. 1e civ. fr., 18 Sept. 2002, D. 2002 II, 2716.
② Demart Pro Arte, Cass. 1e civ. fr., 5 Oct. 1994, 1994 Bull. Civ. I, No. 267, 195.
③ Civ 1re, 13 nov. 2003, Mme Besnard, *Rev. crit. DIP* 2004.
④ Civ. 1, 28 juin 2005 et Com., 28 juin 2005, *Rev. crit. DIP* 2005, p.645.
⑤ Amerford, Cass. com. fr., 16 Nov. 1993, 1993 Bull. Civ. IV, No. 405, 294, 295.

定法官的职权和当事人所应该发挥的作用的决心,"其试图综合各种因素而在该问题上建立一种明确的规则"。"然而经验显示,(该规则中所涉)因素的数量过多,带来了一种无法忽略的不稳定性风险以及偶然性分歧……"①而其他国家的学者也指出,法国法院由于过于急切地想得到对有关问题的合理的理论,反而显得不够理智。②

法国学者 Pièrre Mayer 甚至直接认为,最高法院的这种主张"很可能只是一种表面现象"③,因为法国最高法院自己也曾经承认,其对待外国法的原则实际上是从法国法院的立场出发来考虑的,并明确表示,并不愿意给下级法院增加不必要的负担,而是倾向于采用下级法院最容易操作的办法,以减少最后上诉到最高法院的案件数量。④事实上也是如此。有学者考察发现,自1999年开始,最高法院从未对下级法院没有履行查明外国法的责任而以外国法无法查明为由适用了法国法的情况进行监督。所有因为有关外国法查明的问题受到最高法院责备的上诉法院,受到责备的原因或者是没有认真地查明外国法的内容就适用了外国法,或者是由于外国法查明之外的其他原因而没有适用其确认应适用的外国法。⑤

法国最高法院采用"确认外国法的适用的法官,必须查明外国法的内容"这样的表述方式和判断标准很可能就是出于一种实用主义的考虑。这样一种看似简单的表述方式实际上对法官来说也是比较容易操作的。虽然其初衷可能是想扩大由法官承担查明外国法责任的案件范围,但它同样也为法官提供了逃避查明外国法责任的空间。法官"确认案件适用外国法"就必须承担查明外国法的责任,是否意味着,为了不承担查明外国法的责任法官可以不"确认案件适用外国法",仅仅在外国法内容的确定不存在什么困难的时候才"确认案件适用外国法"?那么,我们可以想象的实践就是,当冲突规范并非要依职权适用的时候,法官在当事人没能提供足够的外国法信息资料的时候,就不"确认案件适用外国法",因为其没有"确认案件适用外

---

① B. Ancel et Y. Lequette, *Les Grands Arrêts de la Jurisprudence Française de Droit International Privé*, Paris, 2006, pp.718—719.

② See Mia Doornaert, Frankrijk blijft van sterren dromen, De Standaard, Sep. 2000, V. 3 at p. 7. 转引自 Sofie Geeroms, *Foreign Law in Civil Litigation: A Comparative and Functional Analysis*, Oxford, 2004, p.243.

③ Pièrre Mayer et Vincent Heuzé, *Droit International Privé*, Montchrestien, 2004, p.136.

④ Voir Pierre Mayer, Note sous Cass. 1e civ. fr., 1 juillet, 1997, *Rev. Crit. DIP* 62, 66 (1998).

⑤ Pièrre Mayer et Vincent Heuzé, *Droit International Privé*, Montchrestien, 2004, p.136.

国法",则其并不承担查明外国法的责任。由此,在涉外民事诉讼中,希望外国法适用的当事人就必须更加主动地提供更充分的外国法信息资料,来达到让法官"确认外国法适用"的结果。这从某种角度来说,和明确当事人承担该类案件的外国法查明责任,并无多大区别。我们也很难说该规则达到了其希望法官承担更多的外国法查明责任的初衷。如果根据该判例规则就认为法国法院的立场有所改变,法官要比以前承担更多的查明外国法的责任和义务,未免有点过于乐观。①

从另外一个角度来说,法国法院在过去数十年逐渐建立的区分不同案件类型来决定是否要求冲突规范依职权适用和法官依职权查明外国法的做法,并不大可能因为该判例规则而完全改变。在当事人可以自由处分的争议上,法国法院对冲突规范非依职权适用的传统并未改变。虽然笔者并不主张将冲突规范的适用和外国法的查明问题捆绑在一起的做法,但是通过对有关国家的做法的观察,可以发现,对于当事人可以自由处分的权利争议案件,存在冲突规范由法官依职权适用而外国法的查明并不由法官依职权进行的做法,如瑞士。这种做法的合理之处在于法官在本国冲突规范的适用上具有利益,而在外国法的适用上并不当然具有利益。但是,在研究中却几乎没有发现冲突规范非依职权适用,但是外国法的查明必须依职权进行的做法。如果法院认为在有关当事人可自由处分权利争议的案件中,本国冲突规范得到适用的利益都可以放弃,其如何又能够主张其在该案中对外国法的适用具有利益呢?或许正因为如上的原因,法国本国的学者并未给该判例规则赋予很重大的意义,反而一般处于一种观望的态度,也许最高法院在以后的实践中会对该规则进一步予以明确,也许也会对有关问题给出新的规则。②

---

① 有学者曾就 2006 年 5 月法国最高法院的两个判决认为,"外国法可以不受任何歧视地在法国得到适用。法官自己应该进行外国法的查明和适用。权利的自由流通由此得到了保障"。这种观点似乎是过于乐观了。See Eleanor Cashin Ritaine, Editorial, in *ISDC's Letter*, available at http://www.isdc.ch/d2wfiles/document/ 4307/4017 /0/ISDC (visited in December, 2006).

② 实际上,理论界对该规则的处理也认为比较棘手。例如,在海牙国际私法会议常设办公室为 2007 年 2 月有关外国法的查明和适用的国际会议所准备的材料中,关于法国由谁承担外国法查明责任的问题上,并未如其他国家一样明确、清楚地进行回答和说明,而是将该规则的法文原文作为了答案。对于这样一个规则如何进行解释和理解确实不是很清楚和容易的。See the Permanent Bureau of the Hague Conference on Private International Law, The Treatment of Foreign Law (Succinct Analysis Document), Information Document of February 2007 for the attention of the meeting of experts of 23 and 24 February 2007 on the treatment of foreign law, Annex, p. 15.

三、法官和当事人查明外国法责任的分担标准

在上文中,我们可以发现三种标准:有关经济利益的事项和非经济利益事项、当事人可自由处分的权利争议和当事人不可自由处分的权利争议以及法官是否确认外国法的适用。

(一) 三种标准

瑞士《联邦国际私法法规》第16条虽然提出了"与经济利益有关的事项(matière patrimoniale)"的概念,但是对其具体内涵和范围却并没有予以明确。那么,关于"与经济利益有关的事项"的概念,如何界定呢? 纵观瑞士立法的规定可以发现,在1943年瑞士《联邦司法组织法》第43条和第44条有关当事人可以就冲突规范和外国法的适用提起上诉的规定中,就有一个"非金钱性权利"(droit non-pécuniaire)的概念。"与经济利益有关的事项"似乎可以从与"非金钱性权利"概念相反的角度来理解和界定,这样也有利于立法之间的协调。从这个角度出发,"与经济利益有关的事项"是指所有有经济价值或可以用金钱来衡量的诉讼请求。① 具体来说,结合1943年《联邦司法组织法》第43条的规定,《联邦国际私法法规》第16条中的"与经济利益有关的事项",包括所有基于夫妻财产制度或家庭法而具有可以用金钱来衡量的经济价值的诉讼请求,基于继承权、物权、债权的金钱性诉讼请求,以及基于公司法、知识产权法和不正当竞争法的金钱性诉讼请求。②

可见,"与经济利益有关的事项"是一个非常广泛的概念,它可以包括实践中的大部分案件,除了民事身份等以外的有关事项几乎都属于其范围之内。也正因为该概念的广泛性和相对模糊性,学者们也批评,"与经济利益有关的事项"并不是一个法律术语,无法使有关的法律规定明确。此外,在涉及扶养义务或消费者合同等与经济利益有关的事项上,要注意弱者利益的保护,因此不应要求要受到保护的当事人来负责查明外国法,使其承担因无法查明外国法而权利无法得到保护的风险。③

法国法中所采用的关于案件争议权利的性质是否可自由处分的标准,其主要是围绕权利的可自由处分性这一概念。实际上在法国,权利的可自

---

① Cf. Poudret et Sandoz-Monod, *Commentaire de la loi fédérale d'organisation judiciaire*, ad art. 43a, n° 5, pp. 193—194.
② B. Dutoit, *Droit international privé suisse*: *Commentaire de la loi fédérale du 18 décembre 1987* (Bâle: Helbing & Lichtenhahn, 2005), p. 60.
③ Ibid., p. 61.

由处分性已经成为国际私法中居于中心地位的概念之一。①那么,什么是"当事人可以自由处分的权利"呢?由于权利的可自由处分性和权利是否可以用金钱来衡量不同,其是一个法律概念,首先涉及应根据什么法律来确定该自由处分性:应适用法院地法还是案件准据法?在法国对这个问题存在争议。支持案件准据法适用的理由主要是,强调自由处分权问题触及"权利的实质",因此应该适用案件准据法②;而支持法院地法适用的理由有,由于权利的可自由处分性的判断是一个程序问题,而程序问题的解决只能根据法院地法。③实际上,对该问题的解决,除了要有理论上的考虑以外,也要对适用案件准据法所引起的实践问题予以考虑,如果适用案件准据法,实际上会产生一个悖论,使法官很难操作:由于在法国权利的可自由处分性也关系到冲突规范的适用和外国法的适用,如果适用准据法就会导致法官要根据冲突规范指定的某外国法来决定是否要对冲突规范和该外国法予以适用。④此外,适用案件准据法又导致法官要承担查明该外国法中有关权利是否可自由处分的相关规定的任务,实际上又加重了法官的负担。而适用法院地法显然有利于问题的简单化。

但是,即使根据法院地法来确定该问题,对权利的可自由处分性的判断在法国法中也不是十分容易和明确的。一项权利的不可自由处分性是否仅仅取决于规定该项权利的法律规范的强制性?答案并不是肯定的,例如争议的可仲裁性需要当事人对其权利有进行和解的自由处分权,而判例法承认了在某些存在大量公共秩序规范的领域中的争议的可仲裁性。⑤学者建议,对权利的可自由处分性的判断可以借鉴对确定一项权利是否可以放弃的判断。⑥

而法国法中另一个标准"法官确认外国法的适用",应该说是最矛盾的一个。从理论上说,它应该是最简单、清楚的,"法官确认外国法的适用"从文字表述上来看,不会有任何歧义。但是,实际上正如前文所述,这个标准却是最有争议的。法国最高法院出于实用主义和方便下级法院操作的考

---

① Bénédicte Fauvarque-Cosson, *Libre Disponibilité des Droits et Conflits de Lois*, Paris, 1996, p.2.
② Lequette, *Rev. Crit.* 1989, 314, n 31.
③ P. Lagarde, note, *Rev. crit.* 1990. 320; contra Y. Lequette, note, *Rev. Crit.* 1991, 102.
④ P. Mayer et V. Heuzé, n 147-1; *Les grands arrêts* (p. 733 F-Cosson) n 84.
⑤ Bénédicte Fauvarque-Cosson, *Libre Disponibilité des Droits et Conflits de Lois*, Paris, 1996, n 153, p.93.
⑥ B. Fauvarque-Cosson, *Libre Disponibilité des Droits et Conflits de Lois*, Paris, 1996, n192, p.116.

虑,提出了该标准。有意思的是,主张法官确认外国法的适用就应承担查明外国法的责任,其理论基础也同样来自于这样一种观点,即法官查明外国法是其对冲突规范适用的延伸。该标准的出发点实际上是法国最高法院对本国冲突规范适用情况的关心:这一规则试图排除和杜绝因为外国法无法查明而使本国冲突规范最终无法达到其目的和功能的情况。应该说,该规则的落脚点并非是为了外国法在本国的适用,而仍然是本国冲突规范的适用。该规则的含义即在于试图确保法官在根据冲突规范选定要适用的法律之后,能完成将其适用于当事人的争议并作出判决这一整个过程。但是正如下文对三种标准的比较中将要分析的,最高法院将该标准设定在可以人为操纵的法官的行为基础上,似乎并不能达到其所期望的保证冲突规范指定的外国法能得到适用的目的。

(二) 三种标准的比较

有关经济利益的事项和非经济利益事项、当事人可自由处分的权利争议和当事人不可自由处分的权利争议以及法官是否确认外国法的适用这三种标准中,第一种和第二种都是从分析争议权利或事项的性质出发,而第三种采用了完全不同的路径,从诉讼中法官的行为出发。前两种标准都是客观情况,而第三种标准是主观行为。

笔者认为,第三种主观性的标准并不可取。对于"法官确认外国法的适用"的情况,我们可以区分为:法官主动地适用冲突规范及其指定的外国法和当事人主张外国法的适用而法官对其予以确认。第一种情况下,如果法官主动适用了冲突规范,不管其有没有依职权适用冲突规范的义务,其都应该承担外国法查明的责任,因为法官查明外国法是其对冲突规范的适用的延伸,这也基本是合理的。根据该规则,对于第二种情况,法官如果对当事人主张外国法的适用予以确认,其也应该承担外国法查明的责任,就显得不是那么合理。允许法官不依职权适用冲突规范和外国法,但是接着又要求法官自己主动来查明外国法的内容,这被认为是不协调的。①

此外,将法官是否确认外国法的适用这一标准与第二种争议权利是否可自由处分性标准相比较,二者的分歧主要集中在对当事人能自由处分的权利争议案件上。对于当事人不能自由处分的权利争议来说,该类案件上冲突规范是由法官依职权强制适用的,所以在该类案件上法官必须根据冲突规范确认外国法的适用,则根据该规则,法官在该类案件上也必须依职权

---

① Pièrre Mayer et Vincent Heuzé, *Droit International Privé*, Montchrestien, 2004, p.136.

查明外国法。那么,在当事人不能自由处分的权利争议案件上,两种区分标准所能达到的结果是一样的。但是,涉及当事人可自由处分的权利,如果法院仍然适用了外国法,则其适用外国法的决定也同时意味着其要承担查明外国法的义务。可见,和在冲突规范的适用问题上规定仅仅在当事人不能自由处分的权利问题上法官才必须依职权适用外国法不同,法国最高法院试图在外国法的查明问题上对下级法院规定更多的义务。但是这种意图是否能达到实际效果呢?正如我们前文所指出的,法官确认外国法的适用是一种主观行为,法官可以为了不进行外国法的查明而不确认外国法的适用,实际上该规则无法让法官在部分当事人可以自由处分的权利争议案件中也承担查明外国法的责任。

前两种客观性的标准,即当事人诉讼请求是否是有关经济利益的事项和争议权利是否是当事人可自由处分的权利,这两者实际上是十分相近的。二者的区别在于,第一种标准的判断是客观、明显的,当事人的诉讼请求是否能用金钱来衡量,这个问题并不需要还追究根据什么法律来进行判断。与此相反,当事人可自由处分的权利是一个法律概念,则必然地就带来了对其进行判断的准据法问题,其实并不易操作。二者的共同之处在于,不管是"与经济利益有关的事项"还是"当事人有权自由处分的权利",都是非常广泛的概念,都没有十分具体、明确的含义,其广泛性和相对模糊性也受到了学者们的批评。此外,在某些案件中,如在涉及扶养义务或消费者合同等与经济利益有关的、当事人可以自由处分的事项上,不应要求要受到保护的当事人来负责查明外国法,使其承担无法查明外国法而其权利无法得到保护的风险。这两个概念和划分标准都无法顾及到对弱者利益的保护。但是,二者同样都值得肯定的是,它们为我们提供了一种通过对争议权利和事项所体现和涉及的利益不同而由不同的主体承担外国法查明责任的思路。

(三)应以对案件所涉利益的区分为标准

当我们对案件争议所涉及的利益进行考察时可以发现,正如上述当事人诉讼请求是否是有关经济利益的事项和争议权利是否是当事人可自由处分的权利两种标准所体现出来的一样,这些利益可以大致分为两类:具有公共性质的一般社会利益和仅与特定当事人有关的特别私人利益。法官在涉及公共利益的案件中必须承担起查明外国法的责任,但在仅涉及私人利益的案件中可以要求当事人承担该责任。

在案件涉及公共利益时,如自然人身份、家庭关系、继承或儿童的监护等案件,立法者在某项外国法的适用中具有明显的利益。在这些案件中,该利益应该优先。法官应该依职权查明外国法,尽管这并不阻止当事人在这些案件中被要求提供协助,但是责任应由法官承担。如果当事人不提供外国法的证明,法院必须依职权对其进行查明。有学者甚至主张,由于这些案件中涉及易受伤害的群体的保护(未成年人保护、消费者保护、劳工保护、被扶养人的保护等),从而体现了"社会共同体"的利益,因此,这些案件中查明外国法的责任,甚至费用都必须由法院来承担。①

当案件仅涉及私人利益时,立法者并不在某项外国法的适用上具有利益,由当事人负责证明外国法更合适。在当事人中,由在外国法的适用中具有利益的一方当事人来负责查明外国法是比较合理的。如果外国法由当事人共同选择适用,则似乎双方当事人都有义务查明外国法。②因此,在这些并不涉及公共利益的案件中,法官可以将查明外国法的责任转移给当事人承担。与此不同的是,在前述涉及公共利益的案件中,即使当事人在查明外国法问题上有更好的处境,法官可以要求当事人对其提供协助,但是不能直接将证明责任转给当事人,而自己只负责对当事人提供的信息进行评价。

现代国际私法中,立法者在有些案件中为了保护某些特定的利益,制定了为数不少的实体取向的冲突规范,包括含有补充性或重叠性连接点的冲突规范。虽然在涉及这些冲突规范的适用时外国法的依职权查明具有某些特殊性,但是外国法查明责任的承担仍受案件所涉利益不同的限制。这种实体取向的冲突规范,涉及多个国家的法律,但其所希望达到的实体解决结果其实已经给定。法官要了解所有竞相适用的法律的内容以知道其所将导致的案件结果才能从中作出选择。由于在这些实体取向冲突规范的立法者所要保护的利益中,大部分都是涉及整个社会的公共利益,所以绝大部分的此类规范都要求法官必须依职权去调查实体结果得到实现的条件是否满足,而由法官承担查明外国法的责任。但是,在少数只涉及特定当事人私人利益的此类冲突规范的适用中,由于其并不涉及公共利益,法官如仍被要求承担查明外国法的责任,显得不甚合理。例如,在合同争议案件中,如果被告主张合同在所有有关的法律中都缺乏有效性,则这时虽然要适用支持合同有效性的实体取向的冲突规范,也只有由该被告承担证明责任时才是公

---

① Alfonso-Luis Calvo Caravaca & Javier Carrascosa Gonzalez, The Proof of Foreign Law in the New Spanish Civil Procedure Code 1/2000, in *IPRax*: *Praxis des Internationalen Privat- und Verfahrensrechts*, Issue 2, 2005, p.174.

② F. Vischer, General Course on Private International Law, *Recueil des Cours*, Vol. 232, 1992, p.83.

平的,如果也因为该冲突规范的实体取向这一特殊性,而要求法官负责调查在某个可能适用的法律得到适用的情况下,合同的形式是否是有效的,似乎并不可取。由此,我们无法从外国法查明责任的角度将实体取向的冲突规范类型化,而笼统地认为,这些冲突规范的"实体因素的重要性"超过了其冲突法因素,而要求法官必须依职权查明外国法。[1]

在涉及反致的情况下,对外国法查明的责任如何承担,理论上存在较大争议。有学者主张,如果一方当事人主张反致,该当事人就必须证明该导致反致的外国冲突规范。[2]但是,瑞士学者的观点却相反,首先在案件是涉及非经济利益的时候,显然法官应负责查明外国的冲突规范。对于案件涉及经济利益的时候,法官是否还承担该义务,答案并不明显,但是倾向于认为法官也要承担该责任,因为根据瑞士国际私法,从某种意义上来说,"外国冲突规范被纳入了瑞士国际私法之中"。[3] Bernard Audit 认为,"反致应该仅仅被理解为是准据法的确定问题,而不是法官依职权查明外国法的问题",因此"(法国)法官依职权查明外国法的义务应该不能扩张到对法国冲突规范所指定的外国法之外的法律的查明"。[4]可见,他是将反致放在了冲突规范的适用的范畴之内来考虑,由于在法国冲突规范并不是在所有领域都由法官依职权适用,所以也不能要求法官在所有涉及反致的情况下都去了解外国冲突规范的规定,而是要看不同的案件类型。笔者也认为同样要区分不同的案件类型,根据案件争议所涉利益来区别法官是否要负责查明有关外国冲突规范的内容。在涉及社会公共利益的案件中,法官必须依职权负责查明有关的外国法冲突规范,在其他案件中也可以要求当事人负责对其进行查明。

第四节 法官与当事人在外国法查明中的合作

根据争议权利的性质不同来区分不同的案件类型,在不同类型的案件

---

[1] 相反观点,参见 F. Vischer, General Course on Private International Law, *Recueil des Cours*, Vol. 232, 1992, p.83.

[2] See Alfonso-Luis Calvo Caravaca & Javier Carrascosa Gonzalez, The Proof of Foreign Law in the New Spanish Civil Procedure Code 1/2000, in *IPRax: Praxis des Internationalen Privat- und Verfahrensrechts*, Issue 2, 2005, p.174.

[3] B. Dutoit, *Droit international privé suisse: Commentaire de la loi fédérale du 18 décembre 1987* (Bâle: Helbing & Lichtenhahn, 2005), Article 16 at note 4.

[4] Bernard Audit, *Droit International Privé*, Economica, 2007, p.229.

中分别由法官或当事人承担查明外国法的责任,同时另一方也在可能的情况下提供协助,这应该是一种比较合理的外国法查明模式。法官和当事人在外国法的查明上都各有长处和局限性,而合理的外国法查明模式应该是能够发挥各方的长处,合理调配各方的能力,尽量使外国法能得到快速、准确的查明。因此,合理的外国法查明模式要求法官与当事人在外国法的查明中既有分工又有合作。二者的分工主要在于外国法查明责任的分担上,由于前文对此已经有详细的论述,所以在本节中我们将主要讨论法官和当事人在外国法查明中的合作。

一、法官认识和查明外国法的能力及局限性

(一)法官在认识外国法上的能力

法官在对外国法的认识上具有的能力,主要是具有法律方面的技能,他不应在外国法的查明上仅担任消极裁判者的角色,而是应该采用更积极、主动的态度,组织当事人进行甚至自己亲自进行外国法的查明。因此,采民事诉讼"职权主义"的大陆法系国家的法官在外国法的查明中所担任的相对更积极的角色更为可取。

作为法律人,法官一般受过良好的法律教育,具有特殊的法律知识和技能。尽管其并没有接受特别针对外国法的教育,甚至可能也没有受到专门的比较法教育,但是法律这一知识部门也具有其自身的客观和普遍规律,法官对外国法的了解和理解程度应该完全不同于他对医学或其他科学的认知。[①]在英国的有关判例中,法官没有采纳有关外国法证据的理由就曾包括:专家意见中有对于为各国律师所熟悉的概念的误解、该外国法的意思和当事人提供的英文翻译相矛盾、或者证人采用了一种"荒谬"的观点或"有关的材料支持法院的立场"等。[②]这些都可以显示法官在对外国法的认识上,具有不同于对其他事实的认识的能力。法官往往在法律推理上擅长,由此有能力通过基本的推理和连贯性标准来对有关外国法资料进行判断。法官依靠其自身的专门知识来确定外国法的内容而不寻求专家的帮助是可能的,因为法官本身就是一个法律专家。尤其在当案件的所有争议都是对有关文件的解读的情况下,法官完全可以不求助于专家证言。因此,在英国

---

① Richard Fentiman, *Foreign Law in English Courts: Pleading, Proof and Choice of Law*, Oxford, 1998, p. 288.

② Sofie Geeroms, *Foreign Law in Civil Litigation: A Comparative and Functional Analysis*, Oxford, 2004, pp. 173—174.

1774年就有判例显示,在有关外国法的问题被提交到陪审团时,陪审团承认,法官应在帮助查明外国法上发挥作用。[①]而当代美国的一项调查研究也表明,有62%的被调查的法官认为自己亲自调查外国法是最有效的确定外国法内容的方法,38%的法官则认为是有一定作用的方法。[②]

也正因为如此,英国依然坚持外国法要如事实一样由当事人依据证据规则进行证明,而法官只负责消极裁判的做法,长期以来受到批评。其被认为是"极端形式主义的",限制了法官评价有缺陷的外国法证据的能力,限制了其通过非正式的方式更经济、更快捷地查明外国法的能力。[③]而事实上,美国就是通过脱离其英国普通法传统,而将法官对外国法查明和认识的能力解放了出来。

而采民事诉讼"职权主义"的大陆法系国家要求法官承担或多或少的查明外国法的责任,并在该方面赋予法官一定的职权,使法官在外国法的查明中担任更积极、主动的角色的做法更为可取。法官具备当事人并不具备的法律专业知识和技能,因此他应该有权参与到外国法的查明中来,法官还应该具有自由裁量的权力来对有关外国法的信息进行评价。

(二)法官在认识外国法上的局限性

法官的局限性体现在,法官虽然是法律专家,但是其往往并不是关于某特定外国法的专家。首先,与其对本国法的精准认识相比,法官显然一般很难自己独立地完成外国法的适用过程。因此法官固然可以自己去学习和调查外国法的有关规定,但是其还需要借助当事人或其他专家的能力来获得对外国法的知识和信息。其次,由于当事人往往拥有和外国法来源国有关的实践经验,所以其往往对有关的外国法多少有一些了解,其也可能聘请到在该国有实践经验的律师。在这些情况下,法官对外国法的了解可能确实不如当事人,并且其查明外国法内容也确实不如当事人便捷和准确。我们不能否认,法官查明与自己国家的法律相差甚远的外国法有时具有很大的难度,法官可能付出更多的劳动却可能仍然很难查明外国法。这时,从效率的角度出发,考虑到很多国家法院所面对的案件数量过多的情况,以及法官所应担负的社会责任,我们不难理解,在美国不少的联邦法院和州法院法官

---

① Mostyn v. Fabrigas (1774) 1 Cowp. 161, 174.
② Doug M. Keller, Interpreting Foreign Law through an Erie Lens: A Critical Look at United States v. MCNAB, *Tex. Int'l L. J.*, Vol. 40, p.172.
③ Richard Fentiman, *Foreign Law in English Courts: Pleading, Proof and Choice of Law*, Oxford, 1998, p.288.

认为,法院查明外国法是一种对司法时间和司法资源的非有效率的使用。①因此,在外国法的查明中,法官应该也有权要求当事人的协助,甚至在当事人确实具备更好的查明外国法的条件而法官也不是必须承担外国法查明责任的案件中,由当事人承担查明外国法的责任。

实际上,在对有关国家相关实践的考察中,我们可以发现,正因为法官在对外国法的查明和认识上具有的局限性,虽然法官在有关外国法内容的裁判上具有最后决定权,并且也可以自己主动对外国法内容进行调查,但是在实践中大多数的案件还是显示,法官对外国法内容的裁判都是在当事人提供的信息或法院自己咨询的法律专家意见的基础上作出的。对当事人之间没有争议的外国法内容,虽然从理论上来说,法官也可以不予采纳,但实践中法院也倾向于对其予以确认。对于法院自己咨询的专家意见,法院也几乎都给予确认。即使在德国,虽然法官承担最严格的查明外国法责任,法官对当事人之间没有异议的外国法内容信息也可能会直接推定其正确性,在采用法律专家意见(gutachten)进行外国法的查明时,法官更加倾向于直接采用该法律专家意见。②也正是认识到法官在这方面的局限性,虽然在德国当事人也可以以法官违反了其承担的查明外国法的责任为理由提出上诉,但是各州最高法院和联邦法院又限制了其在法官用尽其所能获得的资源查明外国法问题上进行审查的权力。事实上,如果我们过于强调法官的作用和职权,让法官承担所有案件的外国法查明的责任,则其弊端就正是德国的外国法查明和适用所遇到的问题:对德国涉外民商事审判的深入研究发现,理论和司法实践之间存在明显反差,法官也可能规避外国法的适用,在理论上应强制适用的冲突规范在一定程度上成了任意性法律,只在一方当事人提出要求的时候才会适用。③

二、当事人查明外国法的能动性及局限性

当事人在外国法的查明上并不具备如法官那样的能力,但其可能具有查明外国法的能动性。当事人在外国法查明上的能动性及局限性的根源都

---

① Sofie Geeroms, *Foreign Law in Civil Litigation: A Comparative and Functional Analysis*, Oxford, 2004, p.179.

② Andreas Spickhoff, Fremdes Recht vor inländischen Gerichten: Rechts-oder Tatfrage?, 112 *ZZP* 265, 273 (1999). 转引自 Sofie Geeroms, *Foreign Law in Civil Litigation: A Comparative and Functional Analysis*, Oxford, 2004, p.178.

③ 徐鹏:《冲突规范任意适用研究》,武汉大学博士学位论文,2006年,第64页。

在于,外国法的查明和适用往往关系到当事人的利益。这可以从两个不同的层面来理解:一方面,外国法的适用往往导致对一方当事人有利而对另一方当事人不利的裁判结果,此时,当事人特别是根据外国法提出自己的诉讼主张的当事人在外国法的适用上具有利益;另一方面,外国法的查明不可否认地将会带来更多时间和金钱的支出,可能在金钱上一方当事人要承担更多的费用,但案件诉讼程序耗费更多的时间对双方当事人来说却都是一样的,这必然给双方当事人都造成更大的损失,因此从这个角度来说,外国法的查明实际上也涉及双方当事人的利益。那么,从这两个不同的方面出发,当事人在外国法的查明上的能动性和局限性又分别如何呢?

从第一个层面来说,由于当事人特别是根据外国法提出自己的诉讼主张的当事人在外国法的适用上具有利益,因此其在外国法的查明上很自然地具有积极性和主观能动性而通常能够主动地进行外国法的查明。在英国,虽然法院也有权对当事人提出证明外国法或更好地证明外国法的要求,但是在实践中法院很少作出此类要求或命令,因为当事人往往不需要提醒就能够提供必要的专家证据。[1]对于当事人在外国法查明上的这种可贵的主观能动性应该予以发挥和利用,由此法官可以请求当事人也进行外国法的查明,或者在案件只涉及当事人私人利益的情况下将查明外国法的责任完全交给当事人。

但是,从另一个方面来说,也正因为外国法的适用会导致对一方当事人有利而对另一方当事人不利的裁判结果,这就导致了当事人在外国法的查明上具有不够公正、客观的局限性。由于当事人在外国法的适用上具有利益,则当事人都会尽量提供对自己有利的外国法信息,而有意无意地忽视或隐藏对其不利的外国法信息。因此,当事人在进行外国法的查明和向法院提供外国法信息时都具有很大的主观倾向性,无法保证有关外国法信息的正确和客观。法国学者认为,完全由当事人进行外国法的查明,会导致外国法被"扭曲"(dénaturation)的危险。[2]这也是实践中当事人提供的外国法信息往往不一致或互相矛盾的原因。在这种情况下,应加强法官在外国法的查明中应发挥的作用。法国最高法院认为法官在此情况下应发挥的作用包括:法官首先不用考虑该外国法律的实质内容,而必须特别控制当事人提供

---

[1] Richard Fentiman, *Foreign Law in English Courts: Pleading, Proof and Choice of Law*, Oxford, 1998, p.149.

[2] Bernard Audit, *Droit International Privé*, Economica, 2007, p.227.

的"习惯证明"(certificat de coutume)的正确性[1],如果必要的话,他应该纠正当事人提供的关于外国法律或判决的解释,在该情况下可能由法官征求专家的意见或根据其自己的知识来作出判决比较合适。在外国法的查明中,法官并不应该只充当完全被动的角色,这也几乎是一个被广泛承认的规则。

从当事人利益的第二个层面来说,由于外国法的适用对双方当事人的利益都是有损害的,当然对根据外国法提出自己的诉讼主张的当事人也不会例外,这时当事人进行外国法查明的局限性体现在,当事人对外国法的查明情况会受到其提供外国法的有关信息所要付出的时间和金钱多少的限制。不管支配外国法查明的是什么规则,对外国法的忠实适用会带来繁重的任务,这是一个事实。但是,对当事人来说,与付出并不对应的是,案件结果的可预见性还远远低于国内案件。这时可能出现的情况是,当事人通过对其查明外国法所可能遭受的损失和外国法的适用对其可能带来的利益进行衡量之后,在外国法的查明上表现消极或者甚至有意地不进行外国法的查明,以规避外国法的适用。在此情况下,如果案件涉及公共利益,有关的冲突规范指定的外国法必须要得到适用,则就必须要求法官承担起查明外国法的责任。

三、法官和当事人的合作

正如上文所述,法官和当事人在外国法的查明上都各有长处和局限性,因此不仅他们在承担外国法查明的责任上应进行分工,而且他们在外国法的查明上的合作也同样重要。当然,法官和当事人分担外国法的查明责任也可以理解为一种合作,他们合作共同承担外国法的查明责任。但是,除此之外,他们还应如何进行查明外国法的合作呢?

首先,在外国法的查明上共有三方(或许更多)主体(法官、双方或多方当事人),要保证合作的有效,必须有一个组织者或者一个起主导作用的主体,这个组织者的角色应该由法官来担任。外国法的查明实际上是一个法官和当事人都应该共同面对的问题,但为了将他们的能力和积极性整合起来,外国法的查明"行动"需要有一个组织者。由于双方当事人在外国法的适用和内容上往往有不同的预期和期望,往往具有相对立的利益,所以这个

---

[1] Bénédicte Fauvarque-Cosson, Le juge français et le droit étranger, *Recueil de Dalloz*, 2000, pp. 125, 126.

组织者只能由立场中立的法官来担任。因此,在外国法的查明上,应该要求法官担任外国法查明"行动"的组织者,其应该考虑和决定的事项主要包括:在自己可以将外国法查明的责任转移给当事人的时候是否要求当事人承担查明外国法的责任?在自己承担查明外国法的责任的时候是否要求当事人提供协助?选择什么样的方法来查明外国法?在获得一定的外国法资料之后是否还要进行补充查明?等等。

值得指出的是,法官在所有案件中都应该担任外国法查明的组织者的角色,而并不仅仅限于在其承担外国法查明责任的案件中。正因为其担当组织者的角色,所以即使是在由当事人承担外国法查明责任的时候,法官也不能在外国法查明上消极地不作为,其仍然有义务告知或催促当事人提交有关外国法的证明。如果法官没有告知当事人查明外国法的责任由其承担或催促当事人提交有关外国法的证明,就应该推定法官并未将查明外国法的责任转移给当事人。

其次,应该促进当事人对外国法查明的参与,并注意对当事人参与权和抗辩权的保护。在诉讼程序中法院依职权主动进行的行为与当事人的行为之间的良性互动,是当事人以积极的方式参加外国法查明的基础。这也是符合现代诉讼理论强调当事人的程序参与权的主张的。现代诉讼理论重视当事人在法律观点形成过程的参与权,强调法官和当事人在法律适用中的协同作用,即应当为当事人提供对法官的法律判断权施加影响的机会,从而保障当事人在司法领域中的程序参与权,协同发现法之所在。[1]在法官精通的国内法的适用中尚且如此,对于外国法的查明这样一个并不属于法官专长领域的任务,更应该强调当事人的参与权,发挥当事人的积极性和潜能。

促进当事人对外国法查明的参与,从另一个方面还反映在法官应该尊重当事人的抗辩权。在当事人承担证明外国法的责任时,尊重当事人的答辩权一般不成为问题,主要应强调的是在法官主动查明外国法的时候对当事人答辩权的尊重。法国最高法院多次确认在法官依职权查明外国法的情况下尊重当事人的答辩权的重要性。[2]当事人不仅有权对外国法的适用提出异议也有权对外国法的解释提出异议。在1978年的一个判决[3]中,法国最

---

[1] 参见熊跃敏:《民事诉讼中法院的释明:法理、规则与判例》,载《比较法研究》2004年第6期,第73页。

[2] B. Ancel et Y. Lequette, *Les Grands Arrêts de la Jurisprudence Française de Droit International Privé*, Paris, 2006, p.268.

[3] Attouchi, Cass. 1e civ. fr., 4 Apr. 1978, *Rev. Crit. DIP* 88 (1979).

高法院认为,法国法官仅仅只在和当事人讨论过外国法的适用和解释之后,才能依职权适用该外国法。瑞士联邦法院在 1998 年的一个判决①中认为,当法官通过专家或有关的机构查明外国法,而当事人对外国法的内容并不了解时,"应该为当事人提供了解法官查明外国法的结果的可能,以使其有机会就此发表自己的意见"。在荷兰,当事人一方根据外国法提出主张而另一方根据国内法提出主张的时候,如果法官决定适用外国法,其应该仍然给予主张适用国内法的当事人向法院提供有关外国法内容的机会。②比利时有关外国法查明的讨论也显示,比利时最高法院多次表示其很注意尊重当事人的答辩权。③与此相反,我国和德国一样,法院和学界都并没有注意到外国法查明中对当事人答辩权的尊重。

再次,法官和当事人在外国法查明中的合作还具体体现在法官和当事人在对方承担查明外国法的责任的时候也参与外国法的查明。

在法官承担外国法查明责任的情况下,法官有权要求当事人提供协助,当事人也有尽量合作的义务。所有大陆法系国家都认为法官在查明外国法的过程中可以要求当事人提供协助。法官也有权对当事人是否予以合作进行监督。由于有关国家对当事人该合作义务的解释并不一样,它们对其的监督措施也不一样。荷兰最高法院对当事人的合作义务强调的程度最深,德国也认为当事人的合作非常重要。但是,比利时法院认为即使法官可以要求当事人在外国法的查明上提供合作,但法官仍然承担查明外国法的重要义务。在瑞士也是如此,当事人如果恶意地拒绝提供合作,也是只有法官也无法查明外国法时才最后导致适用瑞士法,在实践中对恶意当事人唯一真正的惩罚是:"法官可以根据具体情况,要求该恶意当事人承担其恶意态度所导致的费用。"④笔者认为,当事人提供协助的义务并不构成承担外国法查明的责任,法官仍然对查明外国法负有责任。如果当事人只是表现消极,认为其无法提供该外国法的信息并说明理由,在此情况下,仍然应要求法官运用其他的方式来查明外国法。因为在法官承担外国法查明责任的情况下争议的权利往往是当事人不能自由处分的,原告在该问题上不能自行

---

① ATF 124 I 53, cons. 3d.
② Rb., Rotterdam, 8 January 1993, 12 NIPR 170, 171 (1993).
③ See Sofie Geeroms, *Foreign Law in Civil Litigation: A Comparative and Functional Analysis*, Oxford, 2004, p.103.
④ B. Dutoit, *Droit international privé suisse: Commentaire de la loi fédérale du 18 décembre 1987* (Bâle: Helbing & Lichtenhahn, 2005), pp.58—59.

和解。如果只要当事人在被要求提供外国法查明的协助的时候表现消极就适用法院地法,则就实际上为当事人提供了通过外国法的查明来控制案件结果的空间,实际上使其对不能自由处分的权利进行了自由处分。而如果当事人恶意地拒绝提供合作,既不提供法院要求其提供的证明,也不说明该证明是不可能的,则才可以考虑驳回当事人的诉讼请求。

当然,在法官承担查明外国法的责任的时候,当事人也可以主动参与到外国法的查明中来。实践中当事人往往也会不经过法院要求主动提供外国法的信息。在商事领域,当事人往往比法院能够更快、更容易地获得有关的外国法信息。因此,当事人应该被赋予这样的权利。但是,同时其对该权利的行使应该受到法院的制约。在德国,如果一方当事人希望影响外国法查明的程序和对查明方式的选择,则其必须充分地说明为什么某项方法是特别合适的,比如其主张应咨询专家意见,其还应更详细地证明为什么其想要提交专家意见是必需的。[1]但是同时法官也不应滥用其权力,对当事人的主动行为不予理睬或无理拒绝。1996 年瑞士苏黎世州最高法院的一项判决就曾确认,一方当事人可以请求有查明外国法责任的法院在公约适用条件获得满足的情况下运用 1968 年《伦敦公约》来查明外国法,如果法院对该要求拒绝或不予理睬,就构成其判决被州最高法院撤销的理由。[2]

在当事人承担外国法查明责任的情况下,法官也可以主动参与到外国法的查明中来。当事人可以要求法官对其进行协助,法官也应对其要求予以考虑。法官在当事人负责查明外国法时对当事人的协助是由法官担当的"组织者"角色和在外国法查明中所起的主导作用决定的。在法国,在当事人承担查明外国法的责任时,法官为了能查明外国法的内容所能采取的行为有:给主张外国法适用的当事人规定一个期限,让其收集有关外国法内容的信息;为了避免造成外国法无法查明的后果,指定专家或咨询人(费用仍然由当事人负担);当然,法官也可以运用自己对外国法的个人了解或自己去进行外国法的查明。

值得指出的是,本书强调法官或当事人对对方的合作义务,但这种合作

---

[1] Klaus Sommerlad and Joachim Schrey, Establishing the Substance of Foreign Law in Civil Proceedings, *Comparative Law Yearbook of International Business*, Vol. 14, 1992, p.153.

[2] 瑞士联邦法院对下级法院正确适用外国法的监督形式为《联邦司法组织法》第 43 条和第 43a 条规定的改判之诉和第 68 条规定的撤销之诉。其中涉及外国法查明的有:根据第 43a 条第 1 款 b 项的规定,如果原审法院错误地认定了外国法无法查明,则当事人可以对该判决提起改判之诉;根据第 68 条,当原判决中根据瑞士国际私法应予适用的外国法的内容没有被查明或没有被充分地查明,则当事人可以就此提起撤销之诉。

并不是外国法查明责任的转移。这在上文所述对二者的监督方式不同上有所体现:对法官履行查明外国法的责任的监督是通过当事人的上诉和上级法院的司法监督来进行,其往往导致判决被上级法院撤销;对当事人履行查明外国法的责任和协助法官查明外国法的义务的监督是通过法官的职权来进行,其往往导致对该当事人不利的判决结果的出现。在法官作出外国法无法查明的认定的时候,如果案件是由法官承担外国法查明的责任,则其应说明自己对外国法的查明所做的努力,如果是当事人承担外国法查明责任,则法官就应说明当事人已经尽到了必要的努力。

本章小结

本章论述了外国法查明责任的承担。外国法查明责任的承担,是指由谁在总体上和原则上负责查明外国法。由某一方负责查明外国法并不意味着其他方就承担不得进行外国法查明的义务。我们明确由谁来承担查明外国法的责任,一个重要的意义是可以在以后的制度设计中,尤其是在外国法无法查明的处理以及对外国法适用的司法监督问题上,对承担外国法查明的责任却不很好地履行该责任的行为有所制约。

考察各有关国家的做法,大概可以分为三类。第一类,由当事人负责外国法的查明,采该种做法的主要是以英国为首的英美法国家、西班牙及受其影响的部分拉丁美洲国家。在这些国家,当事人必须负责进行外国法的查明,当事人在外国法的查明过程中起主导作用,外国法无法查明将导致对承担该责任的当事人不利的后果,而查明外国法的费用也一般由该当事人负担。法官往往只是担任消极裁判者的角色,但也享有和其裁判者地位相应的一定的自由裁量权。第二类,由法官负责外国法的查明,采该种做法的主要是以德国为首的一些大陆法系国家。在这些国家,在该种模式下,法官几乎承担了全部的查明外国法的责任,虽然该责任在不同国家严格程度有所不同。为了履行该查明外国法的责任,法官在外国法的查明问题上具有很大的自由裁量权。当事人在外国法的查明中处于次要的地位,主要是协助法官完成外国法的查明。第三类,区分不同的案件类型由法官和当事人分别承担外国法查明的责任,采该种做法的主要是法国、瑞士等国家。在这些国家,法官在某些特定案件中承担查明外国法的责任,而当事人在其他的案件中负责外国法的查明。法官和当事人也都可以在对方承担查明外国法的责任的时候也进行一定的协助行为,来共同完成外国法的查明。这种做法实际上是前述两种做法的折中和混合。而对于外国法查明责任的划分,我们可以发现三种标准:有关经济利益的事项和非经济利益事项、当事人可自由处分的权利争议和当事人不可自由处分的权利争议以及法官是否确认外国法的适用。第三种主观性的标准并不可取。前两种客观性的标准实际上是十分相近的,都为我们提供了一种通过分析争议权利和事项所体现和涉及利益的不同而由不同的主体承担外国法查明责任的思路。法官在涉及公共利益的案件中必须承担起查明外国法的责任,但在仅涉及私人利益的案件中可以要求当事人承担该责任。

根据争议所涉利益性质的不同来区分不同的案件类型,在不同类型的案件中分别由法官或当事人承担查明外国法的责任,同时另一方也在可能的情况下提供协助,这应该是一种比较合理的外国法查明模式。法官和当事人在外国法的查明上各有长处和局限性。法官在对外国法的认识上具有的能力和中立地位,使其应该采取更积极、主动的态度,组织当事人进行甚至自己亲自进行外国法的查明;但由于其对外国法认识的局限性,法官应该也有权要求当事人的协助,甚至在当事人确实具备更好的查明外国法的条件而法官也不是必须承担外国法查明责任的案件中,将外国法查明的责任交给当事人承担。当事人在外国法查明上的能动性及局限性的根源都在于,外国法的查明和适用往往关系到当事人的利益。因此,法官不应该在外国法的查明中只充当完全被动的角色;在案件涉及公共利益时,必须要求法官承担起查明外国法的责任。合理的外国法查明模式应该能够发挥各方的长处,合理调配各方的能力,尽量使外国法能得到快速、准确的查明。合理的外国法查明模式要求法官与当事人在外国法的查明中既有分工又有合作:法官应该担任外国法查明"行动"的组织者;应促进当事人对外国法查明的参与,并注意对当事人答辩权的保护;法官和当事人在对方承担查明外国法责任的时候自己也应参与外国法的查明。有关外国法查明责任的合理制度应为:外国法的内容由法官负责依职权查明。为了查明外国法,法官可以要求当事人的合作。在与经济利益有关且不涉及公共利益的事项上,可以由当事人负责查明外国法。如果法官认为应由当事人承担外国法查明的责任,则必须就此对当事人予以告知。

第三章 外国法查明的方法

外国法查明的方法是指法官或当事人采用什么方法或通过什么途径来进行外国法的查明活动。外国法查明的责任讨论的是外国法查明行为的主体问题,即谁应负责外国法的查明,而外国法查明的方法讨论的是行为方式问题,即如何进行外国法的查明,二者存在明显的区别。

理论界所讨论过的外国法的查明方法包括:法官或当事人亲自进行的外国法查明、专家证人、习惯证明书、通过外交或领事途径查明、专家意见甚至通过互联网查明等。而某个特定的国家由于法律传统的不同,往往只是采用上述列举的方法中的一种或几种。笔者首先从各有关国家的相关实践情况出发对外国法的查明方法问题进行概述,然后将对三类外国法的查明方法,即法官亲自调查外国法、通过证据方法查明外国法、查明外国法的特殊方法,分别进行论述,并在此基础上提出有关外国法查明方法的制度设计。而关于通过国际公约或双边条约的方式查明外国法与在外国法查明上的国际合作,我们也将在最后专门讨论。

第一节 外国法查明的方法概述

一、有关国家的做法

和外国法的查明领域的其他问题一样,在外国法查明的方法上,有关国家的立场也大致存在英美法的"事实说"传统和大陆法系的"法律说"传统的分歧,但在具体做法上又有所不同。一般来说,在英美法国家,传统上外国法像事实一样应被当事人证明,一般必须通过专家证人(expert witness)或称外国法证人(foreign law witness)证明。如果对外国法的内容存在争议,双方当事人都可以请专家证人。证明外国法的证人和证明事实的证人的身份相同,其应受到质证(examination)和交叉质证(cross-examination)。法官很少会指定专家或"特别专家(special master)"来进行外国法的查明。在大陆法系国家,大多不承认通过证人证明外国法,因为证人只能证明事实,通过证人证明外国法被认为是和外国法的法律性质相违背的。[①]如果专家出庭陈述意见,其也一般是由法院指定的专家。大陆法系的法官更习惯指定专家来为其提供外国法信息。外国法在这些国家也可以通过法官自己对外国法的调查来查明。

但是,这种传统的分歧也不应被夸大。一方面,有关国家的做法常常在其传统上有所演变和偏离;另一方面,各国也往往都采用一些查明外国法的特殊方法。因此,在外国法的查明方法上,持"事实说"传统和"法律说"传统的各国的分歧其实并不是那么明显。

作为最顽固地坚持外国法"事实说"传统的国家,英国仍然要求外国法要如事实一样按照证据规则通过口头专家证据(专家证人)来证明。[②]通过对外国法成文法或判例法内容的介绍来证明外国法是不够的,除了某些例外情况下书面证据例如"宣誓书"(affidavit)就足够了以外,必须同时要有一个外国法专家的口头解释。[③]除了这些证明案件事实的一般方法以外,作为例外情况,英国法律也承认一些获得外国法的特别捷径,例如查询法院有关外国法的先例。英国几乎是现在唯一一个还坚持外国法的证明必须通过严格形式的国家。其普通法关于当事人负责通过口头证据证明外国法的传统根深蒂固,在英国法院看来,最好的查明外国法的方法就是英国普通法中的对抗制方法。也正因为如此,在英国,其他的查明外国法的方法,不管是成文法的规定还是1968年《伦敦公约》,都无法获得成功。

美国继受了英国普通法,在早期,外国法的申辩和证明需要遵循严格的证据法规则,外国法只能通过口头证据证明。但在第二次世界大战后,州际和国际频繁的民商事交往凸现出域外法查明的种种不便,引起了法院和学界对原来的英国普通法做法的批评,并最后导致了美国外国法查明制度的变革,大大拓宽了外国法查明的渠道和可能性,使在美国可以采用任何有效的方法证明外国法。专家证人、提供外国法的英文翻译都还是在美国法院采用的主要方式,但是却不再是必须采用的方式,大量的辅助资料也可以作为外国法的证据提供,包括书籍、报纸、甚至没有经过公证的外国成文法文本等。当事人仍然经常指定专家证人来获得外国法信息,其意见往往以书

[①] F. Vischer, General Course on Private International Law, *Recueil des Cours*, Vol. 232, 1992, p. 83.

[②] Dicey and Morris, *The Conflict of Laws*, 13th ed., Sweet & Maxwell, 2000, p. 225.

[③] Richard Fentiman, *Foreign Law in English Courts: Pleading, Proof and Choice of Law*, Oxford, 1998, p. 173.

面的"宣誓书"的形式提交法庭。而法院也可以指定专家或特别专家来确认外国法的有关信息。现在,在美国法院对外国法进行查明的方法包括:当事人可以提供其自己的专家证言或者当事人协商共同聘请的专家提供的证言;法官也可以指定专家提供专家意见;法官可以自己对外国法进行研究或者独立地对有关外国法内容进行调查。① 而关于外国法查明的费用,当事人负责支付协助证明外国法的法律专家的报酬。只在非常有限的民事诉讼中,法院可以要求败诉方支付律师及法律专家的费用。

作为坚持外国法"法律说"传统的国家,德国《民事诉讼法典》第293条规定:只有"法官不了解"的外国法才需要证明,法官可以自由选择查明外国法的方式和途径。当然,法官可以决定采用一般的证据收集方法来查明外国法。在一般证据方法中,法庭任命的专家(court-appointed experts)这一方式可以用来进行外国法的查明。但是,在德国外国法的查明上最常用、最著名的方法就是"专家意见"(gutachten)。在德国,所采用的外国法查明方法包括:通过法庭任命的专家;法官咨询德国学术机构例如汉堡的 Max Planck 研究所等,由其提供"专家意见";法官直接查询外国成文法、学说和判例;当事人提供有关信息。

在法国,最高法院的有关判例确认,对外国法内容的查明可以通过任何方式。传统上通常采用的、到目前为止运用最广泛的是外国法查明的特别方法——由当事人制作被称为"习惯证明书"的文件。在法国,所采用的查明外国法的方法包括:当事人提供习惯证明书;委托法院指定的专家出具意见;通过法国司法部的欧洲和国际事务处或国际法律信息和资料中心查询;法官直接查询外国的立法、判例和学术著作;(在极少的情况下)运用1968年《伦敦公约》。②

在瑞士,瑞士联邦政府建立了专门提供外国法信息资料的瑞士比较法研究所(Swiss Institute of Comparative Law)。该研究所拥有的关于世界各国法律的丰富资源和瑞士各法学院的图书馆和电子资源都提供了获得外国法信息的便利条件。而这也决定了在瑞士外国法的查明以文献资料的获得为

---

① See Association of the Bar of the City of New York, Committee on International Commercial Dispute Resolution—"Proof of Foreign Law after Four Decades with Rule 44.1 FRCP and CPLR 4511" (2006) 60:1 *The Record* 49 (online: New York City Bar http://www.nycbar.org/Publications/record/vol_61_no_1.pdf), p.52.

② Voir Pierre Mayer et Vincent Heuzé, *Droit International Privé*, Montchrestien, 2004, note 187, p.123.

主。在瑞士所采用的查明外国法的方法包括：法官通过官方公报、评论、教科书等获得外国法信息；法官或当事人获得的专家意见，主要是瑞士比较法研究所作出的专家意见；法院也可以通过1968年《伦敦公约》的途径来查明外国法。其中，由瑞士比较法研究所出具专家意见这种方法得到广泛采用和推荐。该研究所拥有在国外受过法学教育的研究员，并在世界范围内有联系人网络，采用该所出具的专家意见被认为可以避免法官自己参考有关著作文献很可能漏掉最新的立法和判例的弊端。[1]并且，瑞士比较法研究所的法律意见相对于其他的专家意见费用可能相对更小一些。至于查明外国法的费用，可以是诉讼费用中的部分（如果法院指定专家或通过瑞士比较法研究所查明外国法），也可以是当事人自己支付的费用（如果法官将查明外国法的责任交给了当事人的话）。

在荷兰，法院往往从当事人那里获得有关外国法的必要信息，法院会要求当事人自己出庭来提供有关信息。法院和当事人也可以通过指定专家来获得必要信息。在很少的情况中，法官依靠其自己对外国法的一般了解作出判决。在荷兰，采用的外国法查明方法包括：法院指定的专家；当事人指定的专家；通过有关的研究机构，如海牙国际法律研究所（International Legal Institute in the Hague）提供；法官或当事人直接查询外国法的立法、判例和学术论著。[2]

在西班牙，根据外国法提出请求的当事人必须证明该外国法的内容及其效力，2000年西班牙新《民事诉讼法典》对外国法的查明做了新的规定[3]，从而法院可以在其认为必要的情况下，运用"任何方法"来查明外国法。当事人可以通过公文书（public documents）来证明外国法[4]，例如由西班牙司法部制作的对外国法内容的证书就是公文书。私人文件仅仅只在其能够很好地证明外国法的情况下也可以被接受是证明方式。如果当事人只是提供对外国法条文的"简单的复印件"来证明外国法，西班牙法院将不接受这些文件作为证明方式。当事人当然也可以通过专家意见来证明外国法[5]，该专家并不要求必须是外国专家。在西班牙，查明外国法的方法包括：当事人提

---

[1] A. Bucher et A. Bonomi, *Droit International Privé*, Bâle etc., 2004, p.122.
[2] Sofie Geeroms, *Foreign Law in Civil Litigation: A Comparative and Functional Analysis*, Oxford, 2004, p.156.
[3] 参见2000年西班牙《民事诉讼法典》第281条第2款。
[4] 参见2000年西班牙《民事诉讼法典》第317条。
[5] 参见2000年西班牙《民事诉讼法典》第335条。

供有关外国法的公文书或私人文件;当事人聘请的专家作出的专家意见或专家证言;法院运用某些国际公约或双边条约来查明外国法(如1968年《伦敦公约》);法官通过其自己的知识来查明外国法。外国法查明的费用,原则上由主张该外国法适用的当事人承担,但是法院在案件判决中对该费用的承担作出相反判决的除外。

二、对外国法查明方法的选择

我们上文所述的外国法查明方法都是当事人或法官可以采用的方法,但是在具体案件中进行外国法的查明到底要通过什么方法来进行,还有待法官和当事人的选择。在法官承担查明外国法的责任的情况下,与其责任相对应的,法官在外国法的查明问题上具有很大的自由裁量权,其可以根据案件具体情况决定采用何种方式来查明外国法。德国《民事诉讼法典》第293条规定,法官可以自由选择查明外国法的方式和途径,并可以就此发布必要的命令。对查明外国法的形式和方法的选择属于法官的自由裁量范围。德国联邦法院也不审查对下级法院法官在查明外国法过程中对查明方式的选择问题的上诉。早在1961年,联邦法院就在一个判决中确认了该规则。在该案中,上诉人针对原审法院选择通过咨询德国驻阿富汗大使馆和世界交通组织来获得阿富汗第二次世界大战之前的有关法律的信息提起上诉,而联邦法院驳回了上诉并认为,其审查的范围只限于下级法院的行为是否超出了该自由裁量权的界限。[①]至于法官在该职权的行使中应有哪些考虑,虽然有关国家的判例很少涉及,但是笔者认为法官可以考虑的情况应该可以包括:有关信息资源的可靠性;获得该信息必须的时间;法院自己在对某外国法的查明方法上的经验;所涉法律争议的复杂程度,越复杂就越需要形式严格的证明(比如正式的专家意见)等。当然,法官在外国法查明方法选择上的自由裁量权也并不对当事人选择查明外国法的方法构成限制。当事人可以自己决定采用何种其在法律允许范围内可以采用的外国法查明方法,例如在比利时,法院和学者一般认为,法官和当事人都可以采用证据提供的一般方式以及获得外国法信息的特别方式来查明外国法。[②]而在当事人承担查明外国法的责任的时候,除了英国仍坚持采用当事人根据证据程序

---

① Sofie Geeroms, *Foreign Law in Civil Litigation: A Comparative and Functional Analysis*, Oxford, 2004, p.95.
② Ibid., p.158.

通过专家证人的方法来证明外国法以外,当事人和法官一般都具有选择采用何种方法进行外国法查明的权力。在西班牙,当事人可以运用任何西班牙法律允许的方法来查明外国法[①];法院可以在其认为必要的情况下,运用"任何方法"来查明外国法。[②]在美国,当事人可以自己查询有关外国法资料,可以单独或共同聘请专家。而美国法院在参考非正式的信息来源时,运用了广泛的自由裁量权,例如通过菲律宾法学杂志上的学生笔记或通过法院书记员与某香港贸易机构的电话交谈来解决有关外国法的含义。[③]

另外,从宏观的角度来说,有关国家在规定当事人或法官对外国法查明方式的选择时,不应有过多限制,而应采用更灵活、开放的立场。实际上,在外国法查明的方法问题上,所有被考察的国家可以分为两种情形:一种是外国法的查明只能通过有限的方法,在英国外国法只能通过证据规则规定的方式来证明;另一种是外国法的查明可以通过多种方法,大部分国家都采这种。[④]在英国,只允许通过口头证据来证明外国法,而在其他国家允许口头和书面等方式来查明外国法,并在实践中发展出查明外国法的特殊方法。英国固守陈规的"形式主义"做法并不可取,在外国法查明方法的选择上应更灵活一些。在外国法的查明方法的选择上,其实最应该抛弃所谓的将外国法视为"事实"还是"法律"的传统,而应从经济和效率的角度出发来看待各种不同的方式。在不同的案件中,何种方法为最经济和最效率的方法,答案往往并不相同。如何能够查明外国法,这个问题应该被认为是一个技术性的问题,在其解决上应采用一种更实用主义的态度:只要不违反公共秩序,任何方法只要能查明外国法都应该可以采用。同时,法院和当事人不仅可以在同样合适的方法之间进行选择,还应该被允许在有关方法上有所创新,例如将不同的查明外国法的方法进行结合或者根据案件具体情况采用新的查明外国法的方法。

那么,在对外国法查明的方法进行选择时又应该根据什么标准,采用什么标准对不同的方法进行衡量和评价呢?不管在理论上还是实践中,对此都不可能有定论,也不应该确定一定的标准。笔者认为,对外国法查明方法

---

① 参见 2000 年西班牙《民事诉讼法典》第 299 条。
② 参见 2000 年西班牙《民事诉讼法典》第 281 条第 2 款。
③ Doug M. Keller, Interpreting Foreign Law through an Erie Lens: A Critical Look at United States v. MCNAB, *Tex. Int'l L. J.*, Vol. 40, p.171.
④ Sofie Geeroms, *Foreign Law in Civil Litigation: A Comparative and Functional Analysis*, Oxford, 2004, p.130.

的评价和选择可以从以下几个方面来考虑：首先，是关于正义方面的考虑。从实体正义的实现来说，作为外国法适用的工具，其必须实现冲突法的目的即冲突规则指定的准据法的适用。作为外国法查明的方法，其当然应该有助于法官对外国法内容的准确了解，有助于法官根据外国法对当事人的权利和义务作出公正的判决，使案件争议能够获得合理的解决。从程序正义的角度来说，该方法在操作过程中也应该能体现公平，其必须能促进当事人之间争议的解决通过一种能被他们所信任的方式得到。其次，是效率方面的考虑。作为从性质上来说是完成外国法适用的工具的外国法查明方法，我们应该考虑使用某项方法的费用是否合理，要达到相同的目的是否存在更便宜的方式。该合理性是相对于其被设计而期望达到的目的说的。该方法的使用所要耗费的时间也是要考虑的因素。"迟到的正义"是否还是正义的，答案并不当然是肯定的。外国法的适用、冲突法的成功都并不是最终目的，外国法查明方法有效的最终目的应该是当事人之间的争议得到解决。①当然，我们无法想象也无法要求，每个外国法查明的方法都应该或能够在相同的程度上满足所有这些要求。更为现实的做法是，对某项外国法查明方法的衡量将取决于结合具体案件情况，对这些目标实现的可能进行综合考察。

三、外国法查明方法的分类

从上文对各有关国家具体情况的论述中发现，各有关国家所能采用的和理论界所讨论过的外国法查明方法大概包括：法官或当事人自己亲自进行的外国法查明、专家证人、习惯证明书、通过外交或领事途径查明、专家意见等，甚至包括通过互联网查明等。如果我们也如上述罗列一样对各方法并列逐个论述，则未免过于混乱。因此我们试图对有关外国法的查明方法进行分类，期望在该问题上理出头绪来。

外国法的查明方法其实根据不同的分类标准可以分为以下不同的类型：根据行为人的不同，可以分为法官进行的外国法查明和当事人进行的外国法查明；根据是否按照证据规则进行，可以分为通过非正式程序进行的查明和通过取证的正式程序进行的查明；而根据查明获得的外国法资料的不

---

① 有英美法学者甚至主张"即使外国法的证明是不正确的，但是其却可能对当事人争议的解决发挥了有效的作用"，因此也应被认为是有效的。See Richard Fentiman, *Foreign Law in English Courts: Pleading, Proof and Choice of Law*, Oxford, 1998, p.301.

同,可以分为结合具体案件事实情况作出的外国法适用建议(包括德国的法律专家意见、英美法国家的专家证言以及法国的"习惯证明书"等)和一般法律资料(包括法律条文、法学论著和外国法院判例等)。

但是这些分类都并没有抓住外国法查明问题的本质。外国法是"具有特殊性质的法律",其兼有法律和事实的性质。因为外国法具有法律的性质,所以允许法官像调查本国法一样,自己查阅和了解外国法;因为外国法也具有事实性的一面,所以也可以像事实的证明一样,按照有关的证据规则,通过证据方法来查明外国法;而由于外国法所具有的特殊性质,以及外国法查明的特殊困难,为了更有效地查明外国法,除了上述两种方法之外,还可以采用一些专门进行外国法查明的特殊方法。所以,我们采用以下混合的分类标准,即外国法查明的方法大概可以分为以下几类:(1)法官亲自调查外国法;(2)(法官或当事人)通过证据方法查明外国法;(3)(法官或当事人)查明外国法的特殊方法。第一类中主要是法官个人亲自进行外国法查明的方法;在第二类中主要包括英美法中长期采用的专家证人的方法,以及大陆法系法官和当事人根据证据规则都可采用的事实证明方法包括法庭任命专家和当事人自己个人进行查明;在第三类中主要包括当事人或法官获得的专家意见、求助于外交或领事途径查明、法国的习惯证明书等,甚至包括通过互联网查明等其他一切可能的查明方法。我们在下文中将对这三类方法分别予以讨论。

第二节 法官亲自调查外国法

几乎在所有我们考察的国家,法官都可以通过亲自调查来查明外国法。这是和外国法所具有的法律的性质相符合的,法官可以像调查本国法一样,自己查阅和了解外国法。法官可以通过对法学论著和其他资源的研究来查明,也可以从同事或其他具有相关知识的人那里获得有关外国法律原则和规则的信息。该程序并不构成取证的程序,而是一种法官自己进行的咨询,其不是任何法律程序的组成部分。

一、法官亲自调查外国法的理论基础

法官在对外国法的认识上具有的能力,使其通过自己调查外国法有关信息来查明外国法是可能的。作为法律人,法官一般受过良好的法律教育,具有特殊的法律知识和技能。尽管其并没有接受特别针对外国法的教育,

甚至也没有受到比较法的专门教育,但是法律这一知识部门也具有其自身的客观和普遍规律,因此,法官对外国法的了解程度应该完全不同于他对医学或其他科学的知识。①法官在对外国法的认识上具有不同于其对其他事实的认识的能力。法官依靠其自身的专门知识来确定外国法的内容而不寻求专家的帮助是可能的,因为法官本身就是一个法律专家。英国依然坚持外国法要如事实一样由当事人依据证据规则进行证明,而法官只负责消极裁判的做法,长期以来受到批评,被认为是"极端形式主义的",限制了其通过非正式的方式更经济、更快捷地查明外国法的能力。②

而各有关国家也基本上都认可法官自己亲自进行的外国法查明行为。例如,在德国,外国法同样属于"法官知法"的范围,并且根据德国《民事诉讼法典》第 293 条规定③,仅仅只在相关的法律条文不被法院所知道的情况下才必须就其进行查明。因此,与法官对有关案件争议事实的认知不同,法官可以自由决定根据其自己个人的知识作出判决,即使该知识仅仅只是通过自己的努力而获得。在实践中,德国法官也习惯于自己去查阅外国成文法、判例和学术著作。在美国,法院也可以自己进行外国法的查明。例如,在 Trans Chem. Ltd. v. China Nat'l Mach. Import & Export Corp. 案④中,法院为了确定争议的公司是否是中国公司,自己进行了中国法的查明工作,包括分析中国宪法、大量其他相关的法律及许多辅助资料如有关中国公司法的法学刊物文章等。该判决正是一个出色的例证,可以用来反对认为美国法院无法独立查明其所不熟悉的外国法的观点。⑤在荷兰,法院和当事人都可以直接查询外国立法、判例法和学术论著,并将外国法的文本或先例直接作为外国法查明的结果,而不必须要经过专家的进一步明确和解释。⑥但只在很少的案件中,荷兰法官才会主动去查询外国成文法、判例法和学术著作。实际上,在英国尽管通过对抗性方式查明外国法的传统影响深远,但是我们也发现了法官在没有专家证人的情况下,在当事人提供的证据显然不足的

---

① Richard Fentiman, *Foreign Law in English Courts: Pleading, Proof and Choice of Law*, Oxford, 1998, p. 288.

② Ibid.

③ 德国《民事诉讼法典》第 293 条规定:"外国的现行法、习惯法和自治法规,仅限于法院所不知道的,应予以证明。在调查这些法规时,法院应不以当事人所提出的证据为限;法院有使用其他调查方法并为使用的目的而发出必要的命令的权限。"

④ 978 F. Supp. 266, 278—290 (S. D. Texas 1997).

⑤ Sofie Geeroms, *Foreign Law in Civil Litigation: A Comparative and Functional Analysis*, Oxford, 2004, p. 121.

⑥ Fallon, L'accès aux bases de données de droit étranger, *Journal des Tribunaux*, 1987, p. 33.

情况下,自己对外国法的内容作出认定的判例。①在这种情况下,法官实际上自己是进行了外国法查明的行为的,但是也要承认,在英国这些判例仍然只是例外情况,并且在实践中法官要作出此类决定很可能需要当事人就此达成合意。②在比利时,法院和当事人一样都可以直接查询外国立法或判例法,并将外国法的文本或先例作为说明外国法的资料,而不必须要经过专家的进一步明确和解释。③

二、对本国法院有关先例的查询

由于外国法的特殊性质,在有些国家,法官查询本国法院有关该外国法的先例,并采用法院以前判决中确认的外国法也是法官亲自查明外国法的方法之一。

英国法院将外国法作为事实的传统,使在外国法的内容问题上当事人不能援引先例,因为对先例的援引只适用于法律问题。1972年英国《民事证据法》对这一立场有所改变:该法第4条第2款规定,如果在有关问题上不存在相冲突的判例,在有限条件下英国法院对外国法的判决先例可以作为一种证明外国法的方式。不过,实际上英国法院极少利用该法律的规定。也还是因为英国法院将外国法作为事实的传统,法官也倾向于不对当事人出示的有关先例给予高于其他形式证据如外国法律条文、判例法和学术著作等的效力。美国法院在半个世纪以前和英国一样,不承认以前涉及对有关外国法内容进行确定的判决对之后的案件审判具有影响,以至于就相同的外国法内容的确定问题曾出现多个相互矛盾的判决。④但是,现在一般来说,美国法院被允许为了查明外国法的目的采用法院的先例。例如,在有关的案例中,法院在相冲突的专家证词和法院的先例之间就采纳了后者。⑤1966年美国《联邦民事程序规则》第44条第1款规定法院可以考虑任何相关的资源和材料来确定外国法,显然已经包含了法院的先例。而有关州法

---

① Beatty v. Beatty case ([1924] 1 K. B. 807(C. A.) per Scrutton J.), Stafford Allen & Sons Ltd, v. Pacific Steam Navigation Co. (1956] 1 Lloyd's Rep. 104, 119 per Sellers J.)
② Dicey and Morris, *The Conflict of Laws*, 13th ed., Sweet & Maxwell, 2000, p.223.
③ Fallon, L'accès aux bases de données de droit étranger, *Journal des Tribunaux*, 1987, p.33.
④ See John G. Sprankling and George R. Lanyi, Pleading and Proof of Foreign Law in American Courts, *Stan J. Int'l L.*, Vol. 19, 1983, p.63.
⑤ *Re Chase Manhattan Bank* (191 F Supp. 206, 210 (S.D.N.Y. 1961).); *Nicholas E. Vernicos Shipping Co. v. United States* (154 F. Supp. 515 (E.D. Va. 1957).).

院关于司法认知的立法也允许法院就本州或其他州法院的先例进行司法认知。①

从理论上来说,对本国法院有关先例中已查明的外国法内容对以后案件的影响,即其是否能被以后的案件重复援引和适用的问题,是有争议的。支持查明的外国法内容可以供以后的案件重复援引和适用的观点,是强调外国法作为"法律"的性质,因为外国法具有内在的稳定性、确定性,所以其可以反复适用。毫无疑问,一项法律在其本国是可以重复援引和适用的,但是,其在外国法院是否还具有这样的性质和地位,答案却并不是显然的。

首先,认为外国法具有"法律"的性质,因此本国法院有关先例中已查明的外国法内容能被以后的案件重复援引和适用这种观点,对外国法查明的概念理解不够准确。被查明的外国法往往不仅包括有关外国法的文本内容,也包括将有关的文字规定适用于有关案件事实的判例和司法解释和实践等内容。由于外国法查明的目的是为了使法官完成将外国法适用于有关案件的事实这一过程,为了这一目的的实现,所查明的外国法的内容其实是很个性化的,其根据个案事实的不同和法官的认知需要而有所不同(虽然我们并不排除在有的案件中只需要对有关外国法的文本内容进行确认的情况)。正因为如此,一案对外国法查明的有关内容是否对其他案件有参考和指导作用,答案也并非肯定。

其次,即使我们对外国法赋予和本国法几乎相同的地位来进行考虑,也并不是在所有的国家,法官在某个案件中对本国法的解释和适用都能对其以后的案件的审理发生有约束力的作用,特别是在大陆法系国家,法官并不受判决先例的约束。在此情况下,我们更加无法认为一案法官中对外国法的适用能对以后的案件审理有何影响,因为外国法是肯定不可能在本国法院受到比本国法律更"优待"的待遇的。

再次,因为外国法查明方式的不同,有关案件中查明的外国法内容的真实性和准确性也是不相同的。在德国等国,外国法的查明由法官主持,通过权威的外国法研究机构出具外国法法律意见,其一般被认为具有更高的准确性。在这种情况下,如果主张一案中查明的外国法内容可以由以后的案件反复援引和适用,还相对比较可以理解(但恰恰是在这类国家往往法官判案不受先例的约束)。在英国以及其他采用外国法由当事人为主导来证明

---

① See John G. Sprankling and George R. Lanyi, Pleading and Proof of Foreign Law in American Courts, *Stan J. Int'l L.*, Vol. 19, 1983, p.65.

模式的国家,法官(尤其是英国法官)即使发现"查明"的外国法内容有明显的错误,只要双方当事人都对其予以认可,他也不会提出异议。在此情况下,如果主张该外国法的内容在以后的案件审理中可以反复援引和适用也是不合理的。

因此,一般来说,对本国法院有关先例中查明的外国法内容的直接适用需要谨慎。但是,这也并不是说要绝对排除对本国法院有关先例中已查明的外国法内容的援引和适用。要求外国法在每个案件、每个程序中都必须被查明也并不是合理的。随着国际民商事交往的更加频繁,有些案件涉及某些主要国家某些领域(特别是商事领域)的相同法律也是十分可能的。法律特别是有关商事领域的成文法的相对稳定性也是外国法的一个不可忽视的特点。当某项外国法的适用十分经常的时候,如果该项外国法以前已经在本国法院得到查明,在此情况下仍要求外国法被证明,并不是高效率的。在该种情况下,由法官对本国法院的有关先例进行查询并不超过法官的能力范围,并且往往对于法官来说还是相对容易和方便的。

三、法官亲自调查外国法方法的特点

法官亲自调查外国法这一方法相对于其他外国法查明的方法来说,可能是对于法官来说最有效、最可信的方法。法官不用去请求其他人的帮助,他通过自己的知识和研究可能获得比较准确的外国法信息,也不会面对当事人提供的有关信息片面、相冲突的困扰。当代美国的一项调查研究就显示了法官对该项外国法查明方法的信赖:有62%的被调查的法官认为自己亲自调查外国法是最有效的确定外国法内容的方法,38%的法官则认为是有一定作用的方法。[1]

但是,法官亲自调查外国法这一方法的有效性却对法官的素质和能力要求较高,对国内的比较法学习和研究的发展也有所要求。法官在适用国内法审判时应具备的能力和素质姑且不论,其对比较法和外国法的基本知识和了解对于其能否亲自进行外国法的查明却是十分重要的。相对其他国家法官来说,德国法官之所以最习惯于通过自己去查阅外国成文法、判例和学术著作来查明外国法,虽然与德国由法官负责查明外国法的传统有很大关系,但比较法的教学和研究在德国的成就也是其重要的基础。在德国,比

---

[1] Doug M. Keller, Interpreting Foreign Law through an Erie Lens: A Critical Look at United States v. MCNAB, *Tex. Int'l L. J.*, Vol. 40, p. 172.

较法的学习和研究比较发达,比较法在法律的所有分支以及学术研究、立法和司法实践中都得到了适用并取得了丰硕的成果。因此,德国法官和律师往往有能力通过比较法著述来获得丰富的信息资源。从对德国法院的判决的考察来看,其最重要的外国法信息来源即是德国比较法论著。①但是,要求法官能像了解本国法一样查询和获知外国法,要求各国都具备如德国一样的比较法水平却是十分困难的。正因为法官亲自调查外国法这一方法对其他条件的要求较高,并不是所有法官都能有效地亲自进行外国法的查明,所以实践中大多数的案件还是显示:法官对外国法内容的裁判都是在当事人提供的信息或法院咨询的法律专家意见的基础上作出的;法官可以自己去查询外国成文法、判例法和学术观点,但是实践中他们很少主动去查明,而往往是为了对当事人提供的材料进行补充而去查询。

　　法官亲自调查外国法这一方法的采用,由于法官在该过程中完全凭借自己的能力和行为来查明外国法,容易忽视对当事人的有关程序性权利的保护。在实践中,法官可能在自己查明外国法之后又直接将其适用于了案件并最后作出判决,在此过程中并不告知当事人任何有关情况。当事人可能受到法官的"突然袭击",这对当事人来说是不公平的。他对适用于自己案件的有关外国法的内容并没有提前获得有关信息,而最后承担了一项其并不知道内容的外国法的适用结果。当事人没有获得对有关外国法的适用发表自己意见的机会,这应该是不合理的。因此,在采用法官亲自调查外国法这一方法时,要注意对当事人答辩权的尊重。

　　有关国家的司法实践和论著注意到了这一点。在美国一般认为,法院应告知当事人其获得的外国法信息并给予其针对该有关外国法的"新"资料进行答辩的机会。②法国最高法院在 1978 年的一个判决③中认为,法国法官仅仅只在和当事人讨论过外国法的适用和解释之后,才能依职权适用该外国法。瑞士联邦法院在 1998 年的一个判决④中认为,当法官通过专家或有关的机构查明外国法,而当事人对外国法的内容并不了解时,"应该为当事人提供了解法官查明外国法的结果的可能,以使其有机会就此发表自己的

---

　　① Ulrich Drobnig, The Use of Foreign Law by German Courts, in Erik Jayme (ed.), *German National Reports in Civil Law Matters for the XIVth Congress of Comparative Law in Athens 1994*, Heidelberg, 1994, pp. 5, 21.
　　② See Sofie Geeroms, *Foreign Law in Civil Litigation: A Comparative and Functional Analysis*, Oxford, 2004, p. 121.
　　③ Attouchi, Cass. 1e civ. fr. , 4 avril. 1978, *Rev. Crit. DIP* 88 (1979).
　　④ ATF 124 I 53, cons. 3d.

意见"。比利时有关外国法查明的讨论也显示,比利时最高法院多次表达了其对当事人答辩权的尊重。①与此相反,我国和德国一样,法院和学界都并没有注意到外国法查明中对当事人辩护权的尊重。

第三节 通过证据方法查明外国法

外国法除了具有法律性质以外,也具有事实性的一面,所以也可以像事实的证明一样,按照有关的证据规则,通过证据方法来查明。英美法国家一般从传统上采外国法"事实说",在这些国家长期以来查明外国法的一般方法就是证据方法,主要是专家证人(expert witness)。下文将对专家证人的方法进行重点讨论。而在大陆法系国家,外国法的查明虽然实际上一般并不通过证据方法,但是其往往也被允许通过证据方法来进行,法官和当事人根据证据规则都可采用来进行外国法查明的证据方法包括法庭任命专家(court-appointed experts)等。

一、专家证人

(一)英国和美国的有关立法与实践

1. 英国

在英国外国法被认为是事实,所以要求外国法通过口头专家证据来证明。②除了某些例外情况下书面证据例如"宣誓书"就足够以外,在一般案件中,外国法是通过对双方当事人提供的专家证人的口头质询来证明的。③在英国,专家关于外国法的法律意见的说服力,主要取决于与有关外国法的证据相关的说理的逻辑性和连贯性。法院对外国法内容的确定和解释也往往和当事人的专家证言很相近。

证明外国法的专家证人和证明事实的证人角色相同,专家证人被希望来说明自己对有关外国法的了解,其并不应该担任律师的角色和作用④,其应出庭参加质证和交叉质证。专家证人应证明外国法是否还有效,不仅要

---

① See Sofie Geeroms, *Foreign Law in Civil Litigation: A Comparative and Functional Analysis*, Oxford, 2004, p.103.
② Dicey and Morris, *The Conflict of Laws*, 13th ed., Sweet & Maxwell, 2000, p.225.
③ Richard Fentiman, *Foreign Law in English Courts: Pleading, Proof and Choice of Law*, Oxford, 1998, p.174.
④ Ibid., p.176.

向法院说明外国法的内容,还要指出有关的判例以及对外国法进行解释的其他机关或权威的意见,并揭示其作为法律渊源之一的地位。如果没有直接的权威解释意见可以参考,则专家证人还要协助法院来了解外国法院在相同案件情形下可能作出的判决。① 1845 年英国法官在一个判例中就指出,专家证人被希望证明外国法在外国是如何被解释和适用的,"不仅是该法律的文字表达如何,而且也包括对这些文字表达的合适的解释,以及其法律意义和其适用于争议问题所获得的结果"。②

至于专家证人的资格或条件,要求并不严格,一个人只要具备相当的知识与经验就具有对外国法发表专家意见的资格,而不论其在该外国是否已经执业或仅有执业资格。③在英国普通法上,担任专家证人的必须是"能胜任的"、对有关的外国法有"经验或知识"的人。而 1972 年英国《民事证据规则》第 4 条第 1 款将该观点成文化。根据该规定,外国法专家是能通过自己的"知识或经验"能对外国法作出专家意见的人,所以并不要求其是在有关国家执业的律师或其他法律实践人员,有关学者、商人或公职人员如外交官都可以证明外国法,只要其能显示自己在有关问题上具有专门知识。但是,仅仅是对外国法的学习并不能说明一个人是外国法的专家。从另一方面来说,接受法学教育也不是担任专家证人的必须条件。在英国的司法实践中,专家证人往往是外国的学者或实践人员,英语流利、熟悉英国的法律和实践,最重要的是,在质询中有说服力。④

但是,该口头证明的方法,长期以来因为偏向性的嫌疑和成本过高而受到诟病,英国也通过有关立法试图进行改革。在实践中,专家证人往往代表各自当事人的观点,这一偏向性使专家证人在英国旧的民事诉讼程序法时代受到大量的批评。为了试图克服实践中专家证人的偏向性,1998 年英国《民事程序规则》第 35.3 条第 1 款规定,专家不再是对聘请他的当事人承担义务而是对法院承担义务。此外,英国法中通过专家证人口头交叉质询查明外国法的方式也因为耗费大量时间和金钱而受到诟病。1998 年英国《民事程序规则》以增加法官的介入来限制程序的复杂性和成本为主要目的,其

---

① MacClean, De Conflitu Legum. Perspectives on Private International Law at the Turn of the Century, *Recueil des Cours*, Vol. 282, 2000, p. 224.
② Nelson v. Bridport (1845) 50 Eng. Rep. 207, 211.
③ J. G. Collier, *Conflict of Laws*, 3rd ed., Cambridge University Press, 2001, pp. 34—35.
④ Richard Fentiman, *Foreign Law in English Courts*: *Pleading, Proof and Choice of Law*, Oxford, 1998, p. 192.

中就有几项规则是特别用来限制以前当事人随意传唤自己的专家证人的权利。例如,该规则第35.1条规定,"专家证据的运用应该被限制在程序中合理要求的事项上";第35.4条规定,"任何当事人没有法院的准许都不能传唤其专家或将专家的报告作为证据"。该规则第35.5条甚至规定专家证据应用书面报告的方式作出,除非法院作出相反的要求。而这些规定对于减少英国法院长期以来采用的通过专家口头交叉质询的方式查明外国法的实践,作用还不明显。

2. 美国

美国在外国法的查明上从英国普通法的传统上有所偏离,口头的专家证人方式并不再是最主要的外国法查明方式。实际上,在美国当事人聘请的专家的意见往往通过书面"宣誓书"的形式提交法庭,大部分案件的外国法查明都通过书面专家意见的方式得到了解决,只有少数案件才要求专家证人出庭参加质证。[1]但是法院仍然一般比较重视当事人聘请的专家证人提供的外国法信息。[2]在有关的法律学说相冲突的时候,当事人的专家证人也必须向法院就在相同的案件情况下外国法院将会适用什么法律进行说明,并对该法律内容以及其解释进行描述,说明外国法将如何将该外国法适用于案件事实。[3]

对于选定专家的标准,美国和英国相同,甚至还可能更灵活。专家并没有固定的标准,也不必要求其一定是在该外国从事实践的人。只要其具有的知识或经验使其比法官对该外国法更熟悉就够了。[4]但是,也不是任何人都可以担任专家证人的,其应该能被合理地预期对外国法有一定的了解。在一个案件中,当事人选择了一个仅仅是在沙特阿拉伯工作过两年的美国人作为外国法专家来提供对该外国法的意见,最后法院拒绝对其意见予以采信。[5]因此,在实践中虽然当事人有权自己决定选择什么样的专家,但是其也会力求选择更胜任的人,以使自己的诉讼主张被法院所采纳。在美国,当

---

[1] See Sofie Geeroms, *Foreign Law in Civil Litigation: A Comparative and Functional Analysis*, Oxford, 2004, pp.143—144.

[2] See Roger J. Miner, The Reception of Foreign Law in the U.S. Federal Courts, *Am. J. Comp. L.*, Vol. 43, 1996, p.586.

[3] See John G. Sprankling and George R. Lanyi, Pleading and Proof of Foreign Law in American Courts, *Stan J. Int'l L.*, Vol. 19, 1983, p.45.

[4] John R. Schmertz Jr., The Establishment of Foreign and International Law in American Courts: A Procedural Overview, *Va. J. Int'l L.*, Vol. 18, 1978, p.714.

[5] See *Chadwick v. Arabian American Oil Co.* (656 F. Supp. 857, 861 (D. Del. 1987)).

事人提供的意见相冲突的时候,实践中法院的做法是首先比较双方专家的资质,法院倾向于认为"最好的专家会给出最正确的答案"。①

但是与英国不同的是,在美国对于专家证言的偏向性和成本过高的担忧比在英国要少。其原因可能是由于美国法院有权主动调查外国法,自己指定专家。并且,通过专家口头交叉质询在美国并不是必须和唯一的方式,所以评论意见反而对该种证明方式没有那么高的要求了。②

(二) 对专家证人方法的评价

英美法通过专家证人证明外国法的方式实际上反映了英美法对抗制程序的核心精神。对抗制程序就是要通过使相冲突的证据对质来获得最好的结果。这也是专家证人这一方法的主要特点,我们对它的评价也是围绕这一点的。

1. 关于专家证人的偏向性

关于专家证人的争论主要是关于其偏向性的。不少学者从这一点上对它提出了质疑。许多学者认为,在对抗制诉讼模式下,专家证人由一方当事人指定并承担费用,经常无意识、甚至有意识地倾向性地提供支持一方当事人的证词。美国证据法专家 Langbein 将专家证人比喻为"萨克斯风",律师演奏主旋律,指挥专家证人这种乐器奏出令律师倍感和谐的曲调。③ 也正因为如此,在美国,当事人提供的意见相冲突的时候,实践中法院的做法是首先比较双方专家的资质。④ 而在英国,专家证人关于外国法的法律意见的说服力主要取决于与有关外国法的证据相关的说理的逻辑性和连贯性。法院对外国法内容的确定和解释也往往和当事人的专家证言很相近。由专家证人证明外国法,实际上将外国法的查明和适用置于当事人和其律师的支配之下,他们决定是否要请专家证人,请什么证人。⑤

但是,支持通过专家证人查明外国法的学者却认为,专家证人的偏向性并不是什么问题。一方面,专家证人的偏向性并没有人们想象得那么严重。

---

① See John G. Sprankling and George R. Lanyi, *Pleading and Proof of Foreign Law in American Courts*, *Stan J. Int'l L.*, Vol. 19, 1983, p. 83.

② Sofie Geeroms, *Foreign Law in Civil Litigation: A Comparative and Functional Analysis*, Oxford, 2004, pp. 143—144.

③ See J. Langbein, The German Advantage in Civil Procedure, *Chicago Law Review*, Vol. 52, 1985, p. 835. 转引自徐昕:《专家证据的扩张与限制》,载《法律科学》2001 年第 6 期,第 87 页。

④ See John G. Sprankling and George R. Lanyi, *Pleading and Proof of Foreign Law in American Courts*, *Stan J. Int'l L.*, Vol. 19, 1983, p. 83.

⑤ See F. Vischer, General Course on Private International Law, *Recueil des Cours*, Vol. 232, 1992, p. 83.

实践中律师往往会忠告专家证人应尽量客观,其意见中的偏向性并不能获得好的结果,当事人的专家证人会去追寻对其有利的客观证据,而不是依靠有偏向性的意见。另一方面,专家证言正如其他对法律问题的意见表达一样,必定是有一个立场并对其进行说明的。外国法的查明在实质上是一个法律论证问题,从某种意义上来说,法律说理必定是有偏向性的。事实上,考虑到对有关法律会有很多种不同观点,在实践中实际上很难见到一项专家意见偏向性过于明显而到达不能被接受的程度。英国法官对有关外国法证据的常见判断并不是其"不正确"而是其"不令人信服"。因此,关于外国法的专家证言不应受到有关其偏向性的指责。有关的指责构成对法律(说理)推理本身的性质的误解。①

同时,通过专家证人方法来查明外国法的时候,当事人聘请的专家证人所具备的专业素质和能力都会影响法官的判断,而当事人对外国法的熟悉了解程度、为收集外国法资料和提供合格专家证人所具备的经济实力等并不相同,专家证言被认为可能对法院获得有关外国法律的真实情况造成负面影响。②但反对该种论点的人认为,是否能够获得外国法的真实情况,其判断只能是相对的。尽管可以假定外国法可以从客观的意义上得到证明,就如自然科学研究一样,但这样做同样也会对外国法问题的性质造成误解,是把外国法当成了待证事实而不是一个法律论证和推理过程。③就外国法的含义得出的证明结果是否如同该外国法在其所属国那样准确和客观,实际上并不重要。外国法的适用,冲突法的成功都并不是最终的目的,案件审判的目的应该是争议得到公平、合理的处理。甚至即使外国法的证明是不正确的,但是其却可能对当事人争议的解决发挥了有效的作用。④如果专家提供的外国法证据不完整则该专家证明可能被认为是无效的,但是在英国法的经验中,专家证据很少因为其不充分性而受到批评。至少在有关外国法的案件中,当事人向法院提供可理解的信息,并从不同的视角对其进行介绍,对于法院判案来说,这样就可以被认为是有效的外国法查明方法。

---

① Richard Fentiman, *Foreign Law in English Courts: Pleading, Proof and Choice of Law*, Oxford, 1998, p.301.
② 参见徐鹏:《冲突规范任意适用研究》,武汉大学博士学位论文,2006 年,第 62 页。
③ Richard Fentiman, *Foreign Law in English Courts: Pleading, Proof and Choice of Law*, Oxford, 1998, p.302.
④ Ibid., p.301.

2. 关于程序的对抗性

通过专家证人证明外国法的方式,实际上就是要通过使对外国法理解不同、相冲突的证据相互对质来使法官获得关于外国法的认识。这种程序的对抗性也被认为是专家证言查明外国法这一方法的魅力之所在。

有学者认为,英美法国家的专家证人证明外国法的方法最为高效,其优点是证人意见会被质证。①在此过程中具体问题可以被提出,而对外国法解释的争论是开放性的,法院可能面对相冲突的证人证言,而要决定何者更有说服力。对法官来说,在庭审阶段对证人陈述的判断肯定比在完全依赖书面陈述的制度下容易很多。该方法抓住了法律说理的辩论、辨证的实质,并且通过提供给法官对争议法律的多种可能的认识视角,而可能将法官带入最接近于处于外国法律制度之中的一个位置。真理"通过对问题两方面的有力论证才最好地被揭示"。②

对于当事人来说,程序的对抗性也使专家证人证明方式显得是有效率、公平的。当事人可以根据自己的利益来决定是否要聘请专家证人来证明外国法,只有那些深受有关判决影响的人才会加入该项对证据和说理的说服力的竞争。通过允许双方当事人最大程度上地参与和推动程序进行,该对抗性也使该程序公平。因为当事人可以对程序进行相当的控制,其可以自主选择专家证人,并对其进行质证和进行交叉质证,当事人对专家证人的使用也有利于建立他们对程序的信任。③因此,这种当事人主导的专家证言被认为是查明外国法的理想的、有效的方法,是少见的合适的解决外国法争议的方法。④

但是,正是因为程序的对抗性,专家证人证明外国法的方式往往在时间和金钱上耗费比较大,这一点却是不可否认的。在通过专家证人查明外国法方式下,对外国法解释和适用结果的评判,实际上在相当程度上转化为当事人彼此之间证明手段和技巧的竞争。一个当事人如果不聘请专家证

---

① F. Vischer, General Course on Private International Law, *Recueil des Cours*, Vol. 232, 1992, p. 84.

② Andrews, *Principles of Civil Procedure*, London, 1994, pp. 34—35.

③ 英国法院十分重视当事人在这种对抗制程序中的权利。在并不涉及外国法适用的案件中,曾有建议认为法院可以指定一个法院的专家来代替当事人聘请的专家,其理由是这样的做法会更有效并更经济。上诉法院谨慎地回答了这种功利主义或实用主义的论点,并且着重确认了诉讼当事人在公平基础上引入自己的证据的权利。See Richard Fentiman, *Foreign Law in English Courts: Pleading, Proof and Choice of Law*, Oxford, 1998, p. 299.

④ Richard Fentiman, *Foreign Law in English Courts: Pleading, Proof and Choice of Law*, Oxford, 1998, p. 299.

人,而仅仅是试图通过对其对手的专家证人的交叉质证来证明其主张,则很可能法官会接受对方的专家证据,因此往往双方当事人都必须各自聘请自己的专家证人。在程序进行中,当事人往往也会通过增加证据材料、要求给予更多时间准备抗辩对方观点等方式增强本方观点的说服力,这使得通过专家证人查明外国法的方式花费时间和金钱都比较可观。这种相对高成本的外国法查明方式甚至影响到了外国法和冲突规范在英国的适用方式,间接导致了其任意适用。在该种对抗性的外国法查明方式下,外国法的适用被认为会导致不确定性和不可预见性,要查明外国法的内容,会耗费当事人更多的时间和金钱。因此,正如英国学者 Fentiman 所说,英国法院采用的外国法"事实说",现在实际上是被作为对当事人的利益进行保护的工具,法院地法英国法的适用被认为能够更好地保护当事人的利益。① 但是,不能否认,外国法的适用的不确定性和高成本,和英国法中采用通过专家证人的口头交叉质询程序查明外国法的做法是分不开的。对该方法进行改革,或允许通过任何可能的方式来查明外国法,可以从很大程度上减少外国法查明的不可预见性和成本过高的问题。

英国法律界对此也有清醒的认识。如前文所述,以增加法官的介入来限制程序的复杂性和成本为主要目的的 1998 年英国《民事程序规则》中,就有几项规则是特别用来限制以前当事人毫无限制的传唤自己的专家证人的权利,该规则甚至规定专家证言应用书面报告的方式作出除非法院作出相反的要求。这些措施都是合理和必须的,但是专家证人口头证明外国法的方法深深植根于英国对抗性诉讼程序传统之中,其是否能有所改变,我们还要拭目以待。②

笔者认为,英美法中对抗性的专家证人口头证明外国法的方法,虽然有利于当事人对程序的参与,有助于案件通过当事人都信任的方式得到合理解决,但是其成本过高是一个致命的缺点。对其进行改进的方法有:当事人可以各自聘请专家证人,但是一般专家证人提供书面证明就可以了,只有在必须的情况下法官才可以要求专家证人出庭接受质证;由当事人协商共同

---

① Richard Fentiman, *Foreign Law in English Courts: Pleading, Proof and Choice of Law*, Oxford, 1998, pp.135, 138—140.

② 外国法的查明在英国也被认为是一种法律说理,由于外国法经常可以有多种不同的解释,证明外国法的程序因此也很可能还会是对抗性的。特别是在大型、复杂、重要的案件中,相对立的专家的口头交叉质询仍然被认为是获得公正的审判结果的最好方法。See Richard Fentiman, *Foreign Law in English Courts: Pleading, Proof and Choice of Law*, Oxford, 1998, p.175.

聘请专家,或由法官指定专家。而英国以外的一些其他国家就有关于这些方法的实践,我们在下文将予论述。

二、其他证据方法

在有关国家采用的证据方法中,英美法国家除了口头的专家证人方法以外,也有其他用来证明外国法的证据方法;而在大陆法系国家外国法的查明虽然一般并不通过证据方法,有关证据方法在实践中的采用也十分有限,但是其往往也被允许通过证据方法来进行。

(一)英美法国家

1. 英国

在例外情况下(往往是对审程序案件变成管辖权事项的裁定、缺席审判的程序,或案件的复杂程度降低等),当事人各自聘请专家来证明外国法的时候,经过宣誓的专家书面陈述"宣誓书"可以足够证明外国法,该专家不用出庭也不用参加交叉质证。①但是,当证据是相互矛盾的时候,法院往往可能会拒绝仅仅根据"宣誓书"对争议作出判决。和专家证人一样,能够出具"宣誓书"的人也不必一定"在有关外国从事律师或者辩护人的实践工作",只要其对外国法拥有知识或经验就足够了。

在英国当事人还可以共同指定专家证人,1998年英国《民事程序规则》第35.7条规定了一种新的证明案件事实的方法,其也适用于外国法的证明。当双方当事人都希望就一个特殊的问题提供专家证言时,法院可以命令该证言由一个双方当事人共同指定的专家作出。如果当事人不能就其人选达成协议,则法院将进行指定。双方当事人都可以对专家提出要求,但是必须告知对方当事人。②对该共同专家的质询仍然是可能的,但是只能通过书面问题,在有限的时间、次数和目的之下。③

在英国还可以通过"域外专家调查"(expert examination abroad)这一域外取证的方法,由在国外的专家证人提供证词来证明外国法。其运作方式是,法院给有关国家的司法机关发一封信,请求其根据其本国的程序进行一项调查。然后,法院指定一名调查人,往往是英国在该需要获得证据的国家的总领事或他的代表,来负责取证。证人证言必须制作成书面材料呈交英国法院。

---

① Richard Fentiman, *Foreign Law in English Courts: Pleading, Proof and Choice of Law*, Oxford, 1998, p. 204.
② 参见 1998 年英国《民事程序规则》第 35.8 条。
③ 参见 1998 年英国《民事程序规则》第 35.6 条。

在该情况下,由于该证人并不在英国,所以不能强迫其在英国法院出庭。①

2. 美国

在美国当事人虽然仍然经常聘请专家来获得外国法信息,但该专家并不必须出庭接受质证,其意见往往以书面的"宣誓书"的形式提交法庭。而法院也可以指定专家或特别专家(special master)来确认对外国法的正确信息。如果专家在国外,则其证言可以通过在国外制作证言书获得。

在美国,大部分案件的外国法查明都通过书面专家意见的方式得到了解决,只有少数案件才要求专家证人出庭接受质询。②在该意见中,专家对应适用的外国法进行解释说明,并还会根据案件事实进行分析。由于在美国外国法的查明不再受证据规则的限制,所以大部分的美国法院在程序进行的任何阶段都可以接受当事人提交的专家意见。通过书面意见的方式,美国法院相对于英国法院来说,节省了大量的时间和金钱。正是由于美国当事人聘请的专家证据可以仅通过书面形式来进行而不是必须参加法庭口头质证,而这种方法在实践中也得到比较广泛的采用,所以从某种意义上来说,美国的外国法查明方法实际上比较接近大陆法的专家意见的方法。

美国法院可以自己主动或根据当事人的请求指定专家。③当事人可以对专家进行提名,而法院也可以自己选择人选。和当事人聘请的专家不同,法院指定的专家一般要接受法庭上的交叉质询。④但是,虽然从理论上来说该方法被认为是一个很好的解决有关外国法内容争议的工具,但在实践中法院却很少采用。⑤其原因还是在于普通法诉讼传统的影响。该方法要求法官主动采取行动,而美国法官并不习惯于作出主动的行为。当事人的律师也不倾向于请求法院指定专家证人,因为其无法对该证人进行控制,并且该证人还会威胁到他掌握证据的特权。⑥

美国法院还可以将有关外国法内容的问题交给一个特别专家(special master)来决定。美国联邦立法授权法院在例外情况下将案件交与一个特别

---

① Richard Fentiman, *Foreign Law in English Courts: Pleading, Proof and Choice of Law*, Oxford, 1998, p.210.

② See Sofie Geeroms, *Foreign Law in Civil Litigation: A Comparative and Functional Analysis*, Oxford, 2004, pp.143—144.

③ See Rule 706 of the Federal Rules of Evidence.

④ John R. Schmertz Jr., The Establishment of Foreign and International Law in American Courts: A Procedural Overview, *Va. J. Int'l L.*, Vol.18, 1978, p.712.

⑤ Sofie Geeroms, *Foreign Law in Civil Litigation: A Comparative and Functional Analysis*, Oxford, 2004, p.145.

⑥ See Gross, Expert Evidence, *Wis. L. Rev.*, 1991, pp.1113, 1205.

专家来裁判。① 特别专家和法庭指定的专家有很大不同。从某种意义上来说,特别专家的权力更大,特别专家代替法官将外国法适用于案件事实,并且对所有与法院请求其决定的问题相关的程序有控制权②,他可以采取任何行动和必要的措施来完成他的任务。此外,特别专家也并不像法庭指定的专家那样受到交叉质询,虽然当事人可能在该特别专家面前得到听审。一旦特别专家报告提交,当事人也只能通过书面抗议的方式对其提出反对意见。但是,虽然特别专家制度在解决复杂的事实问题时经常被采用,并且也发挥了很大的作用,但是其在外国法内容的确定问题上却很少被采用。③这也是可以理解的,因为本来该制度就是为特殊情况所设计。

美国"域外专家调查"制度和英国相同,只是由于美国只在特殊情况下,外国法的证明才必须要专家口头证词,所以其在美国法院的采用比在英国法院更少。④

(二) 大陆法系国家

在德国,一般证据方法中,法庭任命专家(court-appointed experts)方法相对较多地被采用来进行外国法的查明。在德国占优势的观点认为,如果法院根据其职权决定必须采取此类取证的正式程序,那么法院在程序中,受规定该类证据正式程序的规则的约束,即德国《民事诉讼法典》(ZPO)第420条的正式要求的约束。由此,法院必须履行德国《民事诉讼法典》第420条和第397条所规定的法院的义务,即要求专家要参加庭审解释其个人的观点并在当事人提出要求的情况下回答有关问题。⑤

在荷兰,法官也将适用于案件事实的证据规则适用到外国法信息的确定上。法官有权要求当事人出庭向法庭提供与其诉讼主张有关的口头或书面信息。荷兰法院将该规则也运用到外国法的查明问题上,在实践中经常采用该方式。但是,法院却可能对当事人主动提供外国法的证明不予采纳。荷兰法院在该问题上的立场实际上是互相矛盾的。其一方面将事实证明的方式扩张到外国法的查明上,要求当事人必须出庭,而另一方面又以外国法

---

① See Rule 53 of the Federal Rules of Civil Procedure.
② John Merryman, Foreign Law as a Problem, *Stan. J. Int'l L.*, Vol. 19, 1983, p.167.
③ See John G. Sprankling and George R. Lanyi, Pleading and Proof of Foreign Law in American Courts, *Stan J. Int'l L.*, Vol. 19, 1983, p.73.
④ Sofie Geeroms, *Foreign Law in Civil Litigation: A Comparative and Functional Analysis*, Oxford, 2004, p.145.
⑤ Klaus Sommerlad and Joachim Schrey, Establishing the Substance of Foreign Law in Civil Proceedings, *Comparative Law Yearbook of International Business*, Vol. 14, 1992, p.150.

不是事实为由限制当事人主动提供外国法信息的行为，认为通过证人提供证据的方式不适用于外国法的查明，因为外国法并不属于待证事实。[①]由此，法院要求当事人提供外国法信息应被认为是其向法官提供信息的方式，而不是其证明外国法的方式。这种立场并不利于外国法的查明，限制了当事人积极性的发挥。

法国和其他大陆法系国家一样，也没有法官查明外国法必须特别采用的强制性方法或途径。法国最高法院的有关判例也确认，对外国法内容的查明可以通过任何方式。法官和当事人可以采用一般的证据方式和特别的证明外国法的方式，法国《新民事诉讼法典》第232条规定的法院可以指定专家就争议的事实问题向法院提供信息的方式，也同样被用在获得外国法的有关信息上。法院一般只接受书面的专家报告，但是也允许法官在当事人出席的情况下对专家进行询问。

第四节　查明外国法的特殊方法

除了上述像对待本国法一样由法官亲自进行外国法的查明和像对待事实一样按照证据方法来进行外国法的查明以外，有关国家大量采用了第三类方法即专门针对外国法的查明的特殊方法。由于外国法所具有的特殊性质，以及外国法查明的特殊困难，因此为了更有效地查明外国法，除了上述两种方法之外，几乎各国都采用一些专门进行外国法查明的特殊方法。主要包括法院获得的专家意见、当事人通过自己调查向法院提供有关资料或聘请有关专家提供专家意见、通过外交或领事途径查明、法国的习惯证明书、通过国际公约或双边条约的方式查明等，甚至包括通过互联网查明等其他一切可能的查明方法。由于德国传统中所采用的法院获得专家意见的方法具有重要影响，我们将对该方法进行重点论述。而关于通过国际公约或双边条约的方式查明外国法，我们除了在本节进行论述之外，在下一节"外国法查明的国际合作"中也还会进行专门讨论。

一、法院获得的专家意见

（一）有关国家的实践

作为在外国法的查明上赋予了法官最大的责任以及与此相应的最大的

---

① HR 9 November 1990, NJ 1992, 212, 213, note WMK.

权力的国家,德国也为法官在外国法的适用上获得有关法学专家的支持提供了良好的条件,从而发展出了比较成熟的法院运用"专家意见"查明外国法的实践。这一实践也引来了其他国家的效仿。

1. 德国

在外国法的适用上,德国从传统上就一直将外国法视为法律,也严格遵守"法官知法"原则,认为外国法应如在其本国一样得到适用。法官必须依职权查明外国法,必须尽量将自己置于如外国法官的位置上,并由此作出判决。他不仅要考虑成文法和判例,还要考虑法律文化和社会背景。而囿于法官对外国法的认识的局限性,他必须尽量寻求专家的帮助,往往自己指定和咨询有关的外国法专家,获得专家意见。

早在19世纪,德国法院就发展了一种实践,即从法律专家处获得外国法信息。这是一种根据法院的请求由德国大学和科研机构中进行比较法和外国法研究的学者出具的书面意见。一般来说,法院从熟悉有关争议问题的学术机构获得专家意见并邀请该专家在法院就其意见进行说明,就被认为履行了法律所规定的查明外国法的义务。①而为德国法院提供法律专家意见的主要机构是位于汉堡的马克斯-普朗克(Max Planck)比较法与国际私法研究所。该所是马克斯-普朗克基金会下的70个研究所之一,成立近百年来,在德国法律界享有盛誉,法院和法律实践人员在需要外国法信息时,该所就是最佳选择。而提供法律专家意见书也成为该研究所在学术活动之外的一个重要职能。

德国法院在聘请有关专家时,遵照了比较严格的选任标准。首先,该专家的地位应该是中立的。如果其对案件存在利益关系,该利益关系可能导致其不可能是一个称职的专家。如果法院知道专家的地位并不中立而仍然选任他,则法院被认为在行使其职权中是有过失的。其次,德国的有关理论和实践显示,法院聘请的专家应具备比较法的知识,能够通晓相关外国法和德国法,了解两种不同法律制度的异同。此外,德国最高法院还曾在关于专家的选任问题上确认,法院不能信赖一个并不具备在该外国具有法律实践经验,而仅掌握有关文字资料的人,对实践的了解是主要的。②由此可见,德国法院试图通过严格控制可以担任法院专家的人员的条件,来尽量提高其

---

① See Sofie Geeroms, *Foreign Law in Civil Litigation: A Comparative and Functional Analysis*, Oxford, 2004, p.95.

② BGH 21.01.1991, II ZR 49/90, IPRax 1992, 324—326.

所一直十分倚重的专家意见的客观准确性和可信度。其实,为了准确客观地对外国法内容作出说明和解释,专家不仅要提供有关外国法内容的信息资料,还要假设将自己置于相关外国法律体系之中针对特定事实获取外国法资料,并在此基础上结合从法院处获得尽可能充分的诉讼资料对外国法作出说明。①能完成这一任务的专家必然要具有很高的法学理论水平和实践经验。实际上,由于长期以来形成的传统和有关外国法研究机构所具有的盛誉,德国法院对这些著名的比较法研究机构尤其是马克斯-普朗克研究所的专家给予了高度的信赖。这些专家一般被认为当然具有担任法院专家的资格,德国法院也一般认为这样的专家意见就足够查明外国法了。

当然,法院虽然依靠专家意见查明外国法,但还是必须自己对案件作出判决。如果专家意见中包括任何对案件的评价,则仅仅在如果法院认为该评价是根据专家意见中被确定的外国法内容而作出的情况下,可以被法院判决所采用。如果法院直接采用一项专家意见从法院的立场对案件作出的评判,而没有对作为该评判基础的外国法内容所包含的规范的准确性给出评价,则法院对外国法的查明将必被认为是不够的,是不符合德国《民事诉讼法典》第293条的规定的。②实践经验显示,关于外国法的专家意见,特别是马克斯-普朗克研究所所作出的专家意见或其他高水平的专家所作出的意见,一般能够构成法院判决的合适的基础。③

2. 其他国家

德国这种以特定的专业外国法和比较法研究机构为主要依托,由法院获得专家意见的外国法查明方法,从很多方面来说都被认为是行之有效的,这种方法也得到了不少国家的效仿。

瑞士是和德国一样习惯于运用专家意见查明外国法的国家。瑞士联邦政府建立了专门提供外国法信息资料的瑞士比较法研究所(Swiss Institute of Comparative Law)。该研究所拥有关于世界各国法律的丰富信息资源,拥有来自于世界各主要法系在外国受过法学教育的研究员,并在世界范围内有联系人网络。这些都使该研究所不仅在比较法的研究上享有与德国马克斯-普朗克研究所齐名的盛誉,而且也一直是瑞士法院甚至其他国家的法院获得有关外国法的专家意见的主要来源。由瑞士比较法研究所出具专家意

---

① 徐鹏:《冲突规范任意适用研究》,武汉大学博士学位论文,2006年,第69页。
② Klaus Sommerlad and Joachim Schrey, Establishing the Substance of Foreign Law in Civil Proceedings, *Comparative Law Yearbook of International Business*, Vol. 14, 1992, p.155.
③ Ibid.

见这种查明外国法的方法也得到广泛采用和推荐。①

荷兰也有一个特别进行外国法查明的学术机构——国际法律研究所（International Legal Institute）。荷兰法官也习惯于通过该研究所来查明外国法。②该所于1918年成立于海牙，是专门为司法机关、律师和公证机关提供关于外国私法以及荷兰和外国国际私法的咨询的机构。其由荷兰司法部建立，其费用也由司法部承担。

（二）对法院获得专家意见方法的评价

以德国为代表的法院获得专家意见的方法，主要是通过特别的外国法和比较法研究机构来进行，所以其最大的优点是具有可靠性。马克斯-普朗克国际私法与比较法研究所、瑞士比较法研究所等这些机构的非营利或官方性质，首先为其专家意见的公正性提供了基础。其次，这些研究机构在比较法和外国法研究上的专业性以及其在这些领域的国际声誉，也为其专家意见的准确性提供了一定的保障。该方法在德国国内的当然主要地位姑且不论，在与我们下文即将讨论的法国查明外国法的方法"习惯证明书"的比较中，其也获得了其他国家学者的赞赏。马克斯-普朗克研究所的意见被认为是"无疑比法国的习惯证明书更可靠"。③而法国学者也认为，从准确性和公正性的角度来说，像德国、瑞士的这些研究所这样专设的外国法研究机构，即使是应当事人的请求来提供有关信息，也会比习惯证明书更准确和公正。④此外，由这些专门机构出具专家意见，其费用也相对来说比较合理。在德国，法院通过这些机构获得专家意见，其收费要受到关于专家、翻译和证人等的收费标准立法的约束。⑤与此相反，当事人自己聘请的私人专家意见的收费就不受法律规定的最高收费标准的限制⑥，其费用往往会更高。在瑞士也是如此，瑞士比较法研究所的专家意见相对于其他的专家出具法律意见来说，费用相对更小一些⑦，其收费标准也相对更明确一些。也正因为上

---

① A. Bucher et A. Bonomi, *Droit International Privé*, Bâle etc., 2004, p. 122.
② See Sofie Geeroms, *Foreign Law in Civil Litigation: A Comparative and Functional Analysis*, Oxford, 2004, p. 154. F; Vischer, General Course on Private International Law, *Recueil des Cours*, Vol. 232, 1992, p. 154.
③ F. Vischer, General Course on Private International Law, *Recueil des Cours*, Vol. 232, 1992, p. 84.
④ Voir Bernard Audit, *Droit International Privé*, Economica, 2007, p. 231.
⑤ Section 9 JVEG.
⑥ See Douglas R. Tueller, Reaching and Applying Foreign Law in West Germany: A systemic Study, *Stan. J. Int'l L.*, Vol. 19, 1983, pp. 99, 123.
⑦ A. Bucher et A. Bonomi, *Droit International Privé*, Bâle etc., 2004, p. 122.

述优点,法院通过专门机构获得专家意见查明外国法的方法,这一德国的传统做法,也为不少其他国家所效仿。

但是,也正是因为专家意见的专业性和法院对有关外国法研究机构的专家意见的信赖,引起了对该方法可能损害法院司法裁判权的担忧。法院获得一项专家意见并将其作为判决的基础,这被认为可能导致专属于由法院行使的裁判权似乎被该专家行使了。①的确,实际上当法庭指定有关专家或特别的专门机构,如有关的外国法研究所,来作出专家意见时,往往并没有留下多少空间给法官独立地对外国法信息进行评价,特别是在法官对专家意见的请求中包括与案件事实有关的具体法律问题的时候,尤其如此。这时法官对有关外国法信息的评价往往就是对有关专家意见的考察,特别是对专家意见报告内部的一致性的考察。②

但是笔者认为,尽管如此,法院获得专家意见的方法对法院司法审判权的影响,还是不应被如此夸大,认为其影响到该外国法查明方法的合理性。我们不能忽视,不光是在外国法查明问题上,就是关于事实问题,法院聘请的专家出具的意见也可能包括法律评价,但是其也被法院所接受,也并没有引起对法院司法裁判权的担心。③此外,在我们前文对英美法国家的专家证人方法的考察中,我们发现,实际上英美法官在对外国法的判断上,对当事人的专家证言的依赖也是非常大的,其往往就是认同更有说服力的专家证言。英美法官对专家证言的依赖程度,并不会比德国等国法官对法院获得的专家意见的依赖程度更小。从某种意义上来说,法院获得专家意见的方法,实际上和前文所述美国的法院指定特别专家来帮助法官对特定问题作出裁判的方法,似乎有所相似之处。法院获得专家意见的方法对法院司法审判权的影响,是法官在对外国法的认识能力上具有局限性的客观结果。法官对外国法认识的有限性,决定了其必须要取得有关外国法专家的帮助才能作出裁判。这一必然的影响,并不能危及法院获得专家意见的方法成为一项合理、有效的外国法查明方法。

另外,还有观点认为,专家意见收费与涉案金额相比,比例常常过高,同

---

① See Geisler, Zeitschrift für Zivilprozess (ZZP) 91 (1978), p. 189. 转引自 Klaus Sommerlad and Joachim Schrey, Establishing the Substance of Foreign Law in Civil Proceedings, *Comparative Law Yearbook of International Business*, Vol. 14, 1992, p. 151.
② Sofie Geeroms, *Foreign Law in Civil Litigation: A Comparative and Functional Analysis*, Oxford, 2004, p. 179.
③ Klaus Sommerlad and Joachim Schrey, Establishing the Substance of Foreign Law in Civil Proceedings, *Comparative Law Yearbook of International Business*, Vol. 14, 1992, p. 151.

时还不时有专家意见需要耗时一到两年的抱怨。①这在相当程度上造成了程序的拖延,增加了程序运行的成本。就此值得指出的是,正如前文所述,由专门机构出具专家意见,相对于其他当事人私人聘请的专家来说,已经具备了收费比较合理和稳定的优点,上述关于其收费相对于涉案金额比例过高和耗时过长的缺点只能说明该方法还有需要改进的地方。如果我们也回想起对专家证人的时间、金钱花费过高的抱怨,可以发觉,造成程序运行成本增加的根本原因是外国法的适用。外国法的适用必然带来诉讼成本比本国法的适用要高。有关法院获得专家意见这一外国法查明方法的采用,却并不是程序运行成本增加的原因。我们也无法以这种成本耗费方面的理由来对该方法予以否定。

尽管法院获得专家意见是一个值得推荐的外国法查明方法,但是该方法并不是万能的,也并不适用于所有案件。我们不能否认,专门机构的专家出具法律意见往往主要是从有关外国法的文献资料出发的,而有时候在不同的案件情况下,特别是在有关的问题没有成文法规定或最高司法机关的判例,在其本国法学家之间也存在争议的时候,可能一个熟悉该外国法的律师出具的意见会比有关的外国法专门机构的专家意见更有说服力。在该类情况下,学术研究机构在对有关外国法的了解上并不具有太大优势,反而是从事和熟悉该外国法律实践的律师更了解情况。实际上,德国法院也曾在有关的判例中采用这种观点。在1991年的一个案件②中,联邦法院就以下级法院没有通过所有其能获得的资源查明委内瑞拉法律为由撤销了上诉法院的判决。联邦法院认为,考虑到案件的特殊情况,即对有关问题缺乏成文法规定、有关的判例法以及委内瑞拉法学教授的一致意见,则法官就应该咨询熟悉有关委内瑞拉实践情况的委内瑞拉律师以获得有关的正确的信息。

---

① See Maarit Jäntera-Jarebor, Foreign Law in National Court: A Comparative Perspective, *Recueil des Cours*, Vol. 304, 2003, pp. 290—291.

② BGH, NJW 1991, 1418, 1419. 在该案中,共有两项关于外国法内容的问题需要查明,法院请求马克斯-普朗克比较法与国际私法研究所作出了有关的专家意见。然而该专家意见通过委内瑞拉最高法院的有关判决查明了第一个问题,但对于第二个问题其未能找到任何有关的判例。但是,专家意见参考了委内瑞拉的一般实践,还是对第二个问题作出了回答。而原告在其被请求于法院就有关问题发表意见的时候对专家意见提出了疑问,并提供了一个意见相反的其自己聘请的私人专家意见。法院最终采纳了马克斯-普朗克研究所的专家意见对案件作出了判决。联邦法院认为,上诉法院这样做犯了没有穷尽有关委内瑞拉法律的立法和实践信息的所有可能获得的资源的错误。一般来说,法院从熟悉有关争议问题的学术机构获得专家意见并邀请该专家就其意见进行说明,就被认为履行了法律所规定的其查明外国法的义务。但在该案中联邦法院并没有遵循其一般实践。

二、其他查明外国法的特殊方法

(一)当事人获得的专家意见

与上述法院获得的专家意见相对,在许多大陆法系国家当事人也可以自己聘请外国法专家就外国法内容问题出具专家意见。

在德国,法官也可以要求当事人提供外国法的信息。在商事领域,当事人往往比法院能够更快、更容易地获得有关的外国法信息,因此实践中当事人也往往会不经过法院要求主动提供外国法的信息。而当事人获得外国法信息的一个重要方法也是法律专家意见。但是由于其是当事人自己聘请的专家作出的法律意见,所以其与法院获得的专家意见相区别被称为"私人专家意见"(privatgutachten),其往往是当事人聘请的某个著名教授所出具的法律意见。这种私人专家意见的收费不受法律规定的最高收费标准的限制。[1]在西班牙,当事人当然也可以通过专家意见来证明外国法,该专家也并不要求必须是外国专家。[2]瑞士、荷兰、比利时也都允许当事人聘请专家出具有关外国法的专家意见。瑞士和荷兰有关外国法的专门机构如瑞士比较法研究所,也接受当事人私人的委托,出具有关的外国法意见。由于有关专家由当事人聘请并支付费用,所以这些国家当事人获得专家意见的方法,其实和美国的当事人聘请的专家证人方法有些相似。也正因为如此,该方法常常受到公正性与客观性的质疑。但是,从公正性与客观性的角度来说,当事人从外国法专门机构获得的专家意见,可能比美国当事人聘请的专家证人证言更可靠。

(二)当事人自己提供有关资料

和前述法官可以自己查询有关外国法一样,几乎在所有国家,当事人也有权利自己或由其律师进行外国法的查询活动,并向法院提供有关外国法资料。

在荷兰,当事人和法官一样可以直接查询外国成文法或判例法,并将外

---

[1] 根据笔者2009年从德国马克思普朗克比较法和国际私法研究所了解的信息,该所从事外国法的查明工作,以接受法院的请求为主,也接受少量的由律师代表当事人提出的请求。该所应法院请求查明外国法的收费非常低廉,该费用将计入案件诉讼费中。See also Douglas R. Tueller, Reaching and Applying Foreign Law in West Germany: A systemic Study, *Stan. J. Int'l L.*, Vol. 19, 1983, pp.99, 123.

[2] See Alfonso-Luis Calvo Caravaca and Javier Carrascosa Gonzalez, The Proof of Foreign Law in the New Spanish Civil Procedure Code 1/2000, in *IPRax: Praxis des Internationalen Privat- und Verfahrensrechts*, Issue 2, 2005, p.173.

国法的文本或先例作为说明外国法的资料,而不必须要经过专家的进一步解释和明确。① 但是,虽然专家的解释并不是必须的,当事人提供的有关外国法条文或外国法院先例也应该能让法官对外国法有足够清楚的认识,否则也有可能被法官认定为其不能充分说明外国法的内容。在美国,当事人也可以直接向法庭提供其获得的外国法资料而不必要通过专家证人的陈述。其可以提供的材料形式也很灵活,可以是外国法的官方文本、经过宣誓制作的证明书,甚至打印出来的外国法条文就可以被推定为是有关外国法的证明。② 根据美国《联邦民事程序规则》第 44 条第 1 款的规定,作为外国法的证明,一项官方的出版物就足够了;否则当事人也可以提供一个能胜任的人制作的证书,以及往往由美国驻外国使领馆的官员提供的关于该证书出具人资质的证明;在特定的情况下,甚至关于该人员资质的证明也可以不要求。在西班牙,最高法院的一些判决确认,当事人可以通过公文书来证明外国法(西班牙《民事诉讼法典》第 317 条)。例如,由西班牙司法部制作的对外国法内容的证书就是公文书。在 1998 年,该部门作出了六百多份有关外国法内容信息的文书。同时,私文书在其能够很好地证明外国法的情况下,也可以被接受是证明外国法的方式。但是如果当事人只是提供对外国法条文的"简单的复印件",这样的文件被认为并不能恰当地证明外国法,事实上西班牙法院也不接受这些文件作为证明方式。③

当事人的律师在帮助当事人进行外国法的查明中也能发挥一定的作用。一般来说,律师并不拥有具有外国文献的图书馆,除了对某些特殊问题以外,他们往往从担任其代理或联系人的外国同行律师处获得必要的信息,有时也从本国学界的外国法专家处获得信息。④ 其在查明外国法问题上显然比当事人更具有优势。但是,其进行该类查询外国法行为的积极性,却受制于其在有关案件中能获得的经济利益的大小。因此,不能否认,在争议标的较大的案件中,当事人的律师在获得外国法资料中还是可能发挥比较

---

① Fallon, L'accès aux bases de données de droit étranger, *Journal des Tribunaux*, 1987, p.33.
② Sofie Geeroms, *Foreign Law in Civil Litigation: A Comparative and Functional Analysis*, Oxford, 2004, p.148.
③ Alfonso-Luis Calvo Caravaca & Javier Carrascosa Gonzalez, The Proof of Foreign Law in the New Spanish Civil Procedure Code 1/2000, in *IPRax: Praxis des Internationalen Privat- und Verfahrensrechts*, Issue 2, 2005, p.172.
④ Ulrich Drobnig, The Use of Foreign Law by German Courts, in Erik Jayme (ed.), *German National Reports in Civil Law Matters for the XIVth Congress of Comparative Law in Athens 1994*, Heidelberg, 1994, p.21.

重要的作用的。

(三) 外交或领事途径

在许多国家,外国法的查明可以通过外交或领事途径来进行,通常是由本国驻外国的外交或领事机构或外国驻本国的外交或领事机构来出具有关书面文件,对外国法的内容进行说明。在美国,当事人和法院都可以自己决定通过外交途径来查明外国法,外国法可以通过外国外交或领事机构出具的官方陈述或证书的形式查明。①在德国,判例显示,德国法院也通过德国驻外国的使馆来获得外国法信息。从理论上来说,外交或领事机构的官方性质和它们对其本国或派驻国的法律的了解,应该能构成其提供公正、准确的外国法信息的基础。在墨西哥、阿根廷,外交或领事代表的报告可以作为说明外国法的材料。在芬兰、瑞典,法院和当事人都可以寻求外交部的帮助来查明外国法。

从理论上来说,出具有关外国法说明的书面意见的,应该是外交或领事机构的法律专家。但是,实际上在这些机构中,往往并没有精通某些外国法的工作人员,因此最后作出书面意见的,往往是为这些机构提供法律服务的本国或派驻地的律师。德国联邦宪法法院就有过这样的实践:在一个案件中,法院请求外交部提供有关多个国家的法律情况的报告,最后这些报告是由德国驻外的外交代表机构提供,但作出这些报告的是当地为外交机构提供法律意见的律师。②这说明,在提供外国法的专家意见上,外交或领事机构显然不具有专门的外国法研究机构那样的权威性和专业性。此外,这同时也说明,外交或领事机构往往实际上就是起到一个转达有关外国法信息的请求和最后的书面结果的作用。这种多次中转的工作方式,无形中就增加了外国法查明在时间和金钱上的成本。而在实践中,采用该方式的最大不便之处也是耗时过长。最后,和我们下文将要讨论的有关外国法查明的国际协作所遭遇的处境一样,由于通过外交或领事途径查明外国法,最后往往实际上是外国律师出具的意见,所以也存在语言障碍的问题,这也增加了该种方法操作的不便。

在 2007 年海牙国际私法会议为当年有关外国法适用的国际大会所准

---

① Sofie Geeroms, *Foreign Law in Civil Litigation: A Comparative and Functional Analysis*, Oxford, 2004, p. 146.

② Ulrich Drobnig, The Use of Foreign Law by German Courts, in Erik Jayme (ed.), *German National Reports in Civil Law Matters for the XIVth Congress of Comparative Law in Athens 1994*, Heidelberg, 1994, p. 21.

备的书面材料中,日本学者在其关于日本有关情况的报告中就指出,日本外交部虽然可以通过日本驻各国的使馆来获得外国法信息,但是该方法往往耗时很长而最后获得的结果又往往不能令人满意,因此在实践中很少采用。通过外国驻日本的大使馆查明外国法的方法也同样如此。①

（四）法国的"习惯证明书"

法国法院在外国法查明的实践中,形成了比较独特的传统,即通过当事人提供"习惯证明书"的方法来查明外国法。而该种方法也随着法国法的影响,而受到加拿大大陆法地区和比利时等国家的效仿。迄今为止,在法国、比利时等国,实践中外国法查明的主要方法,仍然是当事人通过习惯证明书的方式来"证明"外国法。

法国的习惯证明书,是一种针对特定的案件情况,对外国法内容所进行的书面证明。②从起源上来说,习惯证明书是由律师出具的,用来证明非成文的习惯法的书面文件,如果涉及外国的商业习惯法,则该类文件将由外国商会或商人制作。而后来该方法也逐渐地被用来证明所有的外国法,包括成文法。

和其他的信息来源如法律条文、判例汇编和专著不同,它是针对具体的事实情况作出的,因此给出的说明会更有针对性。习惯证明书是根据当事人的请求作出的,当事人可以要求该被请求人对自己在法庭要说明的外国法问题作出回答。该习惯证明书对法官来说没有任何强制力而只是提供一种信息。

在大部分情况下,习惯证明书是由个人作出的,包括法律专业人士(律师、公证人)、某个特定行业的专业人士(如银行家)以及学者。对该人的国籍并没有限制,外国律师或学者、具有外国法专长的法国律师,都是常见的习惯证明书的制作人。此外,在少数情况下,制作习惯证明书的也可能是官方机构,包括外国在法国的大使馆或领事馆、法国在外国的大使馆或领事馆、某些国家的宗教机构等,或半官方机构,如商会。但在这些情况下,这些机构提供的信息只能是一般的信息,主要是文本的翻译,以及最常见的不能被提出异议的情况,例如自然人成年的年龄要求、在特定问题上的时效等。

---

① Table prepared by Professor Yuko Nishitani (Japan), in The Permanent Bureau of the Hague Conference on Private International Law, The Treatment of Foreign Law (Succinct Analysis Document), Information Document of February 2007 for the attention of the meeting of experts of 23 and 24 February 2007 on the treatment of foreign law.

② *Rép. Dall. dr. int.*, 1re éd., V° Certificat de coutume, par C. David.

根据法国以前的法院判例来看,习惯证明书曾是唯一被接受的证明外国法的方式。现在,虽然其不再是唯一被接受的外国法证明方式,但仍然是一种最经常被采用的外国法查明方式。由于在法国由当事人通过习惯证明书来证明外国法的方法在司法实践中具有根深蒂固的传统,法国法官对当事人提供的习惯证明书具有很深的依赖。

通过分析,我们发现,虽然法国法院查明外国法的习惯证明书这一形式比较特别,但是实际上,该形式包括了我们前文中讨论的其他国家所采用的两种方法:当事人请求有关大使馆或领事馆所制作的习惯证明书,实际上可以被认为是通过外交和领事途径来查明外国法;当事人聘请的有关个人和其他机构制作的习惯证明书,与美国法和有些大陆法系国家所采用的当事人获得的专家意见相似。因此,通过习惯证明书来查明外国法的方法也具有这些方法的弊病和优点。其受到质疑最多的地方,也是在该证明书是由个人制作的时候可能会有偏向性。由于该证明书是由一方当事人提出请求并支付费用的,所以有理由担心制作人会提供对一方当事人有利的外国法版本。因此,该方式除了花费较高之外,也并不能保证其准确性和公正性。[1]从这个角度来说,法国的习惯证明书并不是一种可靠的查明外国法的方法。[2]而另一方面,由有关官方或半官方机构出具的习惯证明书,在这方面受到的质疑少一些,被认为更为可靠。

实际上,法国的习惯证明书方法依靠的外国法信息来源,和德国的专家意见有很大不同。德国的专家意见方法以有关的专门外国法研究机构的文献研究为主。如前文所述,也正因为如此,德国法院也已经意识到,该信息来源的有限性有时需要通过有关熟悉该外国法的律师的意见来弥补。而法国的习惯证明书,从其运用之初开始,就一直是以外国律师、有外国法专长的本国律师或有关特定行业的专业人士为主,以外国或本国的学者为辅。其更偏重于有关信息提供人的实践经验。这种倾向是比较可取的,外国当地的律师或法律专家的意见其实是一种值得重视的外国法查明的途径。其相比在本国图书馆的文献或本国比较法专家的意见来说,很可能更加贴近外国法在其本国适用的当前真实情况。作为当地的司法实践的参与人来说,其对该外国法的实施的了解往往更加客观。

---

[1] Voir Bernard Audit, *Droit International Privé*, Economica, 2007, p.231.
[2] F. Vischer, General Course on Private International Law, *Recueil des Cours*, Vol. 232, 1992, p.84.

但是,不能否认由于专家往往由一方当事人聘请,其可能具有偏袒性。从理论上来说,克服该缺点的方式就是,由法院出面聘请对法官负责的专家,或要求当事人请求有关机构制作习惯证明书。但是,也许这些也只能停留在理论探讨层面,如果做此限制,很可能就会使该方法丧失了其运用在商事案件中的活力和效率。

最后要指出一点,该方法深深植根于法国对外国法的处理模式之中,除了深受法国法影响的国家可以对其予以效仿以外,对于我国这样并不具有有关传统的国家来说,该方法并不值得借鉴和移植。

(五) 外国法查明的其他方法:互联网等新方法的运用

在这个全球化的时代里,有关外国法律制度的资料,在数量和质量上都在不断增加和改善。不管是通过纸本的形式还是从网络上,我们能获得的外国法信息,不管是用何种语言,都越来越多,也越来越方便。有关信息科技和外国法查明的实践的发展,使我们无法穷尽和限定所有可能采用的外国法查明方法。例如,美国法院在参考非正式的信息来源时,运用了广泛的自由裁量权,如曾通过菲律宾法学杂志上的学生笔记、通过法院书记员与某香港贸易机构的电话交谈来解决有关外国法的含义。[1]而在这些新方法中,最引人注意的一点,就是关于网络技术在外国法查明中的运用,或者是通过互联网来查明外国法的方法的采用。

无疑,信息网络技术的发展为外国法信息的获得和交流提供了方便,我们对此类新方法应该采取开放的、欢迎的态度。但是,对通过互联网来查明外国法这一新方法的使用也还是应该受到传统规则的限制,对待网上的外国法信息也应该谨慎。也许是从互联网上获得丰富的、可资利用的材料过于便捷,有美国法官在这一飞速的外国法查明方法面前,就误以为他们只需阅读互联网上的材料,而无须借助专家证词就可以正确地理解外国法,这种态度并不可取。[2]

实际上,一方面,互联网上的外国法信息由于提供者的资质不同而良莠不齐,即使在外国法成文法的文本和有关司法判例的提供上并不会有太多的失误,但是对于非官方网站提供的材料的准确性还是应该进行核实。另一方面,外国法的查明所需要的材料,并不仅限于确定成文法和有关司法判

---

[1] Doug M. Keller, Interpreting Foreign Law through an Erie Lens: A Critical Look at United States v. MCNAB, *Tex. Int'l L. J.*, Vol. 40, p.171.

[2] 参见郭玉军:《论外国法的查明与适用》,载《珞珈法学论坛》(第 6 卷),武汉大学出版社 2007 年版,第 245—250 页。

例的文本,对于缺乏有关成文法或判例、有关判例相冲突、需要查明有关学说等情况,网络能发挥的作用是十分有限的。传统的专家意见、专家证人等方法的采用仍然是不可取代的,这些专家可以对网站的权威性、专业性与可靠性进行考察,对网上有关信息进行甄别,对有关网上无法获得的信息进行补充。

我国法院也有通过互联网进行外国法查明的实践。上海市第一中级人民法院开创了当庭上网查明外国法的先例。①对于互联网上的外国法信息,法庭还聘请了专家出庭,当庭见证查询过程,并发表专家意见。这种谨慎的态度应该是比较可取的。

第五节 外国法查明的国际合作

在国际民商事领域的国际合作浪潮中,不少国家和有关国际组织的成员国,都试图通过国际合作缔结有关的双边条约或国际公约,来互相帮助共同解决外国法的查明和适用这一国际性的难题。

一、外国法查明的国际合作历史与现状

（一）国际合作的努力

早在19世纪末,国际法学会就提出过要通过有关决议,以满足国家间交换立法信息的需要。一些国家还于1880年和1886年在布鲁塞尔签署了有关国际协议,要求成员国间互相交流官方公报,以便成员国能及时了解其他国家的最新立法。而海牙国际私法会议也断断续续地进行过建立有关国际合作机制的努力。早在1900年海牙国际私法会议第三次会议上,就有成员国提出在各国之间建立一项生效法律证明文件的交换制度,以实现民商事法律事项上各国法律资料的相互提供和交换。但该建议并未被采纳,有国家怀疑这种合作机制是否能够提供不同国家法律的准确信息,尤其是在来源国存在对法律规范含义有不同认识的情形下。当时大多数国家认为,在各国现有外国法查明制度的基础上,再通过使馆或领事馆的协助,应能满足查明和适用外国法的需要。②

---

① 参见谢军:《上海一中院首创当庭上网查明外国法》,载《光明日报》2006年1月15日第6版。

② *Actes et documents de la troisieme Conference*, 1900, pp. 246—247.

尽管以上建议最终不了了之,但是为消除外国法查明适用的困难和障碍的努力并未停止。1968年,欧洲理事会成员国专门就相互提供法律资料问题缔结了《关于提供外国法资料的欧洲公约》(简称1968年《伦敦公约》)。公约就缔约国间在相互查明外国法方面的协作制订了较为详细的规则。公约不仅允许本组织内的成员国参加,也向世界其他国家开放。到2003年6月,共有42个国家批准或加入了该公约,其中哥斯达黎加、墨西哥等四国并不是欧洲理事会的成员国。1968年《伦敦公约》建立了简明的外国法查明司法协助机制:缔约国指定专门机构,接受其他缔约国的申请,并以"客观、中立的方式"提供本国法律的信息。①由于该公约是外国法查明国际合作领域中最大的成果,其成员国数量最多,影响也最大,因此,下文将对该公约进行比较详细的论述。

1979年,拉丁美洲国家也就外国法的查明和信息提供缔结了《关于外国法的查明和信息的美洲公约》(简称1979年《美洲公约》)。迄今为止,该公约在11个国家被通过:阿根廷、巴西、智利、哥伦比亚、厄瓜多尔、危地马拉、墨西哥、巴拉圭、秘鲁、乌拉圭和委内瑞拉。此外,西班牙也于1987年加入该公约。根据该公约,每个成员国的指定机构必须提供其他成员国的有关机构所要求的关于外国法的文本、有效性、意思等的有关信息。提供信息的方式或途径,应该是在双方国家都是合法和合适的方法,包括书面证明、专家证言,以及被请求国出具的有关法律的文本、有效性、含义和适用于特定事项的有关法律的适用范围。要求提供信息的请求可以由法官、法院或其他机关作出。而被请求的成员国也必须通过其中心机关给予答复,中心机关可以将有关的请求转交给该国的其他机关。有关国家提供的信息对请求国法院没有约束力,提供信息的国家也不为其提供的观点负责。②

(二)有关国家采用司法协助方法查明外国法的实践

有关国家采用司法协助的方法查明外国法的实践情况,也能从另一个方面说明外国法查明的国际合作的现状。

在有些国家,采用国际合作的方法查明外国法,一般还是能够获得令人满意的结果的。在德国,由于长期存在通过专家意见查明外国法的传统做

---

① See 1968 European Convention on Information on Foreign Law, Art. 2, 6, 7.
② The Permanent Bureau of the Hague Conference on Private International Law, The Treatment of Foreign Law (Succinct Analysis Document), Information Document of February 2007 for the attention of the meeting of experts of 23 and 24 February 2007 on the treatment of foreign law, p. 9.

法,德国法院并不经常通过 1968 年《伦敦公约》的途径来查明外国法。①但是在该公约得到适用的少数情况下,实际情况显示,在花费时间和最后获得信息的结果上来看,公约途径还是比较成功的。②在有关的调查中也显示,德国是仅次于葡萄牙的采用 1968 年《伦敦公约》次数第二多的国家。③此外,1985 年,德国还以 1968 年《伦敦公约》作为样本和摩洛哥签订了互相提供法律信息方面协助的双边条约,该条约已于 1994 年生效。比利时最高法院也曾有通过 1968 年《伦敦公约》查明外国法的实践。比利时法官和学者也并不认同通过该公约查明外国法耗时太长的说法。有学者统计,对于比利时法院来说,一般来说从发出外国法查明的请求到收到答复的时间为 2 个月到 6 个月,该期限应该说是比较短和能够接受的。④

但在另一些国家,情况却并不乐观。英国法院也确实曾试图向通过司法协助方法查明外国法的方向努力。在 1968 年《伦敦公约》之前,由于英国拥有大量的殖民地,其曾通过有些立法来让法院承担获得有关前殖民地国家的外国法信息的义务,以使对外国法证据的获得变得更容易一些。1968 年《伦敦公约》签订之后,英国也是该公约的成员国,但是英国虽然通过了公约,却从来没有真正实施它。⑤英国在外国法的查明问题上和前英联邦国家之间却有一定的合作。荷兰也是 1968 年《伦敦公约》成员国,法院和当事人都可以借助该公约途径来查明外国法。法官是否采用该公约途径来查明外国法,完全是法官自由裁量权的范围。但是,尽管荷兰司法部处理不少外国关于荷兰法信息的请求,荷兰法官却很少利用该公约来查明外国法。学者认为可能的原因是该公约不为法官所熟知,以及该公约的程序太耗费时间。⑥荷兰也就外国法的查明签订了一些双边条约。在法国,也可以通过 1968 年《伦敦公约》途径查明外国法,但是该公约在法国的实施情况比较糟糕,每年法国法院利用该公约提出的请求不超过十件。⑦

---

① See Gerhard Kegel & Klaus Schurig, *Internationales Privatrecht*, C. H. Beck, 2000, p. 446.
② See Douglas R. Tueller, Reaching and Applying Foreign Law in West Germany: A systemic Study, *Stan. J. Int'l L.*, Vol. 19, 1983, pp. 99, 142.
③ See Barry J. Rodger & Juliette Van Doorn, Proof of Foreign Law: The Impact of the London Convention, 46 *Int'l Comp. L. Q.*, Vol. 46, 1997, p. 160.
④ Sofie Geeroms, *Foreign Law in Civil Litigation: A Comparative and Functional Analysis*, Oxford, 2004, p. 158.
⑤ Ibid., p. 135.
⑥ Ibid., p. 154.
⑦ See Barry J. Rodger & Juliette Van Doorn, Proof of Foreign Law: The Impact of the London Convention, 46 *Int'l Comp. L. Q.*, Vol. 46, 1997, p. 168.

二、1968 年《关于提供外国法资料的欧洲公约》(《伦敦公约》)及其困境

(一) 1968 年《伦敦公约》主要内容

公约的主旨在于"为便利司法机构取得外国法资料而建立一个国际协作机制",从而使"缔约国……相互提供各自在民商事领域的法律和诉讼程序资料,以及有关司法组织的资料"。

公约规定由每个缔约国设立或指定一个国家部门或中央机关,接受来自其他缔约国的请求;同时设立或指定一个或数个机构,接受来自本国司法机关提供资料的请求,并将其转递给外国相应的接受机构。结合 1978 年公约《附加议定书》的规定①,提供资料的请求不仅可以由司法机关提出,也可以由在官方司法救助和咨询体制中代表经济贫弱者的任何机构或个人提出。请求不仅可以在诉讼实际开始后提出,也可以在诉前准备阶段提出。

公约对"外国法资料"作了广义的解释,其范围不仅仅包括立法机关制定的成文法,而且还包括其他对于审判实践具有指导意义或参考价值的文本。同时,所提供的法律并不限定在现行有效的法律范围内,过去曾经施行过的法律也在可请求提供范围之内。请求国可以要求提供被请求国在民商事领域的法律和诉讼程序资料,以及有关司法组织的资料。被请求国的答复应当包括有关的法律文本、司法判例,同时还应附具使请求机关正确理解所必需的任何其他资料,诸如理论文章的摘要和立法过程中的准备文件,也可以附加说明性的注解。

就提供外国法的程序而言,公约规定,应由转递机构直接将提供资料的请求书送交被请求国的接受机构;如无转递机构,也可由有权提出请求的机关直接送交。如果请求是由转递机构转递的,接受机构应将答复送交转递机构;如果请求是由请求机关直接送交的,答复也直接送交请求机关。依据公约规定,在通常情况下,被请求国国家联络机构收到请求国有关机关递交的提供外国法资料的请求后,应尽快答复;当答复需要较长时间时,接受机构应及时通知提出请求的外国机关,并告知其送交答复的大概日期。如果资料的提供影响被请求国的利益、主权或安全时,则被请求国有权拒绝执行。在实践中,这一问题都是由被请求国中央机关或主管机关判断确定。

---

① 1978 年该公约签字国又在斯特拉斯堡订立了《附加议定书》,"考虑到为消除法律程序中的经济障碍和使经济贫弱者在各成员国内更易于行使权利,希望将本公约所确立的体制扩展至民商事司法救助和咨询领域"。

公约第 8 条明确规定:"答复所提供的资料,对提出要求的司法机构均无约束力。"缔约国间根据公约提供外国法资料的效力,仍受请求国国内法的约束,由请求国法院根据本国法律制度自由决定是否适用。

根据公约规定,请求书及其附件应使用被请求国语言或其官方语言中的一种,或附上有该种语言的译本;答复则使用被请求国语言。至于提供外国法资料的费用,答复不得征收任何费用或支付任何开支,但是如果接收机构将有关请求转给由私人团体或律师个人负责回答,则所引起的费用要由提出请求的国家负担。

(二) 1968 年《伦敦公约》实施的困境

但是,看似设计得细致合理的公约,在实践中的适用却不尽如人意。有学者曾在欧洲理事会的协助下对公约适用状况展开了实证研究,并针对公约机制低利用率的实际结果委婉地批评道:"《伦敦公约》只是一个极为有限的成功。"调查表明,1968 年《伦敦公约》的缔约国很少使用公约提供的协作机制。[1] 正如上文对有关国家实践的论述所显示的,公约在大多数国家的适用情况都不理想。例如,英国甚至未颁布实施公约的成文法,它只是在其他缔约国提出请求的情况下提供英国法的相关资料,也从未向其他国家提出过提供外国法资料的请求。苏格兰也大抵如此。

1968 年《伦敦公约》遭遇这种困境,备受冷落,笔者认为主要有如下原因:首先,由法院主动申请外国机构提供外国法信息的机制,与传统普通法由当事人负责证明外国法的模式格格不入,且获得的外国法信息难以纳入抗辩制诉讼模式中。[2] 由此也可以理解,为何公约在德国法院的实施比在英国法院要好得多,其在德国能够获得认可,而在从传统上由当事人查明外国法的英国和法国却鲜有人问津。其次,由于请求方并无控制被请求方及时给予答复、提供外国法资料的手段和途径,则由于各成员国有关机构的工作效率的差异,可能有的被请求国作出答复的时间周期会太长。在前文有关一些国家实践情况的论述中,虽然有些国家认为可以接受,但另一些国家就认为通过该公约查明外国法耗时太多。再次,也正如有些学者所指出的,语

---

[1] See Barry J. Rodger & Juliette Van Doorn, Proof of Foreign Law: The Impact of the London Convention, 46 *Int'l Comp. L. Q.*, Vol. 46, 1997, pp.151—172.

[2] See Richard Fentiman, *Foreign Law in English Courts: Pleading, Proof and Choice of Law*, Oxford, 1998, pp.242—243.

言障碍也是该公约不常被使用的原因之一。①该公约要求请求书用被请求国家的语言作出,而答复也是用被请求国家的语言。一方面,这无疑为法官运用该公约提出请求以及最后对答复结果的理解和适用增加了困难。另一方面,由于要运用其他国家的语言,则往往就要求助于翻译,则必然导致外国法查明费用的增加。最后,虽然外国机构所将提供的外国法信息对请求国法院不具有法律拘束力,但是在如何作出请求的问题上还是让请求国有些为难。如果按照德国法院对专家意见的要求,即专家意见还要针对法院提供的诉讼材料结合案件事实对外国法作出说明和解释,请求方将诉讼材料转交给被请求方,很可能会引起裁判权是否让渡给外国机关的争议和担心。但是,如果不这么做,则被请求方离开具体而微的案件事实而提供的外国法信息,又常常过于抽象而难以适用。②

三、外国法查明的国际合作前景

（一）司法协助:查明外国法的理想模式

面对 1968 年《伦敦公约》所遭遇的困境及造成该困境的多方面原因,我们是否就可以如有的学者那样,认为"司法协助模式天然不适合于外国法查明领域"③呢? 笔者认为答案应该是否定的。与该论点正好相反,国际合作的司法协助模式从理论上来说,可能是查明外国法的理想模式。

首先,外国的司法机关或指定的中央机构提供的外国法信息,其立场肯定是公正的,没有偏袒某方当事人的担忧。如果一国法院通过司法协助模式查明外国法,这在实质上等同于法院主动获取中立的专家意见。其次,这些外国法信息的权威性和准确性也是有保障的。对有关外国法及其实施情况了解最全面和准确的,应该就是该国的法官。与其通过查阅有关判例和文献资料或聘请当地律师来"推测"外国法院对有关法律的司法立场,不如直接请有关的法官和机构作出有针对性的意见。从理论上来说,这才是查明外国法的理想方法。而让外国法官为本国法院出具有关外国法内容的意见,在两国不具有司法协助条约关系的情况下,是不可能的。有关外国法查明的国际合作,让该理想的外国法查明方法的使用成为可能。实际上,如前

---

① See F. Vischer, General Course on Private International Law, *Recueil des Cours*, Vol. 232, 1992, p.84.

② See Richard Fentiman, *Foreign Law in English Courts: Pleading, Proof and Choice of Law*, Oxford, 1998, pp.242—243.

③ 宋晓:《外国法:"事实"与"法律"之辨》,载《环球法律评论》2010 年第 1 期,第 18 页。

文所述,关于外国法查明的国际合作在有些国家如德国、比利时得到了认同。德国学者就认为,"因为有了1968年《伦敦公约》,对于成员国法院来说获得有关外国法信息的程序在很大程度上变得简单了"①。

还值得指出的一点是,之所以对外国法查明的国际合作抱如此悲观论调的原因,还可能在于对该外国法查明方法抱以了过高的标准和期望。事实上,进行有关外国法查明的国际合作的目的,并不是也不应该是要创造一种取代各国国内法上既有的外国法查明方法的方法,而仅仅是为了给外国法的查明提供另一种可供选择的有效方法。从这样的立场出发,我们就不应苛求1968年《伦敦公约》应在实践中为所有国家广泛采用,也更不应该进而因该公约的不常被采用就准备放弃在外国法查明上的国际合作。

从另一个角度来说,上文分析的1968年《伦敦公约》实施中的困难,正好说明:外国法查明上的国际合作方式在制度设计上还有许多需要改进的地方。公约的实施和英国诉讼制度的不相容,并不能构成否定外国法查明的国际合作努力的理由。英国的情况一直都具有特殊性,英国在外国法查明上的立场也是比较矛盾的。一方面,英国立法机关也意识到,在对抗式诉讼方式中通过专家证人证明外国法的方法具有很大的缺点,也试图对其进行改变。但是另一方面,在英国抗辩式的诉讼制度传统之下,英国法院又担心其他的外国法查明方法可能会威胁到其传统诉讼程序的对抗性质。不仅是通过国际合作查明外国法的方法,专家证人之外的所有查明外国法的方法都无法在英国获得广泛的实践。而对于1968年《伦敦公约》实施中的其他困难,可以通过对被请求方及时给予答复、提供外国法资料的义务进行具体化,以及改变语言运用方面的规定等来改进。至于关于裁判权是否让渡的担忧也是不必要的,法院在向外国机构提起的申请中对有关需要回答的问题的拟订,可以参照法院在委托外国法专家以获得专家意见时对有关问题的拟定方式。②

(二) 外国法查明国际合作机制的建立

实际上,海牙国际私法会议在2007年讨论如何统一各国的外国法适用

---

① Klaus Sommerlad & Joachim Schrey, Establishing the Substance of Foreign Law in Civil Proceedings, *Comparative Law Yearbook of International Business*, Vol. 14, 1992, p.150.

② 海牙国际私法会议常设办公室对1968年《伦敦公约》的改进提出了一系列的建议,包括降低通过公约查明外国法的周期和费用、简化程序、要求请求方提出的请求更明确等许多方面。See The Permanent Bureau of the Hague Conference on Private International Law, The Treatment of Foreign Law (Succinct Analysis Document), Information Document of February 2007 for the attention of the meeting of experts of 23 and 24 February 2007 on the treatment of foreign law, pp.17—19.

问题时,就对交换外国法信息的全球性国际合作机制的必要性予以了强调。该必要性是来自于跨国民商事交往不断增加的客观需求。当事人和法院越来越多地面对外国法问题,但是却并没有一个真正意义上的全球性公约,无论是已经生效的还是正在制定的,以使当事人或法院可以在其基础上获得有关外国法内容的可靠信息。①此外,跨国民商事交往不断增加的客观需求,也决定要考虑试图对各国有关外国法适用的制度进行统一,但在各国有关外国法适用的所有问题中,外国法查明是现在真正可以进行国际合作的第一个也是唯一一个领域。一国对外国法的地位问题的答案是其整个法律制度的一部分,和程序性问题也有内在的联系。要求对外国法的地位进行改变,可能扰乱该法律制度中重要的程序性组成部分。因此,在制定有关外国法在本国法院地位的全球性公约的过程中,如何融合各国对外国法地位不同做法的分歧,困难重重。该新的国际公约不应寻求对有关冲突规范性质(冲突规范是否强制适用)的国内法规则进行改变,也不应寻求对有关法院如何查明外国法的国内法规则进行改变,解决方法应该是寻求建立便利通过国际合作查明外国法内容的机制。②

在如何建立该国际机制的问题上,海牙国际私法会议认为也可以对有关外国法查明的国际公约如 1968 年《伦敦公约》、1979 年《美洲公约》加以利用,在这些现有机制的基础上再建立一个更广泛的合作网络。该方法较为可行。而"欧洲司法网络"(European Judicial Network)的做法可能代表了有关外国法查明的国际合作的前景。

"欧洲司法网络"是通过欧共体 2001 年 5 月 28 日《关于建立有关民商事事项的欧洲司法网络的委员会决定(2001/470/EC)》建立的。③有关民商事事项"欧洲司法网络"的目标是:改善、简化和促进欧共体成员国之间有效的司法合作。该网络的组成部分包括:由成员国指定的联系点;现有的成员国加入的公约或安排中的中心机构,如共同体机构、有关的海牙公约中规定的各国联络机构等;1996 年的"共同行动"(joint action)④中担任联络员的

---

① The Permanent Bureau of the Hague Conference on Private International Law, The Treatment of Foreign Law (Succinct Analysis Document), Information Document of February 2007 for the attention of the meeting of experts of 23 and 24 February 2007 on the treatment of foreign law, p. 14.

② Ibid., p. 16.

③ Ibid., pp. 9—10.

④ Joint Action 96/277/JAI of 22 April 1996 concerning a framework for the exchange of liaison magistrates to improve judicial cooperation between the Member States of the European Union (OJ L 105, 27.4.1996, p.1).

法官;各成员国认为合适的任何负责民事和商事司法协助的司法或行政机关。各成员国都指定一个人员或机构作为该网络的"联系点",其责任是向该网络提供并不断更新与其本国法律制度有关的信息。而该网络收集的有关法律信息是免费为公众提供的,这些信息包括:有关共同体的判例法、成员国的司法组织和法律制度、向法院起诉的程序、获得司法援助的条件和程序、有关送达的国内法规范、有关外国法院判决执行的规范和程序等。

我国并没有参加任何有关外国法查明的国际公约,为了给我国的法院和当事人提供更多查明外国法的方法和途径,建议我国积极参与到有关外国法查明的国际合作机制,例如海牙国际私法会议的有关外国法信息合作的国际机制的讨论和建设中去。

本 章 小 结

本章论述了外国法查明的方法。外国法查明的方法是指法官或当事人采用什么方法或通过什么途径来进行外国法的查明活动,讨论的是行为方式问题,即如何进行外国法的查明。有关国家的立场也大致存在英美法系的"事实说"传统和大陆法系的"法律说"传统的分歧,但在具体做法上又有所不同,这种传统的分歧不应被夸大。在具体案件中进行外国法的查明要通过什么方法来进行,还有待法官和当事人的选择。有关国家在规定当事人或法官对外国法查明方式的选择时,不应有过多限制而应采用更灵活、开放的立场。对外国法查明方法的评价和选择可以从效率、正义、争议得到合理的处理几个方面来考虑,对某项外国法查明方法的衡量还要结合具体案件情况。我们从外国法的性质出发,采用混合的分类标准,将外国法查明的方法大概分为三类。

第一类是法官亲自调查外国法。这是和外国法所具有的法律的性质相符合的,法官可以像调查本国法一样,自己查阅和了解外国法。各有关国家也基本上都认可法官自己亲自进行的外国法查明行为。在有些国家法官查询本国法院有关该外国法的先例,也是法官亲自查明外国法的方法之一。法官亲自调查外国法这一方法相对于其他外国法查明的方法来说,可能是对于法官来说最有效、最可信的方法。但是,同时法官亲自调查外国法这一方法的有效性却对法官的素质和能力要求较高,对国内的比较法学习和研究的发展也有所要求。在采用法官亲自调查外国法这一方法时,要注意对当事人抗辩权的尊重。

第二类是(法官或当事人)通过证据方法查明外国法。外国法也具有事实性的一面,所以也可以像事实的证明一样,按照有关的证据规则,通过证据方法来查明。在英美法国家长期以来查明外国法的一般方法就是证据方法主要是专家证人(expert witness)。而在大陆法系国家外国法的查明虽然一般并不通过证据方法,但是其往往也被允许通过证据方法来进行,法官和当事人根据证据规则都可采用的事实证明方法包括法庭任命专家(Court-appointed Experts)等。英美法通过专家证人证明外国法的方式实际上反映了英美法对抗制程序的核心精神。但对抗性的专家证人口头证明外国法的方法,虽然有利于当事人对程序的参与,有助于案件通过当事人都信任的方式得到合理解决,但是成本过高是一个致命的缺点。

第三类是(法官或当事人)查明外国法的特殊方法。由于外国法所具有的特殊性质,以及外国法查明的特殊困难,为了更有效地查明外国法,几乎各国都采用一些专门进行外国法查明的特殊方法。主要包括法院获得的专家意见(gutachten)、当事人通过自己调查向法院提供有关资料或聘请有关专家提供专家意见、通过外交或领事途径查明、法国的习惯证明书(certificat de coutume)、通过国际公约或双边条约的方式查明等,甚至包括通过互联网查明等其他一切可能的查明方法。德国的这种以特定的外国法和比较法专业研究机构为主要依托的法院获得专家意见的方法从很多方面来说都是行之有效的。当事人从外国法专门机构获得的专家意见可能更可靠。当事人的律师在帮助当事人进行外国法的查明中也能发挥一定的作用。法国的习惯证明书是以外国律师、有外国法专长的本国律师或有关特定行业的专业人士为主,以外国或本国的学者为辅,更偏重于有关信息提供人的实践经验。该方法深深植根于法国对外国法的处理模式之中。对通过互联网来查明外国法这一新方法的使用也还是应该受到传统规则的限制,对待网上的外国法信息也应该谨慎。对外国法查明方法的立法应该给予"其他方法"被采用的空间。

外国法的查明方法只是寻求外国法内容的工具,对外国法查明方法的制度设计,其实最应该采用一种实用主义的态度。而这种实用主义的表现,很重要的一点就是对外国法查明方法的规定应该是开放式的,实现这种开放式设计的重要方法就是给予"其他方法"被采用的空间。可以如德国、西班牙的有关立法,规定法官有采用任何"其他方法"查明外国法的权力;甚至可以直接采用更实用主义的做法,如 1967 年《法国民法典国际私法法规(第三草案)》第 2288 条、第 2289 条规定,必要时,在法官的建议下,可用一切手段对外国法内容进行确定。在对于具体方法的采用上,可以推荐一些常用的有效的外国法查明方法,但是应仅是推荐,而不应采用穷尽式列举。

自19世纪末开始,国际社会为消除外国法查明适用的困难和障碍的努力从未停止。1968年《关于提供外国法资料的欧洲公约》(1968年《伦敦公约》)是外国法查明的国际合作领域中最大的成果。在有些国家采用国际合作的方法查明外国法的情况并不乐观。1968年《伦敦公约》的实施遭遇困境,其原因是多方面的,但并不能构成否定外国法查明的国际合作努力的理由。国际合作的司法协助模式是查明外国法的理想模式。进行有关外国法查明的国际合作的目的,并不是也不应该是要创造一种取代各国国内法上既有的外国法查明方法的方法,而仅仅是为了给外国法的查明提供另一种可供选择的有效方法。外国法查明上的国际合作在制度设计上还有许多需要改进的地方。海牙国际私法会议对交换外国法信息的全球性国际合作机制的必要性予以了强调,该必要性是来自于跨国民商事交往不断增加的客观需求。而"欧洲司法网络"的做法可能代表了有关外国法查明的国际合作的前景。

第四章 外国法的无法查明

当事人或法官履行了自己承担的查明外国法责任,采用了上文所述的方法进行了外国法的查明行为,但是外国法的查明结果可能不令人满意,外国法的适用过程仍然无法顺利完成。外国法无法查明的问题包括外国法无法查明的认定以及外国法无法查明被认定之后案件如何处理等。在外国法无法查明时的处理上,有些国家有立法规定,其他国家一般也有一些判例规则。而在外国法无法查明的认定上,有关国家立法、司法实践和学说都讨论得比较少。但是鉴于外国法无法查明的认定是外国法无法查明的处理问题的前提,因此该问题也十分重要并需要特别论述。

第一节 外国法无法查明的认定

一、外国法无法查明的含义

从客观的角度来说,外国法无法查明是指当事人或法官在进行了外国法的查明行为之后,仍无法得知外国法的确切内容。当事人或法官查明外国法的行为没有获得能使外国法的适用过程顺利完成的结果。外国法作为一种客观存在的事物,从理论上说具有可认知性,应该是能够被查明的。但是外国法无法查明的概念和制度的存在与此却并不矛盾,因为外国法无法查明是法官结合具体案件情况,在评价、比较外国法最终得到查明所要付出的时间和金钱成本与法院在外国法的适用上所具有的利益大小之后,所作出的主观判断。

"外国法无法查明"与"外国法没有有关规定"是不同的。首先,外国法无法查明是法官的主观判断,而外国法没有有关规定是一种客观情况。对于法官来说,外国法没有有关规定,说明外国法这一外国法查明行为的对象,作为一个客观存在的事物,其内容已经被确认,只是该外国法在有关问题上存在空白:既没有成文立法也没有相关判例,该国的法学论著也没有注意到该问题(这对于像我国这样仍然处于法律制度构建阶段的国家来说是常见的现象)。可以说,外国法没有有关规定其实是外国法已经得到查明的情况之一。将外国法没有有关规定和外国法无法查明的概念混同从理论上是说不过去的。其次,外国法无法查明和外国法没有有关规定,两种情况下的处理是不同的。虽然这两种情况都是应得到适用的外国法的适用过程无法顺利完成,但是接下来的救济方式却并不相同。以合同的法律适用为例,如果是外国法无法查明,则如下文将要论述的,比较通常的做法是法院地法得到适用;但是如果是外国法没有相关规定,却并不会通常导致法院地法的适用,而可能最后是与案件具有最密切联系的国家的法律得到适用。① 将外国法没有相关规定和外国法无法查明的情况进行区分,可能会使有关争议得到更为合理的解决。②

"外国法无法查明"和"外国法没有查明"也是两个不同的问题。外国法无法查明的认定是法官为了完成外国法的适用而进行的行为,属于对外国法进行适用的过程。外国法无法查明是法官对案件具体情况考察之后,对外国法是否能够查明作出的估计和判断。外国法无法查明,可能导致法院地法或其他外国法的适用。而外国法没有查明的认定,其行为主体往往是对案件行使审判监督权的法官,往往是上诉审法院的法官。在此情况下,实际上下级法院法官在有关案件中认为外国法已经被查明,并在其得到的外国法资料基础上对案件作出了裁判,完成了外国法适用的过程。但是上级法院对案件的外国法查明情况和法律适用情况进行考察之后,认为下级法院法官掌握的有关外国法内容的信息并不足够支持其作出该判决,或者认为原审案件中所获得的外国法信息并不可靠,因此认定外国法没有查明。③ 而外国法没有查明,则可能导致下级法院的判决被撤销。

---

① 我国法院在有关的案件中,由于当事人约定适用的 1936 年《美国海上货物运输法》就争议事项没有规定,而依照最密切联系原则根据《美国统一商法典》有关规定作出了判决。参见"江苏轻工诉江苏环球、美国博联公司无单放货案"(武汉海事法院 2001 年 12 月 25 日判决),http://www.ccmt.org.cn/shownews.php?id=700,2009 年 11 月访问。

② 日本有学者提出,应该对两种情况加以区分。〔日〕山田镣一:《国际私法》,日本有斐阁 1992 年,第 123 页;〔日〕木棚照一、松冈博、渡边惺之:《国际私法概论》,日本有斐阁 2005 年,第 72 页。转引自郭玉军:《近年中国有关外国法查明与适用的理论与实践》,载《武大国际法评论》(第 7 卷),武汉大学出版社 2007 年版,第 9 页。

③ 德国法院法官如果没有在其判决中说明其为查明外国法所作出的努力,则联邦法院将可能会认为该案中外国法没有查明。在 1992 年的一个案件(BGH, NJW 1992, 3106, 3106, 3107.)中,德国联邦法院认为,下级法院的判决并没有说明是否其在完全程度上查明了西班牙实体法,在判决中并不能看出,上诉法院并不是仅仅对该西班牙成文法的字面解释进行了调查,而是查明了有关该法律规定在西班牙的司法实践、判例法及有关的学术理论。See Sofie Geeroms, *Foreign Law in Civil Litigation: A Comparative and Functional Analysis*, Oxford, 2004, pp.92—94.

二、外国法查明认定标准的合理性原则

(一)采用合理性原则的必要性

其实不管是下级法院对外国法无法查明的认定,还是上级法院对外国法没有查明的认定,决定性的因素都是如何认定"外国法得到了查明"。外国法得到查明的认定标准如何,对于外国法无法查明的认定有至关重要的影响。在具体案件中,如果法官掌握的外国法信息已经达到了外国法得到查明的标准,则外国法的查明行动可以结束,法官也可以顺利完成外国法的适用。反之,则法官有必要对情势作出判断,或者继续组织进行外国法查明的"行动",或者在尽到必要的努力之后作出外国法无法查明的认定。如果法官决定继续进行外国法查明,在其进行查明的过程中,一旦其发现外国法得到查明的标准无法通过合理的努力达到,则其还是要作出外国法无法查明的认定。

要么认为外国法得到查明并根据该外国法作出裁判,要么认定外国法无法查明从而根据外国法无法查明的制度来处理,案件的解决不可能还有其他的办法。因此,对外国法无法查明的认定,取决于外国法得到查明的认定标准如何。该标准是法官用来对案件具体情况进行衡量而认定外国法无法查明的工具。如果外国法得到查明的标准比较高,则外国法得到查明的成本就必然会比较高,法官要认定外国法无法查明的情况也会比较多。反之,则外国法被认为无法查明的情况也会比较少。我们在外国法得到查明或无法查明的认定标准的确定问题上,实际上面对的是:对外国法的查明也即本国法官对外国法这一客观实在的接近,到底要达到一个什么程度?从应然的角度来说,在外国法得到查明的认定上,我们应该坚持合理性原则。正如瑞士学者所主张的:"正如关于法官应在多大程度上承担查明外国法的责任,立法并无规定一样,我们在此(外国法查明的认定上)也采用'比例性和合理的努力'标准。"①

第一,在外国法已经查明或无法查明的认定标准的确定上,有一个基本事实前提是我们必须明确的:由于法官对外国法的了解永远也达不到其对本国法的了解,法官对外国法的适用永远也无法达到其对本国法适用的准确程度。即使通过了外国法的查明程序,法官获得了有关的知识,但是某个

---

① B. Dutoit, *Droit international privé suisse*: *Commentaire de la loi fédérale du 18 décembre 1987* (Bâle: Helbing & Lichtenhahn, 2005), Article 16 at note 1, p.62.

特定国家的法律除了其具体条文、有关司法解释和判例等情况之外,其背后还有很丰富的内涵,与各国的文化传统、政治制度等密切相关,这些都是不可能通过我们所述的有关外国法查明制度可以获得和掌握的。所以,在外国法得到查明的认定上,主张外国法应完全如本国法一样彻底地清楚和明确,任何丝毫的疑问都将导致作出外国法无法查明的认定,这并不是可取的。如果我们以其作为外国法查明的目标,那它也只能成为一个无限接近却永远无法达到的目标,导致法官很轻易地得出外国法无法查明的结论。本书主张,不管是法官依职权查明外国法,还是当事人负责查明外国法的情况下,都不能过于苛刻地要求外国法的查明程度。

第二,外国法查明制度中的"外国法无法查明"本身就是一个相对的概念。外国法作为客观存在是具有可知性的,而"外国法无法查明"是法官结合具体案件情况,在评价、比较外国法最终得到查明所要付出的时间和金钱成本与法院在外国法的适用上所具有的利益大小之后,所作出的主观判断。外国法是否能够查明是相对于查明所要付出的成本来说的,要结合案件的具体情况来进行判断,在该问题上没有一个绝对的、固定的标准。与此相应的,对外国法得到查明的认定也无法采用绝对、固定的标准。我国有学者认为,外国法无法查明应从外国法查明的途径是否用尽的角度来确定。法院或当事人必须用尽法律规定的全部方法或途径仍无法查明外国法时,才产生补救的问题。倘若只是使用了其中一种或几种方法而未用尽所有方法,法院不能据此得出外国法不能查明的结论,也不能采用其他法律来代替该外国法。①这种观点试图从制度上给予硬性的要求,从而为限制实践中法官滥用"外国法无法查明"的现象提供一种解决的办法,这种出发点是可以理解的。但是,这种做法却是给外国法得到查明和无法查明的认定都采用了一种绝对、固定的标准,并不可取。一方面,正如我们在前文对外国法查明方法和途径的论述中所述,在对外国法查明方法的规定中,并不适合采用穷尽式的列举方式,我们不能在立法中规定所有可以或必须采用的查明外国法的方法,当然也无法要求法官或当事人用尽所有的方法。另一方面,如果规定穷尽所有的外国法查明方法才能认定外国法无法查明,未免过于形式主义,并不利于有效、合理的解决案件争议。对外国法得到查明或无法查明的判断,都应建立在对个案进行分析的基础之上,如果笼统地要求穷尽法律

---

① 参见郑新俭、张磊:《中国内地域外法查明制度之研究》,载《涉港澳商事审判热点问题探析》,法律出版社 2006 年版。

规定的外国法查明途径,在有些案件中很可能会造成时间拖延和诉讼资源的严重浪费。

第三,查明外国法的任务可能是极度困难甚至是不可能完成的。法院或当事人虽然穷尽了所有可能进行的获得信息的方法,双方在外国法查明上也予以了合作,但是仍然无法获得有关外国法内容的清楚、明确的概念,这类情况仍然是常见的。可能的情况包括:只在不成比例的高花费或超乎寻常的程序迟延的情况下,才可能最终查清楚外国法;对于某个具体问题,该外国法本身就不够清楚、明确,例如外国法在有关问题上没有成文法规定,而有关的判例和学说又是有分歧的;因为外在的客观原因,如外国有关机构的拒绝合作、自然灾害、战争或类似情况等,必须进行的查明行为是不可能完成的。因此,对法官和当事人查明外国法的要求都只能是其尽到自己的能力。① 由此,我们也不能对外国法得到查明的认定设定严苛的标准,从而给法官和当事人查明外国法提出过高的要求。

第四,在英美法的抗辩式诉讼制度下,对法官来说,外国法是否被查明实际上并没有客观的标准。这和大陆法系法官的认定标准不同,大陆法系法官在外国法查明中寻求的是外国法在其本国适用的客观情况,而英美法法官的标准更主观。英美法系的法官一般自己并不进行有关的外国法查明,其对外国法是否查明的认定,完全是建立在当事人所提供的资料及其在交叉质询过程中的表现基础之上,被其认为证据充分的外国法内容和该法律在其本国适用的客观情况是否相符,却并不是英美法系国家法官所能够和应该关心的。可以说,在该种模式下,"忠实"地适用本国冲突规范所指定的外国法的任务,实际上往往是无法完成的。"如果法院接受得到足够证明但是不正确的外国法的证据,其可能得出一个从这个意义上来说错误的结论。但是即使是一个外国法官也可能对该外国法作出错误的解释,我们必须有一个比例的观念。"② 因此,对"外国法得到足够证明"的认定标准应该是"相对"的,而不应该要求其与外国法在其本国适用的客观情况绝对相符,因为这个要求几乎是无法达到的。

第五,设置合理的"外国法得到查明"的认定标准,可以防止法院轻率地因为外国法无法充分查明而直接适用法院地法的倾向③,可以防止"外国法

---

① Bernard Audit, *Droit International Privé*, Economica, 2007, p.231.
② Adrian Briggs, The Meaning and Proof of Foreign Law, *Lloyd's Maritime and Commercial law Quarterly*, 2006, p.4.
③ 徐鹏:《冲突规范任意适用研究》,武汉大学博士学位论文,2006 年,第 64 页。

无法查明"的滥用。这在查明外国法的责任较多地由当事人承担的国家尤其如此。正如有学者所指出的:"一个仇外的法院会(对外国法)要求较高的证明标准,一个采国际主义立场的法院会降低外国法证明的门槛。"①另外,从目的论的角度来说,外国法查明的最终目的是使法官最后能够将外国法适用于案件争议,外国法查明制度的功能是协助本国冲突法的适用。那么,一切有关制度的设计都应该围绕该功能和目的来进行。一项制度的设计,不管其从理论上来说多合理,如果导致了实际结果与设计目的之间的背离和该制度功能不能实现,则都应该说是不成功、不可取的。如果对外国法的查明设定过高的标准,虽然符合将内外国法律平等对待的国际私法理论基础,但在实践中,其结果却往往可能导致外国法得到查明所需要付出的成本过高,法官更倾向于认定外国法无法查明,而最后导致冲突规范的目的和外国法的适用不能实现。这不是我们所应该主张的。

(二)合理性原则的具体掌握

既然如此,具体来说,对该"合理性"标准如何掌握呢?前文对就外国法得到查明设定过于严苛标准的弊端已经有所论述。但是,同时,对外国法得到查明的标准也不能设定得过低,而是要掌握合理、适度的标准。斯堪的那维亚国家的有些司法实践,就表明了法院在外国法适用上的某种过激态度:法官倾向于依据他们知道的或他们能够知道的材料来作出裁判,不管这些材料多么有限或对外国法的推测可能出现谬误。②正如有学者就此评论道:"在这种操作方式下,'国际主义'与其说得以实现,倒不如说整个冲突法体系的可信性遭到损害。"③对于有关外国法认识的明显漏洞和谬误视而不见,而仍然就已经掌握的材料作出裁判,显然又是矫枉过正了,并不符合该合理性的原则。

此外,在某些特定情况下,外国法无法查明的情况是明显的和确定的,则在这些情况下法官显然不应该作出相反的判断,而认为外国法得到查明。如前文所述,这些情况主要有:对于某个具体问题,该外国法本身就不够清楚、明确,例如外国法在有关问题上没有成文法规定,而有关的判例和学说又是有分歧的;因为外在的客观原因,如外国有关机构的拒绝合作、自然灾害、战争或类似情况等,必须进行的查明行为是不可能完成的等。在这些情

---

① Maarit Jäntera-Jarebor, Foreign Law in National Court: A Comparative Perspective, *Recueil des Cours*, Vol. 304, 2003, p.308.
② Ibid., p.311.
③ Ibid., p.308.

况下,认为外国法得到查明的标准已经达到是明显不合适的。

对于"合理性"的具体掌握,我们可以采用功能主义的视角。外国法查明的最终目的是使法官最后能够将外国法适用于案件争议,外国法查明制度的功能是协助本国冲突法的适用。由此,我们似乎可以将标准定为:有关外国法的资料允许法官正常地完成将外国法适用到案件事实的过程即可。这意味着,法官在其掌握的有关资料的基础上可以作出判决,反过来从判决结果的角度来看,法官作出的判决书中,有清楚的从外国法出发对案件事实进行裁判的说理和论证过程。如果在案件审理过程中,法官从其掌握的有关资料来看,其无法完成裁判任务,作出符合有关标准的判决,则其就可以认定外国法无法查明。

从另一个角度来看,也可以从有关外国法信息的缺失之处的不清楚、不明了的程度来判断。要认定外国法无法查明,法官对外国法内容认识的缺失必须是"明显的"。司法实践中当事人就外国法查明问题产生的争论,往往就是因为适用不同的法律会导致不同的判决结果。因此,在"明显"与否的认定上,似乎可以采用如下区分标准:看该"缺失"是否能够影响当事人的实体权利和义务。也就是说,应该看该"缺失"是否就是在争议问题上和本国法有实质上不同的部分,如果该部分得到查明,案件就会有实质上不同的判决结果。

三、对法官认定外国法无法查明权力的制约

(一)法官对外国法无法查明的认定权

从对司法实践的观察中,我们发现,对案件中外国法是否得到查明的认定,往往处于是法官自由裁量的范围。法官的该自由裁量权的大小及其是否受到制约,导致了外国法得到查明的认定标准是严苛还是宽松。

在外国法无法查明的认定上,首先要明确的一点就是:作出外国法无法查明认定的主体永远只能是负责案件审理的法官。在外国法是否查明的认定这一问题上,不能不承认的一个事实是:法官在该问题上应该具有,也确实具有决定权和自由裁量权。从目的论的角度来说,外国法查明的最终目的是使法官最后能够将外国法适用于案件争议。而如果法官对于该外国法的内容仍然有疑问,而无法将该法适用于案件,则应该认为该外国法没有得到查明。很自然地,能够对外国法是否查明的问题作出判断的只能是法官。法官在该问题上的自由裁量权是毋庸置疑的。法官在该问题上自由裁量权的大小,是对外国法得到查明的标准如何的决定因素。

有学者认为,德国理论学说奉行的"一国法官应如同外国同行那样解释、适用外国法"的观点,必然会给外国法查明设定严苛的标准,并最终导致外国法适用的成本过高,当事人和法官往往规避外国法的适用,从而造成事实上的冲突规范任意适用。①值得指出的是,这种观点有一定的道理,但是并没有客观地说明在德国外国法查明的标准及法官的认定权所起的作用。

一方面,外国法得到查明和无法查明是属于德国法官自由裁量权的范围,而德国法院对下级法院法官行使该自由裁量权的监督是有限的,该监督并不是十分苛刻。②虽然在德国的司法实践中,要求法官通过所有可能获得的资源来查明和解释外国法,当事人可以以法官违反了该义务为理由提出上诉,但是同时州最高法院和联邦法院又限制了其在法官没有用尽其所能获得的资源查明外国法问题上进行审查的权力。在此限制的基础上,是否法官对其获得的信息进行了足够的考虑,也是一个自由裁量的问题,当事人不能以其为理由提起上诉。联邦最高法院也不审查针对下级法院法官在查明外国法的过程中就查明方式的选择问题的上诉。可见,德国法官在认定外国法是否查明的问题上的自由裁量权是比较大的。

另一方面,要注意到,虽然在德国要求"法官应如同外国同行那样解释、适用外国法",这导致法官承担了严苛的外国法查明的责任,但该原则的影响却并没有当然延伸至法官"对外国法的查明设定严苛的标准"。当法官负责查明外国法时,如果法官"对外国法的查明设定严苛的标准",则必然意味着其自己的责任和义务的增加。在上级法院就该问题的监督是有限的、并不十分严苛的情况下,法官没有理由自己增加自己的责任和义务,增加自己的工作量。德国司法实践中冲突法任意适用现象的根源,在于对法官要求了过于严苛的查明外国法的责任。法官在当事人不主张的情况下就忽略外国法的适用问题,是为了规避其法定的过于严苛的查明外国法的责任,这和对外国法的查明是否设定严苛的标准并无必然联系。是否奉行"一国法官应如同外国同行那样解释、适用外国法"的观点,以及冲突规范是否依职权适用,都并不会必然导致给外国法查明设定严苛的标准。实际上,在德国,当案件要求适用外国法时,法官不能查明外国法的情形非常少。③这固然

---

① 徐鹏:《冲突规范任意适用研究》,武汉大学博士学位论文,2006 年,第 64—65 页。
② See Sofie Geeroms, *Foreign Law in Civil Litigation: A Comparative and Functional Analysis*, Oxford, 2004, pp.92—95.
③ See I. Zajtay, The Application of Foreign Law, *International Encyclopedia of Comparative Law*, Vol.3, 1972, p.10.

和德国法官在外国法的查明上比较勤勉有很大关系,但是我们似乎也可以从这个角度发现,在德国外国法得到查明的标准并不是如想象的那么严苛。

相反,我们发现,在完全由当事人负责证明外国法的模式下,外国法得到查明的标准却并不比在德国那样由法官依职权查明外国法的模式下显得更宽松。如在外国法查明上遵循英国普通法传统的澳大利亚,有关的判例和学者的观点就认为,"正如合同签订人不可能对一个合同表示'基本同意'一样,对外国法我们也不能认为其已经'主要地被证明'",在被作为待证"事实"来对待的外国法内容中,不存在主要事实和次要事实之分,任何"明显的缺失"都会导致认定外国法无法查明。①西班牙虽然是大陆法系国家,但是外国法也由当事人负责证明。西班牙《民事诉讼法典》第281.2条仅仅规定外国法的内容和效力必须进行证明,但是,西班牙最高法院和理论界认为,外国法的所有方面都必须得到证明:外国法的文字表述;外国法的有效性和存在;对外国法规则的特别解释,包括有关对外国法进行适用和解释的外国司法裁决;外国法在具体案件中的适用情况。用西班牙最高法院的话来说,外国法应被精确地证明,西班牙法院对外国法的具体涵义应没有"任何合理的疑问"。②

实际上,在当事人负责查明外国法的情况下,法官在对外国法无法查明的认定上拥有的自由裁量权更大,只要法官认为其没有信服当事人提供的外国法信息,就可以认为外国法没有得到证明,进而可能作出外国法无法查明的认定。在该制度和模式之下,外国法被认为是和事实一样,由当事人主张和负责证明,法官只需要对当事人提供的材料进行判断。因为其在外国法的查明问题上不负有任何义务,其对外国法无法查明的认定和其对事实问题的判决一样,一般不受上级法院的审查和监督。所以,在此情况下,法官可能更容易作出外国法无法查明的认定来排除外国法的适用,而适用其自己比较了解的法院地法。在这一点上,我们无法否认,正如理性的人有趋利避害、避重就轻的天性一样,在法官有较大自由裁量权的情况下,其趋向于达到适用法院地法而避免适用外国法这一繁重任务也是自然而然的事情。从这个角度来说,在这些国家的实践中,对外国法是否得到查明认定的

---

① Adrian Briggs, The Meaning and Proof of Foreign Law, *Lloyd's Maritime and Commercial law Quarterly*, 2006, p. 4.

② Alfonso-Luis Calvo Caravaca & Javier Carrascosa Gonzalez, The Proof of Foreign Law in the New Spanish Civil Procedure Code 1/2000, in *IPRax*: *Praxis des Internationalen Privat- und Verfahrensrechts*, Issue 2, 2005, p. 173.

要求也会比较高。

综上,在外国法查明的标准问题上,前文所述对标准的确定采用合理性原则,是从理论上对法官的判断进行引导,固然很重要,但是要将该理论贯彻到实践,防止以"外国法无法查明"为由规避外国法的适用,决定性的因素是法官在外国法是否查明的认定上的自由裁量权。就此,我们应该考虑的是如何对该权力进行合理的约束。

(二)对法官的认定权的制约

司法实践中,在外国法无法查明的认定上,最常见的问题是法官滥用"外国法无法查明",最终导致冲突规范指定的外国法无法得到适用。我国的有关司法实践中,法院就显示出了强烈的滥用"外国法无法查明"的倾向。[1]而防止"外国法无法查明"的滥用,要通过制约法官在该问题上的自由裁量权来实现。

当法官承担查明责任时,防止滥用"外国法无法查明"意味着防止法官逃避本应承担的查明外国法的责任和义务,督促法官认真履行外国法查明的职责。从理论上来说,既然在外国法的查明问题上,法官也有职责和义务,那么,在外国法是否查明的认定上,赋予法官毫无限制的自由裁量权,让其自己监督自己履行职责,显然是不合理的。因此,必须对该自由裁量权给予一定的限制,应要求法官在查明外国法上进行了充分的努力。当然,法官是否作出了充分努力的判断也只能主要经过个案分析来判断,也可以考虑规定法官在进行外国法查明时应达到合理的最低时间。[2]如果涉及偏远国家的法律,法官可能面临无法克服的困难,因而可以认定外国法无法查明,但是条件是其仍然进行了一定的查明外国法的努力。瑞士联邦法院有判例就确认,某外国的偏远并不能对法官依职权查明该外国法的责任有所改变。[3]正如前文所述,在法官承担查明外国法的责任的时候,当事人也有提供合作的义务,但是当事人的消极或不合作并不能构成法官作出外国法无法查明认定的充足理由。法官应该要求当事人提供有关外国法信息,甚至也应该自己作出努力来查明外国法。但是,在此情况下对法官的要求也只能是一

---

[1] 在我国的司法实践中,由于对法官在查明外国法上的责任的认识比较混乱,法官有滥用"外国法无法查明"认定权力的倾向。具体情况参见本书第五章第一节的有关内容。

[2] 如1978年奥地利《联邦国际私法法规》第4条第2款规定:"如经充分努力,在适当时间内外国法仍不能查明时,应适用奥地利法。"

[3] ATF 121 III 440, cons. 5b. Voir B. Dutoit, *Droit international privé suisse: Commentaire de la loi fédérale du 18 décembre 1987* (Bâle: Helbing & Lichtenhahn, 2005), Article 16 at note 1, p. 62.

种要求其尽到自己能力的合理要求。

在当事人承担查明外国法的责任时,防止滥用"外国法无法查明",首先意味着,法官要适当降低外国法得到查明的认定标准。在当事人承担查明外国法责任的案件中,外国法的适用并不体现要保护的公共利益,因此,案件争议的合理解决相对于对外国法的"忠实"适用来说,更应该是法官追求的目标。此时,更应该避免采用过高的证明标准,以当事人没有查明外国法为由认定外国法无法查明。同时,在此情况下防止滥用"外国法无法查明"也意味着,要防止法官不履行将查明外国法责任交给当事人时的告知义务,不告知当事人要提供外国法的证明就以当事人未提供外国法证明为由而认定外国法无法查明。正如上文(第二章第四节)关于法官和当事人在外国法查明上的合作的论述中所指出的,在外国法的查明上,要求法官应担任外国法查明"行动"的组织者。法官在所有案件中都应该担任外国法查明的组织者的角色,而并不仅仅限于在其承担外国法查明责任的案件中。在所有的案件中,即使是在由当事人承担外国法查明责任的时候,法官都不能在外国法查明上消极地不作为,其仍然有义务告知或催促当事人提交有关外国法的证明。因此,在任何情况下都不能在没有告知或催促当事人提供有关外国法证明的时候,就以当事人未提供有关外国法证明为由认定外国法无法查明。瑞士法院曾有判例认为,法律授权法官可以放弃外国法的查明而适用其他法律的原因,是为了避免其导致不合理的诉讼程序延迟和经济上的花费,如果法院没有为外国法的查明采取任何行动,该理由显然是无法被满足的。①

为了对法官认定"外国法无法查明"的权力进行制约,从制度上来说,可以从两个方面来进行规定。一方面,要求法官在判决中对"外国法无法查明"的认定特别说明理由,说明自己和当事人所进行的外国法查明行为。因外国法无法查明而导致外国法不得到适用应该是一种例外情况,法院应特别对其进行说理和论证。②在任何案件中,法官都必须说明自己在外国法查明上所作出的努力,对自己职责的履行。在当事人承担查明外国法责任的案件中,法官也必须在作出外国法无法查明认定的时候,说明当事人已经尽到了必要的努力。此外,法官就其对外国法无法查明的判断所基于的客观

---

① ATF 128 III 351, cons. 3.2.2. Voir B. Dutoit, *Droit international privé suisse*: *Commentaire de la loi fédérale du 18 décembre 1987* (Bâle: Helbing & Lichtenhahn, 2005), Article 16 at note 1, p. 62.

② Pièrre Mayer et Vincent Heuzé, *Droit International Privé*, Montchrestien, 2004, p. 134.

情况和其推断过程也应该予以说明。另一方面,该制约也可以通过上级法院对该问题的监督和审查来实现,应允许当事人就法院对外国法无法查明的认定进行上诉。不管是法官没有履行自己在外国法查明上的职责,还是法官对外国法可能得到查明的情况作出了错误的判断,都应该可以成为当事人对判决提出上诉的理由。

第二节 外国法无法查明的处理

一旦法官作出外国法无法查明的认定,则意味着查明外国法的困难如此之大以至于法官决定放弃冲突规范所指定的该外国法的适用。但是,当事人的争议仍然未获解决,这时又该如何处理争议的法律适用呢?外国法查明制度中的最后一个问题就是外国法无法查明时案件如何处理。有关国家在该问题上有不同的做法,而各自的立场也曾发生过演变。但是,我们仍然可以发现,在外国法无法查明的情况下,采用最多的做法是适用法院地法。在这一问题上,各国有关外国法适用的传统和理论,对其关于外国法无法查明的处理并没有多大的影响。当然,除了法院地法的适用之外,也存在采用其他处理方法的实践和理论建议。

一、有关国家的做法

(一) 英国

在英国,如果当事人没有能够证明其所主张适用的外国法,则法院一般就会推定该外国法和英国法内容相同,从而适用英国法。这种推定是和外国法证明责任的承担相伴而生的。当事人承担查明外国法的责任,就意味着负责证明外国法的当事人,也要承担其若无法证明外国法则法院地法将得到适用的风险。这同样也意味着,在当事人仅仅只是主张或援引了外国法,却没有试图去充分证明或确定其实体内容时,该相同性的推定同样适用。在外国法无法查明的处理上,英国既未遵循事实说的自然逻辑结果,即驳回当事人的诉讼请求或抗辩,也非直截了当的适用法院地法,而是推定外国法与英国法是一致的,从而适用英国法。[1]

但是,这一对外国法和法院地法相同性的推定受到了理论界包括英美

---

[1] See Dicey and Morris, *The Conflict of Laws*, 13th ed., Sweet & Maxwell, 2000, p.232.

法学者的异议,被认为过于"矫揉造作"。① 英国法不愿意承认,在当事人不能以恰当方式证明外国法时,它实际上抛弃了本国冲突规则所指引的外国法,而是推定外国法的内容与英国法一致,从而认为法院最终适用的是外国法,只是该外国法的内容与英国法的内容相一致。但是,既然未能以恰当的方式证明外国法,最终又怎么可能适用该外国法呢?这种作为法律说理技巧的推定,实在难以为法院地法的适用提供理论基础,相反甚至被认为是荒谬和可笑的。②

有学者从当事人经济利益的角度对英国法的这种做法提供了解说,认为英国法院采用的方式,从很大程度上来说是出于经济方面的考虑,其不愿意让当事人花费更多的时间和金钱。③ 当一方当事人主张外国法的适用但是却无法证明外国法的内容,这时进行同样性推定,不仅是为了处罚该当事人,也是或者说更是,为了保护另一方当事人不致遭受因对方当事人主张外国法的适用而可能带来的时间和金钱的花费。这种说法注意到了英国由当事人主张和证明外国法模式的特点,比对外国法和法院地法相同性的推定似乎更有说服力。

除了这种适用法院地法的一般处理方式之外,英国法院也作为例外情况还采用了其他的方式。当上述同样性推定显然不成立时,即该外国法无论如何也不可能与法院地法相同时,法院会驳回当事人的诉讼请求和抗辩。④ 这些情况主要包括:如果外国法属于习惯法,而有关的英国法却是成文法,则法院拒绝进行此推定;在相反的情况下,即外国法不属于普通法制度时,也不进行此推定;当英国的法律规范明确规定其只适用于在英国法院管辖范围内提出的主张时,该推定也不适用。⑤

(二) 美国

美国法院在外国法无法查明问题上的处理,基本上沿袭了英国法的传

---

① See Richard Fentiman, *Foreign Law in English Courts: Pleading, Proof and Choice of Law*, Oxford, 1998, p.290.

② Adrian Briggs, The Meaning and Proof of Foreign Law, *Lloyd's Maritime and Commercial law Quarterly*, 2006, p.1.

③ Richard Fentiman, *Foreign Law in English Courts: Pleading, Proof and Choice of Law*, Oxford, 1998, p.135.

④ Ibid., pp.3—4.

⑤ Sofie Geeroms, *Foreign Law in Civil Litigation: A Comparative and Functional Analysis*, Oxford, 2004, p.212.

统,也是一般采用推定外国法和法院地法内容相同而适用法院地法。① 这也与美国法中主要是由当事人负责证明外国法的模式有关。和英国法院一样,美国法院采用的这种同样性推定也受到了学者们的批评。同样和英国法院一样,许多美国法院也是只在不能证明的外国法为普通法系国家的法律时才作这种推定,在一项外国法为成文法特别是大陆法系的法律时不进行推定,而是以当事人不能提出有关应适用的外国法的证据为由驳回当事人的起诉,从而给该推定制度设置了许多限制。

但是,和英国法所不同的是,不少美国法院已经开始渐渐偏离甚至抛弃该英国法上的相同性推定的理论。有些美国法院不管应适用的外国法是哪一法系国家的法律,均推定该外国法与法院地法相似②;有些美国法院并没有推定相同性,而是直接适用法院地法,其适用法院地法的理由是其推定当事人就在外国法无法查明的情况下适用法院地法达成了合意;有些美国法院适用法院地法,未给出任何理由。③

(三) 德国

德国法院在外国法无法查明的情况下,一般会适用法院地法。虽然德国立法承认外国法无法查明问题的存在,但是其将该问题留给了司法判例来解决,因此在法律理论和司法实践之间并不存在一致的观点。但是,大部分已经公布的法院判决采用了同一种观点,即当外国法无法查明时法院地法应该替代适用。很多其他解决方式,比如法院以前所采用过的以缺乏证据为由驳回当事人诉讼请求的做法,现在都已经被废弃。过去曾采用的因为缺乏外国法的证据而驳回当事人诉讼请求的方法构成了"拒绝司法"(denial of justice),被认为是违反宪法的。在现在的法律论著中,法院地法的替代适用也得到了提倡。④ 德国法院出于方便的考虑而适用法院地法。既然在该问题上并未能找到其他令人满意的解决方式,而德国法官对自己国家的法律最了解,并且大部分其他国家的法院也大概采同样的做法,所以德国

---

① See generally Eugene F. Scoles, Peter Hay, Patrick J. Borchers & Symeon C. Symeonides, *Conflict of Laws*, 3rd ed., 2000, section 12.19.

② Parmalat, 383 F. Supp. 2d 587 (S. D. N. Y. 2005); In re Parmalat Securities Litigation, 377 F. Supp. 2d 390 (S. D. N. Y. 2005); *Feltham v. Bell Helicopter Textron, Inc.*, 41 S. W. 3d 384 (Tex. App. Fort Worth 2001).

③ Sofie Geeroms, *Foreign Law in Civil Litigation: A Comparative and Functional Analysis*, Oxford, 2004, p.212.

④ Klaus Sommerlad & Joachim Schrey, Establishing the Substance of Foreign Law in Civil Proceedings, *Comparative Law Yearbook of International Business*, Vol. 14, 1992, pp.158—159.

法官经常,有时还是匆忙地,适用法院地法。①

由此,我们其实已经可以发现,德国法院在外国法无法查明的处理上具有一种实用主义倾向。在这一问题上,德国法院的做法并没有太多的理论基础,法官所采用的处理方法,唯一追求的目的就是案件能获得合理的判决结果。上述适用法院地法的做法,实际上是法官在该目的之下的一般选择。实践中法院地法的适用,也由于案件和法院地之间的联系,如当事人国籍或住所位于法院地,而往往能导致对案件的合理的判决结果。

在此思路之下,我们也不难理解,德国法院在当法院地法的适用仍然无法导致一个令人满意的结果时,就会寻求其他的处理方法。这些方法中比较经常采用的,是冲突规范的下一个连接点所指定国家的法律将得到适用(比如,有可能在当事人本国法无法查明的情况下,代替适用当事人住所地法)。② 当然,这一方法采用的前提,是有关冲突规范采用了"克格尔阶梯",即对法律适用规定了替代性或补充性的连接点。德国联邦最高法院还认为在例外的情况下,对某个国家法律的适用将是极度令人不满意的,则可以改为适用一个相关的法律。③ 由此,法官可以继续改用其他有关国家的法律,直到获得满意的案件解决结果为止。

(四) 西班牙

对外国法无法查明的处理,西班牙有关立法并没有明确规定。西班牙法院和西班牙学界持多种不同学说。但是西班牙最高法院的判例显示,在大多数情况下,外国法无法查明时法院适用了西班牙法。

西班牙法官常常适用法院地法的理由和德国等大陆法系国家不同,其直接来源于西班牙冲突规范由法官依职权适用而外国法的内容由主张适用该外国法的当事人负责证明的模式下,当事人负责对外国法进行证明的责任。虽然和英美法国家一样,当事人不能证明外国法就导致法院地法的适用,但是在西班牙并没有运用英美法中的相同性推定的手法。由于外国法由当事人负责证明,则如果当事人仅仅援引西班牙实体法,而没有证明冲突规范所指引的外国法,法院也并不必须根据当事人并未主张和证明的法律

---

① Klaus Sommerlad & Joachim Schrey, Establishing the Substance of Foreign Law in Civil Proceedings, *Comparative Law Yearbook of International Business*, Vol. 14, 1992, p.159.

② The Permanent Bureau of the Hague Conference on Private International Law, The Treatment of Foreign Law (Succinct Analysis Document), Information Document of February 2007 for the attention of the meeting of experts of 23 and 24 February 2007 on the treatment of foreign law, Annex, p.18.

③ Klaus Sommerlad & Joachim Schrey, Establishing the Substance of Foreign Law in Civil Proceedings, *Comparative Law Yearbook of International Business*, Vol. 14, 1992, p.159.

来审理案件,则西班牙实体法作为法院地法得到适用。该理由得到了西班牙最高法院、绝大部分上诉法院和宪法法院的支持。①

至于其他方法,相对较常采用的,是在有些案件中西班牙最高法院以没有证明外国法为由直接驳回当事人的诉讼请求。② 当起诉被驳回之后,如果原告就冲突规范指定的外国法内容获得有关新的证据,其有权重新基于该外国法提起一个新的诉讼。而该方法受到了学界的强烈支持。该方法被某些西班牙下级法院和最高法院的劳动庭所采用。2001年,西班牙最高法院的一个部门,抛弃了最高法院沿用了百年的当事人无法证明外国法就直接适用法院地法的做法,这在西班牙国际私法历史上还是第一次,这甚至被学界欣喜地称为"2001年5月革命"。③

除此之外,西班牙法院还会对于如下情况给予特别考虑:在有些案件中,当事人虽然尽到了查明外国法的努力,但是由于客观原因,外国法的证明是不可能的,如该外国是新建立的国家或战争中的国家,其法律确实无法查明。在此情况下,西班牙法院并不直接适用法院地法。如果冲突规范中存在多个连接点,则冲突规范的下一个连接点所指引的外国法必须得到适用④;如果该冲突规范仅仅规定了一个连接点,则西班牙实体法得到适用。

(五)其他国家

瑞士在该问题上有明确的立法,瑞士1987年《联邦国际私法法规》第16条规定,外国法无法查明时就适用瑞士法,没有采用其他方法的可能。但该立法同样受到了学者的批评,因为"该解决方法并不是对所有案件都是合适的"。⑤ 在法国,外国法无法查明导致法院地法的适用,法院地法是作为外国法的补充而得到适用的。在瑞典,司法实践和主流观点是外国法无法查明时适用瑞典法。然而,有些学者主张外国法无法查明的处理应通过

---

① Alfonso-Luis Calvo Caravaca & Javier Carrascosa Gonzalez, The Proof of Foreign Law in the New Spanish Civil Procedure Code 1/2000, in *IPRax*: *Praxis des Internationalen Privat- und Verfahrensrechts*, Issue 2, 2005, pp.170—174.

② The Permanent Bureau of the Hague Conference on Private International Law, The Treatment of Foreign Law (Succinct Analysis Document), Information Document of February 2007 for the attention of the meeting of experts of 23 and 24 February 2007 on the treatment of foreign law, Annex, p.18.

③ See STS Social May 22nd 2001 R.6477; STS Social May 25th 2001 R.8698. Alfonso-Luis Calvo Caravaca & Javier Carrascosa Gonzalez, The Proof of Foreign Law in the New Spanish Civil Procedure Code 1/2000, in *IPRax*: *Praxis des Internationalen Privat- und Verfahrensrechts*, Issue 2, 2005, p.174.

④ See SAP Madrid September 28th 2000 AW 1656.

⑤ A. Bucher et A. Bonomi, *Droit International Privé*, Bâle etc., 2004, p.122.

个案分析,根据案件具体情况来决定。① 在澳大利亚,在外国法缺少足够证明的情况下,法院地法一般将得到适用。②

而在我国,1988 年《关于贯彻执行〈中华人民共和国民法通则〉若干问题的意见(试行)》第 193 条明确规定:"……通过以上途径仍不能查明的,适用中华人民共和国法律。"在原《关于适用〈中华人民共和国涉外经济合同法〉若干问题的解答》(现已废止)第 11 条中也规定了"可以参照我国相应的法律处理"。可见,在应当适用外国法,而通过法定途径无法查明时,适用中国法是我国的一贯态度和做法。

二、外国法无法查明时法院地法的适用

有关国家处理外国法无法查明的具体方式各不相同。但是我们还是可以发现,所有的法院在实践中都倾向于适用法院地法,虽然各国对此给出的理由又各不相同。这些理由或者是出于理论上的原因,如英国的相同性推定理论,或者是出于方便的考虑,如德国。外国法无法查明时适用法院地法,这是大多数国家采取的做法。一些国家通过立法明确规定了应该适用法院地法③,即使没有明文规定的国家也采取同样的解决方法。

(一) 法院地法得到广泛适用的原因

通过考察外国法无法查明时适用外国法的方法之所以在实践中得到最广泛的采用,我们发现,这是一种出于实际考虑的选择,与有关国家外国法适用的传统和理论等关系不大。

以英国为例,这一最坚持外国法"事实说"的国家,在外国法没有得到证明时,为了推定外国法和法院地法内容相同从而适用法院地法,而不惜偏离自己的传统。如果遵循"事实说"的自然逻辑结果,就应驳回当事人的起诉或抗辩,但英国法院并没有这么做,而是在该问题上倒向了"法律说",推定

---

① The Permanent Bureau of the Hague Conference on Private International Law, The Treatment of Foreign Law (Succinct Analysis Document), Information Document of February 2007 for the attention of the meeting of experts of 23 and 24 February 2007 on the treatment of foreign law, Annex, p. 18.

② Adrian Briggs, The Meaning and Proof of Foreign Law, *Lloyd's Maritime and Commercial law Quarterly*, 2006, p. 4.

③ 20 世纪 90 年代以后的立法中,绝大多数都明文规定在合理期限内外国法无法查明时,适用法院地法,如《蒙古新国际私法》第 540 条、《阿塞拜疆国际私法》第 2 条第 2 款、《立陶宛国际私法》第 1.12 条、《俄罗斯民法典》第 119 条第 3 款、《白俄罗斯民法典》第 1095 条第 4 款、《罗马尼亚国际私法》第 7 条、《列支敦士登国际私法》第 4 条第 2 款、《哈萨克斯坦民法典》第 1085 条第 4 款、《突尼斯国际私法》第 332 条。参见郭玉军:《论外国法的查明与适用》,载《珞珈法学论坛》(第 6 卷),武汉大学出版社 2007 年版,第 246 页。

外国法的内容与英国法一致,从而认为法院最终适用的是与英国法内容相一致的外国法。有学者就此评论道,外国法一直被认为是事实,但是,当外国法不能被恰当证明时,却摇身一变地等同于英国法,具有法律的性质。①此外,正如众多学者所质疑的那样,该相同性的推定并不具有充分的合理性和说服力,其与其说是英国法院适用法院地法的理论基础,不如说是为了给法院在此情况下适用法院地法的实际需要和做法提供合理性而"捏造"出的说辞。该相同性推定的逻辑漏洞,在同样采用该相同性推定理论的某些美国法院显得更加明显:不管应适用的外国法是属于哪一法系,均推定外国法与法院地法相似。②两个普通法国家的具体法律,尚且不能推定是一致的,普通法系和大陆法系国家之间的具体法律更无法推断其相同性。推定外国法等同于法院地法的法律技术确实"矫揉造作",以至我们很容易就看穿了该推定理论背后的目的,从而认为,最好还是放弃"推定"这个词,直接说"若外国法未被证明,法院即适用法院地法",可能更加自然。③由此可见,在英美法国家,并不是理论和传统决定了外国法没有得到证明时法院地法的适用,法官适用法院地法可能更加是出于一种实际的需要。

而在德国这样的大陆法系国家,正如前文所述,德国法院从理论上来说,并没有支持法院地法适用的理由。德国法院追求在外国法无法查明的情况下,案件争议仍然得到合理的解决,从而寻求能获致合理的案件判决结果的法律的适用。但是,德国的司法实践显示,大多数情况下还是法院地法得到了适用。其原因也还是出于对司法实践的实际需要的考虑:因为法官对自己国家的法律最熟悉,法院地法适用的成本也最低,如果其适用并不会导致严重不合理的结果,法官是不会放弃法院地法的适用的。

此外,从稳定性和可操作性来说,将"外国法无法查明时适用法院地法"当做一项规则也更可取:对当事人来说,该规则比起下文将要讨论的其他方法更有可预见性和司法安全性;对于法官来说,该规则也更明了和容易执行。

(二) 适用法院地法方法的不足之处

尽管在外国法无法查明时适用法院地法是一种普遍的实践,但是对该

---

① See Maarit Jäntera-Jarebor, Foreign Law in National Court: A Comparative Perspective, *Recueil des Cours*, Vol. 304, 2003, pp. 179, 330.

② Parmalat, 383 F. Supp. 2d 587 (S. D. N. Y. 2005); In re Parmalat Securities Litigation, 377 F. Supp. 2d 390 (S. D. N. Y. 2005); *Feltham v. Bell Helicopter Textron, Inc.*, 41 S. W. 3d 384 (Tex. App. Fort Worth 2001).

③ See Dicey and Morris, *The Conflict of Laws*, 13th ed., Sweet & Maxwell, 2000, pp. 232—235.

方法的质疑也从来没有停止过,而这些质疑也指出了该种方法的不足之处。

正如上文所述,外国法无法查明就适用法院地法,这一规则对于当事人来说具有可预见性。这使其很容易成为当事人或法官为了规避外国法的适用而达到法院地法适用的工具。①当事人简单地不对外国法进行证明,就可以排除冲突规范的适用,并导致法院地实体法的适用。特别是在涉及公共利益、当事人无权自由处分的权利争议上,如果法官依职权适用了冲突规范,该冲突规范指向了外国法的适用,而原告不提供法院要求其提供的证明,也不说明该证明是不可能的。在此情况下,显然不应该适用法院地法,因为如果法院地法的适用对原告有利的话,这就构成对恶意当事人的奖赏。②

此外,该解决方法也并不是对所有案件的处理都是合适的。对某些特定的问题,实际上是不可能用法院地法来代替本应适用的外国法的,因为法院地法中可能并没有任何可以适用的规定。有瑞士学者就指出,虽然瑞士有关立法明确规定外国法无法查明的时候适用瑞士法,但当争议的当事人国籍或货币所属国的有关法律在瑞士法院无法查明的时候,瑞士法却无法补充适用。根据瑞士《联邦国际私法法规》第22条,自然人的国籍只能适用该争议国籍国法。根据《联邦国际私法法规》第147条第1款,货币受货币发行国法支配。我们无法想象用瑞士法来确定外国国籍和外国货币的有关争议。③

三、其他处理方法

外国法无法查明时适用法院地法的做法虽然在实践中占主导地位,但是却一直没有坚实的理论基础,并且也并不能导致所有案件争议的合理解决,所以,对在外国法无法查明的情况下其他处理方法的探讨和建议也一直没有停止过。这些方法包括:驳回当事人的诉讼请求或抗辩、适用补充性连接点指定的法律、采用比较法的方法适用内容和该外国法相近的法律或适

---

① 我国也有学者以此为理由,认为我国在司法实践和理论界,都要打破一味以中国法代替不能查明的外国法的做法;如果一味地以我国法去代替无法查明的外国法,可能导致我国法官消极地查明外国法,因为有观点认为这必然会导致法官负担的增加;还可能会导致本来有查明能力的当事人,因为外国法的适用不如我国法有利,而更情愿适用中国法却不去查明本应适用的外国法。参见郭玉军:《近年中国有关外国法查明与适用的理论与实践》,载《武大国际法评论》(第7卷),武汉大学出版社2007年版,第11页。

② Pièrre Mayer et Vincent Heuzé, *Droit International Privé*, Montchrestien, 2004, p.136.

③ A. Bucher et A. Bonomi, *Droit International Privé*, Bâle etc., 2004, pp.122—123.

用一般法理等。

（一）驳回当事人的诉讼请求或抗辩

在该做法下,当事人据以提出诉讼请求或抗辩的外国法不能查明时,就应像对待当事人不能证明其诉讼请求或抗辩一样,法院得以当事人的诉讼请求或抗辩无根据为由,驳回其诉讼请求或抗辩,并不适用其他的法律。

在以前,该方法曾得到不少国家的采用。尤其在法国,早期外国法完全由当事人负责提供"习惯证明书"来证明,法国法院曾在所有外国法无法查明的情况下都驳回当事人的诉讼请求。直到20世纪90年代法国最高法院的立场才有所改变,而只在有限的情况下采用该做法。法国法院现在将驳回诉讼请求或抗辩,作为对因为恶意或疏忽而拒绝对法官进行合作的当事人进行惩罚的方法。德国法院也曾采用该做法,但是在20世纪70年代将其抛弃。

现在,仍然有些国家的有些法院,在某些外国法无法查明的情况下,驳回当事人根据外国法作出的请求或答辩。美国、英国法院一般是在不能查明的外国法为非普通法系国家的法律时,可能采取这种做法。① 而英国法院在当事人出于诉讼策略的考虑,故意主张外国法的适用,却拒绝提供其内容的情况下,也会驳回当事人的诉讼请求。司法实践显示,某些荷兰法院也采此种做法。② 而在西班牙,法院长期采用的只适用法院地法的做法发生了变化,法院也开始在某些案件中采用驳回当事人诉讼请求的处理方法。③ 西班牙法院主张外国法无法查明的时候采用该处理方法的理由包括:冲突规范具有强制适用的性质,其指定适用一项外国法,则根据其他法律处理案件就是对冲突规范的违背;该方法可以避免当事人的诈欺行为,在该做法下,当事人并不能在根据冲突规范应该适用外国法的案件中达到适用西班牙实体法的目的;该做法保证了司法可预见性,因为案件的准据法从来都不会是不同于冲突规范指定的法律,等等。④

不可否认,在上文关于外国法无法查明就适用法院地法的做法的论述

---

① Richard Fentiman, *Foreign Law in English Courts: Pleading, Proof and Choice of Law*, Oxford, 1998, pp. 3—4.

② Sofie Geeroms, *Foreign Law in Civil Litigation: A Comparative and Functional Analysis*, Oxford, 2004, p. 213.

③ Alfonso-Luis Calvo Caravaca & Javier Carrascosa Gonzalez, The Proof of Foreign Law in the New Spanish Civil Procedure Code 1/2000, in *IPRax: Praxis des Internationalen Privat- und Verfahrensrechts*, Issue 2, 2005, p. 174.

④ Ibid.

中，对于在负责查明外国法或被法院要求进行合作进行外国法查明的当事人既不提供外国法的资料，也不说明正当理由的情况下适用法院地法，争议是最大的。很多学者都认为，此时驳回当事人的诉讼请求比较合适。①当事人无法提供有关外国法的资料时，应根据其是善意还是恶意，而采用不同的处理方式。如果当事人是善意的，即其面对的是外国法不可能被查明的情况，或查明极度困难的客观情况，则法官应适用法院地法。若当事人逃避查明外国法的责任或提供合作的义务，是出于主观原因，没有任何正当理由，则法官应宣布其主张没有根据，而驳回其诉讼请求或抗辩。由此，我们避免了如下情况，即当事人明知法院地法比应适用的外国法对自己更有利，从而通过有意的不作为，使法院地法得到适用。②

（二）适用补充性连接点指定的外国法

如前文所述，德国法院现在虽然在外国法无法查明的时候主要适用法院地法，但是德国长期以来也形成了一种传统做法：适用辅助或补充性连接点指定的外国法。现在，当法院地法的适用仍然无法导致一个令人满意的结果时，德国法院就常常适用冲突规范的下一个连接点所指定的国家的法律。该做法也得到了理论界的支持，至今在世界范围内仍具有较大的影响。③受其影响，意大利在1995年的有关国际私法立法中甚至采用了以适用补充性连接点指定的法律为主，而以适用法院地法为辅的外国法无法查明的处理方式。④此外，在日本有些学者也主张，在作为准据法的外国法内容不明时，应再次进行法律选择，例如在家庭法领域，在当事人本国法的内容不明时，可依次用惯常居所地法、居所地法和法院地法来代替本国法。⑤

不可否认，在广泛采用辅助性或补充性连接点的家庭法领域，以及与当事人身份有关的事项上，有关补充性连接点指定的外国法的适用，很可能比

---

① The tablet of Sweden, in the Permanent Bureau of the Hague Conference on Private International Law, The Treatment of Foreign Law (Succinct Analysis Document), Information Document of February 2007 for the attention of the meeting of experts of 23 and 24 February 2007 on the treatment of foreign law, Annex, p. 35.

② Pièrre Mayer et Vincent Heuzé, *Droit International Privé*, Montchrestien, 2004, p. 136.

③ Voir Pièrre Mayer et Vincent Heuzé, *Droit International Privé*, Montchrestien, 2004, p. 136.

④ 1995年《意大利国际私法制度改革法》第14条第2款规定："如果即使在当事人的协助下，法院仍无法查明应适用的外国法，则对于相同案件如果存在其他连结因素，可以适用根据该连结因素指定的法律；如果不存在此种连结因素，则适用意大利法律。"

⑤ 参见〔日〕山田镣一、早田芳郎编：《演习国际私法新版》，日本有斐阁1992年版，第58页。转引自郭玉军：《论外国法的查明与适用》，载《珞珈法学论坛》（第6卷），武汉大学出版社2007年版，第247页。

法院地法的适用更能达到案件争议的合理解决,从而更可取。但是,从规则的确定性和可预见性来说,这一处理方法还是不如适用法院地法的方法。此外,在实践中,确定当事人属人法的那些连接点,包括当事人的国籍、住所、惯常居所等,其中往往有一个或数个是位于法院地的。因此,如果我们说该方法的采用能比较合理地处理争议,那么其实可以说,实际上法院地法的采用在大多数情况下也是能够达到争议的合理解决的。由此,我们认同该方法的可取性,但是并不主张如意大利立法那样,将其放到比法院地法的适用更重要的地位。该方法的合适位置,应该是适用法院地法的方法的补充。

(三)比较法的方法(适用与本应适用的外国法相似的法律或一般法理)

在外国法无法查明的处理上,比较法的方法也可以发挥作用。其作用发挥的结果为适用与本应适用的外国法相似的法律或适用一般法理。

适用与本应适用的外国法内容相近的法律,这一做法曾经被德国法院长期采用,至今该做法在理论上仍然还有影响。在德国,该做法中最后得到适用的往往就是一些被称为本应适用的外国法的"母法"的法律。比如,用《瑞士民法典》代替主要借鉴瑞士法制定的《土耳其民法典》;本应适用《厄瓜多尔民法典》,但该法无法查明,由于《厄瓜多尔民法典》是以《智利民法典》为蓝本制定的,因此适用《智利民法典》。此外,日本和法国也曾有采取此种做法的判决。

至于适用一般法理,美国早期的判例,有采用适用一般法律原则的做法的。[1]日本的学说和司法判决也有采用此做法的,但关于是适用一般原则上的法理,还是适用内国法上的法理,或准据法所属国法律中的法理,尚有不同意见。[2]

在此问题上,比较法方法的运用有一定的道理。但是,一方面,关于有关外国法和其"母法"之间的相似或相同性的推断却并不准确。特别是,如果前殖民地自己建立了新的法律制度,则仍适用其以前在殖民地时期的法律或其前宗主国的法律,是不太合理的。另一方面,比较法方法的采用中,人为拟制的成分过大,造成该方法的不确定性,这也是该方法的最大缺陷。当事人甚至法官都无法预见,外国法无法查明时得到适用的将是什么法律

---

[1] Whitford v Panama R. Co. (1861) 23 NY 465.
[2] 〔日〕山田镣一、早田芳郎编:《演习国际私法新版》,日本有斐阁1992年版,第57页。转引自郭玉军:《论外国法的查明与适用》,载《珞珈法学论坛》(第6卷),武汉大学出版社2007年版,第247页。

规则。由此不难理解,为什么从总体来说,该方法在现在有关国家的司法实践中很少被采用。

本 章 小 结

本章论述了外国法无法查明的认定和处理。外国法无法查明是当事人或法官查明外国法的行为没有获得能使外国法的适用过程顺利完成的结果,是法官结合具体案件情况,在评价外国法最终得到查明所要付出的时间和金钱成本与法院在外国法的适用上所具有的利益大小之后,所作出的主观判断。外国法无法查明与"外国法没有相关规定"和"外国法没有查明"是不同的问题。

我们在外国法得到查明或无法查明认定标准的确定问题上,实际上面对的是,本国法官对外国法这一客观实在的接近到底要达到一个什么程度。外国法得到查明的认定标准如何对于外国法无法查明的认定有至关重要的影响。从应然的角度来说,在外国法得到查明的认定上,我们应该坚持合理性原则。一方面,对外国法得到查明的标准不能过低,在外国法无法查明是明显的和确定情况下法官显然不应该认为外国法得到查明。另一方面,在这个问题上可以采用功能主义的视角,有关外国法的资料允许法官正常地完成将外国法适用到案件事实的过程即可;也可以从获得的外国内容的缺失之处的不清楚、不明了的程度来判断,该缺失必须是"明显的"。从实然的角度来说,在外国法查明的标准问题上,决定性的因素是法官在外国法是否查明的认定上的自由裁量权。防止"外国法无法查明"的滥用,要通过制约法官在该问题上的自由裁量权来实现。当法官承担查明责任时,防止滥用"外国法无法查明"意味着防止法官逃避本应承担的查明外国法的责任和义务,督促法官认真履行外国法查明的职责。应要求法官在查明外国法上进行了充分的努力。在当事人承担查明外国法的责任时,防止滥用"外国法无法查明"意味着:法官要适当降低外国法得到查明的认定标准;要防止法官不履行将查明外国法的责任交给当事人时的告知义务,在任何情况下都不能没有告知或催促当事人提供有关外国法的证明,就以当事人未提供有关外国法证明为由认定外国法无法查明。为了对法官认定"外国法无法查明"的权力进行制约,从制度上来说,可以从两个方面来进行规定:一方面,要求法官在判决中对"外国法无法查明"的认定特别说明理由,说明自己和当事人所进行的外国法查明行为;另一方面,该制约也可以通过上级法院对该问题的监督和审查来实现,应允许当事人就法院对外国法无法查明的认定进行上诉。

对有关国家做法的考察显示,在外国法无法查明的情况下,采用最多的做法是适用法院地法。适用法院地法的方法之所以在实践中得到最广泛的采用,是一种法院出于实际考虑的选择,与有关国家外国法适用的传统和理论等关系不大。尽管在外国法无法查明时适用法院地法是一种普遍的实践,但是对该方法的质疑也从来没有停止过,而这些质疑也指出了该种方法的不足之处:其很容易成为当事人或法官为了规避外国法的适用而达到适用法院地法的工具;该解决方法也并不是对所有案件都适用。对外国法无法查明的其他处理方法包括:驳回当事人的诉讼请求或抗辩、适用补充性连接点指定的法律、采用比较法的方法适用内容和该外国法相近的法律或者适用一般法理等。但是,在外国法无法查明的处理上,不管是英美法国家还是大陆法国家,司法和理论界都未能提供一个能够为大家所信服的理论和解决办法,法官适用法院地法是一个在没有更好选择的情况下的最好选择。而实际情况也显示,当外国法无法查明时法院地法的适用是一个最简单又现实有效率的选择。同时我们也不能忽视有必要利用其他的处理方法来对其进行修正。因此,在有关外国法无法查明的处理的立法设计上,我们建议采用以适用法院地法为主,以适用补充性连接点指定的法律和驳回当事人诉讼请求和抗辩为辅的方式。

第五章　中国的外国法查明问题

前文基于各有关国家的立法与实践而对外国法查明问题所进行的比较研究,为我们提供了关于外国法查明问题的一个国际化视野,也对比较法下理想的外国法查明制度有了一定的认识。但是,该比较法下的理想制度是否就是适合中国的理想制度呢？这还有待于我们对中国的具体情况进行分析。①

第一节　我国有关外国法查明的现状

在 2010 年 10 月 28 日《中华人民共和国涉外民事关系法律适用法》通过之前,我国很长时间以来在外国法的查明制度上并没有相关立法,只是最高人民法院作出的多个司法解释中有相关规定。考虑到司法解释在我国的特殊地位和作用,以及《涉外民事关系法律适用法》在 2011 年 4 月 1 日才生效的情况,我们将先讨论有关司法解释的规定,然后结合我国的有关司法实践包括相关判决等探讨我国外国法查明的实际情况以及其中存在的问题,最后对《涉外民事关系法律适用法》中的相关规定作出评价并对其将来的具体实施提出建议。

一、有关的司法解释

我国最高人民法院对外国法查明问题有明确规定的现行有效的司法解释包括1988 年《关于贯彻执行〈中华人民共和国民法通则〉若干问题的意见(试行)》(以下简称"1988 年'意见'")和 2007 年《关于审理涉外民事或商事合同纠纷案件法律适用若干问题的规定》(以下简称"2007 年'规定'")。由此,在我国法院,涉及民商事合同争议案件中的外国法查明问题,根据 2007 年"规定"来进行,而其他涉外民商事争议案件中的外国法查明问题仍

---

① 本书讨论的我国的外国法查明问题,也包括在我国法院对香港、澳门、台湾地区法律的查明问题。

根据 1988 年"意见"来进行。

（一）1988 年最高人民法院《关于贯彻执行〈中华人民共和国民法通则〉若干问题的意见（试行）》

1988 年"意见"第 193 条规定："对于应当适用的外国法律，可通过下列途径查明：（1）由当事人提供；（2）由与我国订立司法协助协定的缔约对方的中央机关提供；（3）由我国驻该国使领馆提供；（4）由该国驻我国使馆提供；（5）由中外法律专家提供。通过以上途径仍不能查明的，适用中华人民共和国法律。"这是数年以内，我国有关外国法查明的唯一成文规定。[①]该司法解释规定了外国法的查明方法和外国法无法查明的处理两个问题，而对于外国法查明责任问题的规定则付之阙如。

在我国，外国法的查明责任如何承担，从该条规定中并不能得到明确答案。有观点认为，虽然该条款没有主语，但考虑到该司法解释由最高人民法院作出，因此，该条款的主语可推定为人民法院，也就是说，"应由法院负责查明应当适用的外国法律"[②]。对此笔者并不赞同，从该条规定来看，的确，我们可以因为其为人民法院作出，所以推定其主语是人民法院，即"对于应当适用的法律，（人民法院）可以通过下列途径查明：……"但从该规定的措辞"可以通过下列途径查明"来看，并不能显示法官应当负责查明外国法。该规定的言下之意也可以理解为，法官可以通过有关途径来查明外国法，也可以不对外国法进行查明。所以笔者认为，从字面意思来看，该条规定的第一句话只是规定了外国法查明的方式，而对外国法查明责任由谁承担的问题并未予提及，上述观点做此大胆的推定是不客观的。从另一个角度来说，我们在下文对司法实践情况的论述中也会发现，在我国的司法实践中法官极少会去负责查明外国法。如果我们认为该司法解释规定了法官查明外国法的责任，那么实在无法解释司法实践和该规定之间的巨大分歧。

就查明外国法的方法来说，该条规定从字面上来看，规定了五种查明"途径"，但是具体是哪些查明方法却表述得并不是很清楚。虽然从该规定可以知道在我国可以通过司法协助途径和外交、领事途径查明外国法，但是"由当事人提供"和"由中外法律专家提供"却语焉不详。"由当事人提供"

---

① 1987 年最高人民法院《关于适用〈中华人民共和国涉外经济合同法〉若干问题的解答》中也有关于外国法查明的规定，但该规定随着 1999 年《中华人民共和国涉外经济合同法》的废止也已经废止。

② 刘萍：《域外法查明制度的反思与重构》，载《武汉大学学报（哲学社会科学版）》2006 年第 4 期，第 514 页。

外国法的途径应该可以包括当事人提供自己(及其诉讼代理人)已经知晓或通过调查获得的外国法信息,但是当事人是否能够聘请法律专家,从该规定看却并不清楚。"由中外法律专家提供外国法"的途径是否意味着法官和当事人都可以聘请法律专家呢?而法律专家要具备怎样的资格,其是出具书面意见即可,还是仍要如证人一样出庭接受法官和对方当事人的询问呢?这些都并不清楚。此外,该规定中的五种途径的列举是穷尽式的还是开放式的?从该规定的表述来看,答案也并不明显。结合该条第二句话的表述"通过以上途径仍不能查明的,适用中华人民共和国法律"来理解,该规定似乎是一种穷尽式的列举,其并没有给其他外国法查明方式的采用留下空间。

最后,关于外国法无法查明的处理,该规定的立场倒是异常明确,外国法无法查明时就毫无疑问地都适用法院地法。但是对如何就外国法无法查明进行认定,却是又陷入了模糊之中。就"通过以上途径仍不能查明的"表述来看,似乎是要求法官用尽那五种查明途径,才能作出外国法无法查明的认定。关于这五种方式的规定是否合理我们姑且不论,这种要求用尽外国法查明途径才能认定外国法无法查明的做法,却是和我们前文的外国法无法查明认定的合理性原则相悖的。更何况有关查明方法的规定本身并不清楚,更加让这种认定标准难以操作。

从总体上来看,这条规定既不完整也不明确。可能在其出台之初对司法实践中较少见的外国法查明问题的解决还曾有一定的指导意义,发挥了一定的作用。但从规定本身来看,存在的漏洞和模糊之处过多,很难解决司法实践中的外国法查明问题,也受到了法官和学者的广泛批评。[①] 在下文中我们也将会看到,该司法解释的不明确也确实导致了司法实践上的困难与混乱。

(二) 2007年最高人民法院《关于审理涉外民事或商事合同纠纷案件法律适用若干问题的规定》

2007年6月最高人民法院作出了《关于审理涉外民事或商事合同纠纷案件法律适用若干问题的规定》,其中第9条和第10条是关于外国法查明

[①] 有法官指出:"这一规定没有明确查明外国法这一事项的性质,也没有明确当事人在查明外国法问题上的权利义务。因而,审判实践中依然存在着一些障碍。"参见俞灵雨:《外国法的选择适用和查明》,载《人民司法》2003年第6期,第29页。还有的法官认为:"该司法解释并没有解决对外国法是法律还是事实的基本定性问题;对外国法查明的责任归属也没有明确规定;对于什么情况属外国法无法查明,以及无法查明外国法时法院应如何救济等问题仍不够明确。该司法解释过于原则及简单化,在实践中缺乏指导作用。"参见张磊:《外国法的查明之立法及司法问题探析》,载《法律适用》2003年第1期,第97页。

的规定。该"规定"已自2007年8月8日起施行。

该司法解释首先明确了涉外民商事合同纠纷案件中外国法查明的责任问题。根据外国法得到适用的不同方式,外国法查明的责任承担也有所不同:外国法是由当事人选择适用的,就由当事人提供或者证明该外国法律的相关内容;外国法是由人民法院根据最密切联系原则确定的,则法院可以依职权查明该外国法律,亦可以要求当事人提供或者证明该外国法律的内容。而对外国法查明的方法,该司法解释并没有如1988年"意见"那样做具体规定,但在有关外国法无法查明的规定中有"当事人和人民法院通过适当的途径均不能查明外国法律的内容的"的表述,似乎可以推断,其对外国法查明的方法采用了一种开放性的态度。法院和当事人都可以采用任何合适的方法来进行外国法的查明,当然也不用局限于1988年"意见"中的五种途径。外国法无法查明的认定标准是"当事人和人民法院通过适当的途径均不能查明外国法律的内容"。而外国法无法查明的处理方式是法院可以适用法院地法。由此可见,该司法解释对外国法查明的有关问题都有了比较具体、明确的规定,相对于1988年"意见"的简陋来说,进步实在是不小。此外,2007年"规定"第10条还专门规定了外国法内容信息应当经过质证。而对于质证结果,当事人对查明的外国法律内容经质证后无异议的,人民法院应予确认;当事人有异议的,由人民法院审查认定。从完整和全面的程度来说,该司法解释都是比较先进的。

从该司法解释所规定的制度的具体内容来看,其规定了在合同事项上查明外国法的责任总体上由当事人来承担:不管在当事人选择适用外国法还是法官依最密切联系原则确定适用外国法,当事人都可能被要求来负责外国法的查明。根据该司法解释,法官并不承担查明外国法的责任,但是其在根据最密切联系原则确定外国法的适用的时候,有权利决定由自己进行外国法的查明。由该规定的文字表述来看,其只是赋予了法官在该情况下决定自己是否进行外国法查明的自由裁量权,而并没有对其课以任何义务,所以我们并不能认为根据该规定,法官要在自己主动确定外国法的适用的时候承担外国法查明的责任。①考虑到该司法解释针对的是有关民商事合同的争议,而此类争议也一般是涉及当事人可以自由处分的权利,仅涉及当事

---

① 作为对照,可以参考法国判例法中的有关表述:"法国法官确认一项外国法的适用,就必须查明该项外国法的内容,要么依职权,要么依援引该法律的当事人的请求。法官在当事人的协助下进行外国法的查明,其在必要的情况下也可以亲自去查明。"该规则被认为是规定了法官如果确认外国法的适用就要承担外国法查明责任。

人私人的利益(在可能涉及我国公共利益的合同上,该司法解释已经排除了外国法适用的可能①),所以在该类事项上也可以由当事人承担查明外国法的责任。从这个角度来考虑,虽然该规定并不是前文所述从比较法的角度认为的理想做法,但是毕竟也是可以接受的。

但是,至于该司法解释为何要做如此规定,以外国法得到适用的不同基础来对外国法的查明予以区别对待呢?从理论上很难找到合适的支持。这似乎是出于一种实际的考虑:在实践情况中,按照常理当事人往往对自己选择适用的法律会有一定的了解,让其负责外国法的查明可能比让法官负责更为方便;而对于法官依最密切联系原则确定的法律,当事人可能和法官一样不是很了解。但是,这也仅仅是一种先验的推断,实际上当事人对自己选择适用的法律无法提供有关资料,或调查之后发现没有相关规定的情况也是有的。况且,当事人可能因为了解某个法律而对其进行选择,但是法官根据最密切联系原则确定某个法律的适用却并不是因为其对该法律更了解,如何就能对法官根据最密切联系原则确定外国法适用的情况区别对待呢?实际上,在当事人选择适用外国法的情况下,外国法虽然是当事人选择的,但是其能成为该案件争议应该适用的法律,却最终也同样是由法官确定的,只是不是根据最密切联系原则而是根据当事人意思自治原则罢了。

该司法解释关于外国法无法查明问题的规定也比较完全。外国法无法查明的认定标准是"当事人和人民法院通过适当的途径均不能查明外国法律的内容",其采用"适当的"措辞,显得符合我们关于外国法无法查明认定标准的合理性原则。对于什么是"适当的途径",仍有待于法官自己的判断。最高人民法院应该在以后的司法实践中通过有关的判例,来对该判断标准进行具体化。而外国法无法查明时,该司法解释规定"人民法院可以适用中华人民共和国法律"。其不同于1988年"意见"中的措辞,"可以"适用法院地法,是否意味着也可以采用其他的处理方式呢?最高人民法院在外国法无法查明的处理上,是否也想对其一贯的适用法院地法的做法有所突破呢?答案并不明确。

最后,关于外国法内容信息的质证问题,该司法解释的规定为"当事人对查明的外国法律内容经质证后无异议的,人民法院应予确认。当事人有异议的,由人民法院审查认定"。由此,我们可以认为,法院或当事人获得的外国法内容信息都应当经过质证。这一问题的明确应该是必要的。这实际

---

① 该"规定"第8条特别规定,某些特定类型的合同必须要适用我国法律。

上借鉴了英美法中的通过质证和交叉质证的方式来查明外国法的做法。此外,这也体现了对当事人的诉讼参与权的尊重,给了当事人就对方当事人和法官自己获得的外国法信息发表意见的权利。但是这是否意味着当事人或法官聘请或指定的法律专家要出庭参加质证,还并不明确。而对于质证结果的处理,体现了强烈的外国法"事实说"的倾向。根据该规定,当事人对外国法律内容无异议的,人民法院应该予以确认,即使法官发现该外国法内容存在明显的错误也不能对其提出疑义;只有当事人之间对外国法的内容有异议时,人民法院才有权就有关信息进行审查认定。就外国法的性质,本书第一章已经有所阐述,将其完全作为事实来对待并不是合理的处理方式。作为英美法传统国家的美国,曾经采用了与该规定相似的做法,但是后来也作了改变,而不再用传统"事实说"的立场来束缚法官在外国法的查明和认定上的权力和积极性。我国法院在当事人对有关外国法内容没有异议的情况下对自己认定权的自我限制,其实是没有必要的,其还有可能导致出现对外国法内容严重"歪曲"的情况。

总体上来看,我国最高人民法院该司法解释的有关规定,体现了很强的试图借鉴英美法模式和将外国法作为"事实"来对待的倾向。或者说,该规定体现了很强的实用主义倾向,我们很容易就想起了法国有关司法判例出于实用主义所确定的一些规则,如"法官确定外国法的适用就必须查明该外国法的内容"。也许,我国法院也如法国最高法院一样,归根结底是从法院自己的立场出发来考虑问题,并不愿意为下级法院增加"不必要的"负担?[①]

二、有关的司法实践

上述有关司法解释的规定,当然可以从一个方面说明我国的司法实践情况,但是,我们还需要结合我国法院的有关判例,来对这些司法解释的实施情况以及我国在外国法查明的几个具体问题上的司法实践进行说明。

(一)外国法查明责任的承担

1988年"意见"并未明确规定法官有查明外国法的责任,在2007年"规定"生效之前,我国在外国法查明责任问题上都没有任何规则,在实践中也没有统一的做法。对有关司法实践的考察显示,有少数法官会自己主动进

[①] 有关法国外国法查明的有关情况,参见本书第二章第三节的有关内容。

行外国法的查明。①但是大部分法院在审判实践中,都是将外国法查明的责任交给了当事人。

我国有部分法官明确主张,外国法的查明责任在于当事人,法官不应负查明的责任,而且实践中他们也是这样做的。②在有关的判决中,我国法院认为,主张外国法适用的当事人未在法院指定的举证期限内递交该外国法,致使该外国法的相关内容未能以庭审的方式查明,法院自己未进行任何外国法查明行为。③不少判决将外国法作为证据看待,要求当事人在举证期限内举证证明,这种现象在实践中比较普遍。

还有较多的法官认为,我国对外国法内容的查明,应当是主要由当事人举证证明外国法的内容,以当事人提供为主,法官查明的方式为辅,当事人不能提供时才再由法官通过其他方法进行查明。④广东省高级人民法院在实践中形成的做法是:案件争议准据法为港澳地区的法律的,应当由当事人提供和证明相应的法律内容。当事人拒绝提供或在人民法院指定的期限内未能提供相关港澳台法律,又不能说明正当理由的,可以适用内地的法律。当事人提供相关法律确有困难的,可申请人民法院依职权查明相关法律。⑤在此情况下,法官实际上是协助当事人进行查明外国法的行为,其并没有承担查明外国法的责任,承担外国法查明责任的仍然是当事人。

(二) 外国法查明的方法

从收集到的有关案例来看,各级法院在面对涉外案件的外国法查明问题时,使用较多的是上述1988年"意见"第193条中第一种和第五种途径,即由当事人提供外国法和由中外法律专家提供外国法。有少量案件是通过其他途径查明外国法。该司法解释中的第三、四两种途径,即通过使、领馆

---

① 例如武汉海事法院在外国法的查明上持积极态度,在确定外国法的内容时既尊重当事人提供的有关法律资料,也重视通过其他途径主动进行调查,而不是简单地将外国法作为事实问题由负有举证责任的当事人举证。参见《规范管理 积极探索 努力搞好涉外海事审判工作》,载中国涉外商事海事审判网,at http://www.ccmt.org.cn/shownews.php? id=6360,2008年11月访问。
② 郭玉军:《近年中国有关外国法查明与适用的理论与实践》,载《武大国际法评论》(第7卷),武汉大学出版社2007年版,第7页。
③ 如常州市武进经纬纺织有限公司诉北京华夏企业货运有限公司上海分公司、华夏货运有限公司海上货物运输合同无单放货赔偿纠纷案,参见(2003)沪海法商初字第195号民事判决书,http://www.ccmt.org.cn/showws.php? id=1217,2009年11月访问。
④ 参见郑新俭、张磊:《中国内地域外法查明制度之研究》,载《涉港澳商事审判热点问题探析》,法律出版社2006年版,第106页。
⑤ 陶凯元:《广东法院涉港澳台商事审判的实践、探索与展望》,载《珞珈—羊城法律论坛论文集》2006年12月,第140页。

查明外国法律,在现实中实施起来非常困难。① 而第二种途径,即通过与我国订立司法协助协定的缔约对方的中央机关提供法律,在实践中也难以操作,主要原因是:在双方提供法律方面,我国缔结的司法协助条约一般仅作原则性规定,缺乏可操作性;国内也未建立起启动这一途径的完善机制,致使这一途径难以利用。② 因为查明外国法的同时,必须要对所涉案件的情况有基本的了解,对案件法律关系有初步的分析,这样才能比较准确地去查找外国法,而这样的要求对于我国驻外使领馆、外国驻我国使领馆和与我国订立司法协助协定的缔约对方的司法机关来说有时比较困难,实践中使领馆途径的使用基本上是以使领馆认证的形式出现。③ 另外,我国外国法查明制度随着我国涉外民商事审判的发展,在实践中也有不断的创新,我国法院所采用的外国法查明方法也是比较多样的,而并不局限于上述司法解释中所列出的五种途径。④ 上海市第一中级人民法院还开创了当庭上网查明外国法的先例。⑤

相对来说,当事人本人提供、法院或者当事人委托的法律专家提供外国法相关资料,在我国法院是比较常用的外国法查明方法。当事人提供经过有关使领馆证明后的外国法内容,在对外国成文法的查明中被认为是比较有效的。在瑞士银行、伊文达股份公司诉湖北昌丰化纤工业有限公司借款合同纠纷案中,案件适用瑞士法,而瑞士属成文法系国家,因而法院根据1988年"意见"的规定,采纳了由原告方当事人提供的、经瑞士驻上海总领事馆证明的《瑞士债法典》作为判决的依据。⑥ 我国法院也通过聘请法律专

---

① 例如,我国某法院为审理一涉外案件,请求新加坡驻华大使馆提供新加坡的有关法律。数月后,法院收到该大使馆大使的回函,称"新加坡是判例法国家,因此不可能回答哪条法律适用法院提出的问题,因为这些问题没有指明与哪些法规和案件有关,即使要回答这些问题,也只能提供新加坡有关部门对法律的理解,建议法院要求当事人提出证明,以证明哪些是他们据以认为是适用于他们案情的法律条款。"参见杨苏:《涉外合同纠纷案件适用法院地法的实践及其完善》,载《法治论丛》2004年第1期,第38页。

② 詹思敏、侯向磊:《域外法查明的若干基本问题探讨》,载《中国涉外商事审判热点问题探析》,法律出版社2004年版,第118页。

③ 参见郭玉军:《论外国法的查明与适用》,载《珞珈法学论坛》(第6卷),武汉大学出版社2007年版,第245—250页。

④ 例如,广东省高级人民法院在港澳地区法律查明上的基本做法是:在由当事人提供法律时,当事人可以通过法律专家、法律服务机构、行业自律性组织、国际组织、互联网等不违反我国法律强制性和禁止性规定的途径查明港澳地区的法律。

⑤ 参见谢军:《上海一中院首创当庭上网查明外国法》,载《光明日报》2006年1月15日第6版。

⑥ 参见湖北省高级人民法院(2003)鄂民四初字第2号民事判决书,http://www.ccmt.org.cn/showws.php?id=2319,2008年11月访问。

家出具书面专家意见来查明外国法。在荷兰商业银行上海分行诉苏州工业园区壳牌燃气有限公司担保合同偿付纠纷案中,江苏省高级人民法院就本案的法律适用问题,要求双方当事人提供英国法律的相关规定。在双方当事人均表示无法提供的情况下,法院依照1988年"意见"第193条第5项的规定,委托华东政法学院国际经济法专家陈治东教授书面提供了有关英格兰法律的规定,双方当事人对此均未表示异议。①

在我国司法实践中,随着实践的发展,我国法院还采用法院委托外国律师事务所或一方当事人自己委托外国律师事务所,就某一争议问题出具法律意见的方法。这种做法也可归入到"中外法律专家"意见的方法中。从收集到的材料看,在我国由外国律师事务所出具外国法内容来查明外国法的实践,多于由中国法律专家或律师证明外国法的实践。②在菱信租赁国际(巴拿马)有限公司与中国远洋运输(集团)总公司等借款合同纠纷案中,法院采纳了当事人一方菱信租赁公司提供的经英国公证机构公证并经我国驻英国大使馆认证的,由富尔德律师事务所(Freshfields Bruckhaus Deringer)提供的有关英国法律及其解释意见。③

但是,一方面,以一个外国律师事务所出具的法律意见书作为适用法律和判决的主要依据,常常会引起当事人的质疑和反感。另一方面,目前我国法律对"专家"资格并无明确的法律规定。2002年4月1日开始施行的最高人民法院《关于民事诉讼证据的若干规定》第61条仅仅简单地引入了专家证人制度④,而对专家证人的资格即应由当事人聘请还是由法院聘请中立专家证人、专家证人的义务与法律责任、专家证人证言的认证程序、法官在确认专家证人证言中的作用等等都没有明确。外国律师可否被认定为我国1988年"意见"中的"专家"也并不清楚。因此,在有些案件中,法院并不认

---

① 参见江苏省高级人民法院(2000)苏经初字第1号民事判决书,http://www.zfwlxt.com/html/2007-8/2007842250381.htm,2008年11月访问。

② 参见张磊:《外国法的查明之立法及司法问题探析》,载《法律适用》2003年第1期,第98页。

③ 参见北京市高级人民法院(2001)高经终字第191号民事判决书,http://www.ccmt.org.cn/showws.php?id=2383,2008年11月访问。

④ 根据该规定,当事人可以向人民法院申请由一至二名具有专门知识的人员出庭就案件的专门性问题进行说明。人民法院准许其申请的,有关费用由提出申请的当事人负担。审判人员和当事人可以对出庭的具有专门知识的人员进行询问。经人民法院准许,可以由当事人各自申请的具有专门知识的人员就有关案件中的问题进行对质。具有专门知识的人员可以对鉴定人进行询问。

同外国律师就外国法提供的意见。①

因此,在实践中,不少法院要求对于各类"专家"提供的法律意见,特别是对那些由一方当事人委托的"专家"提供的法律意见,一定要经过充分的质证。例如,广东省高级人民法院对于当事人提供的港澳地区法律内容的确定,采用了如下的做法:对于当事人提供的港澳地区的法律,人民法院应组织各方当事人交换各自查明的法律,告知当事人在合理期限内提出异议。当事人对被查明的法律内容无异议的,人民法院可以确认。对于有异议的部分,人民法院应该通过审核程序认定。经审判人员充分说明并询问后,一方当事人对他方当事人提供的外国法既未肯定也未否定的,或者无故缺席的,人民法院可对他方当事人提供的法律予以确认。人民法院认为一方当事人提供的法律有明显错误的,即使他方当事人未明确表示异议,也不应予以确认。②

（三）外国法的无法查明

1. 外国法无法查明的认定

关于在认定外国法无法查明之前,法院或当事人是否必须穷尽1988年"意见"中的五种途径,一直都有争论。③但我国的司法实践显示,有的域外法查明途径如通过使领馆查明外国法律,现实中操作难度大,花费时间长,查明效果不理想,很少采用。基于以上原因,穷尽该司法解释的五种途径在司法实践中是行不通的,实际情况也表明我国法院作出有关外国法无法查明的认定也并未以穷尽该五种途径为前提。

我国的有关司法实践中,法院还显示出了一种滥用"外国法无法查

---

① 例如"昌鑫"轮拖航合同纠纷案。在该案中,法院认为当事人有义务提供合同所选择的外国法律,虽然被告华威公司提供了一些英国律师的意见,但法院认为,"律师意见一般不能作为外国法法律的有效证明而加以采纳"。在通过其他途径不能查明英国相关法律的情况下,法院判定应适用中华人民共和国法律。参见《"昌鑫"轮拖航合同纠纷案》,http://www.ccmt.org.cn/shownews.php?id=980,2008年11月访问。
又如,在新加坡欧力士船务有限公司诉深圳新华股份有限公司、深圳兴鹏海运实业公司案中,原告在举证期限内提供了英国法资料,并附具了一份由英国律师出具、经我国司法部委托的香港律师认证的法律意见书;被告对原告所举的证据材料提出了异议,但未提交支持异议的证据。合议庭最后形成了结论:不能确认该法律意见书是英国法律的证明文件,也不能确认该法律意见书所附判例的有效性。因此认定该案准据法"不能查明",案件争议最后适用了我国法律。转引自詹思敏:《外国法的查明和适用》,载《法律适用》2002年第11期,第48页。
② 陶凯元:《广东法院涉港澳台商事审判的实践、探索与展望》,载《珞珈—羊城法律论坛论文集》2006年12月,第140页。
③ 参见郭玉军:《近年中国有关外国法查明与适用的理论与实践》,载《武大国际法评论》(第7卷),武汉大学出版社2007年版,第9页。

明"制度的倾向,我国法院往往非常轻易地作出外国法无法查明的认定。"外国法无法查明"对外国法的适用甚至冲突规范的适用的限制越来越凸显。从我国涉外民商事审判实践来看,如果法院确认准据法为外国法,而最后外国法却没有得到适用,很多情况下就是在外国法的查明上出现了问题。

该滥用"外国法无法查明"倾向的具体表现有:"当事人未提供外国法的证明"在所有"外国法无法查明"的案件中都构成法院作出该认定的理由或主要理由(如中国银行(香港)有限公司与广东省湛江市第二轻工业联合公司、罗发、湛江市人民政府借款担保纠纷案①);未告知或催促当事人提供外国法的证明,甚至对当事人提供的有关材料未予注意,就以当事人没有提供外国法的证明为由作出外国法无法查明的认定(如交通银行香港分行与丰懋国际有限公司、广东阳江纺织品进出口集团公司、李孔流、黄小江、阳江市人民政府借款担保纠纷案②);对当事人查明外国法的行为以及当事人提供的外国法资料采用严格的审查标准,以"当事人未能充分提供外国法资料"③,"提供外国法的具体方式不能获得法院认可"④,或"法院不能确定当事人提供外国法证明资料的效力"⑤等为由,认定外国法无法查明而适用法

---

① 参见广东省高级人民法院(2004)粤高法民四终字第26号民事判决书。法院在判决书中认为:"双方当事人均未举证证明香港特别行政区有关法律,香港特别行政区法律不能查明,依照最高人民法院《关于贯彻执行〈中华人民共和国民法通则〉若干问题的意见(试行)》第193条的规定,对罗发与中南银行香港分行之间的担保合同纠纷,应适用中华人民共和国法律。"

② 广东省高级人民法院(2004)粤高法民四终字第137号民事判决书。在该案中,上诉人交通银行香港分行提出,"香港交行提交的香港《放债人条例》中有关于保证的明确规定,原审法院一审期间从未要求香港交行提交香港对保证予以专项规定的法律文本,也从未就相关规定进行调查,就以'当事人没有提供香港有关保证的法律文本,本院无法查明香港法律对于保证的规定'为由适用中国法律"。

③ 如纳瓦嘎勒克西航运有限公司诉中国冶金进出口山东公司凭保函提货纠纷案。原告纳瓦公司提交了英国《1980年时效法》及相关案例,但对于英国法关于调整保函的规则及确定保证人责任与义务的相关案例,原告纳瓦公司未能提供,因此法院认为按照我国的法律规定,保函及当事人的权利义务关系适用中华人民共和国法律调整。参见《纳瓦嘎勒克西航运有限公司诉中国冶金进出口山东公司凭保函提货纠纷案》,http://www.ccmt.org.cn/shownews.php? id = 3231,2008年11月访问。

④ 如"昌鑫"轮拖航合同纠纷案。参见《"昌鑫"轮拖航合同纠纷案》,http://www.ccmt.org.cn/shownews.php? id = 980,访问时间2008年11月。

⑤ 如新加坡欧力士船务有限公司诉深圳新华股份有限公司、深圳兴鹏海运实业公司案。参见詹思敏:《外国法的查明和适用》,载《法律适用》2002年第11期,第48页。

院地法;法院常常并不进行外国法查明的行为就认定外国法无法查明[1],认为"法院亦未能通过其他途径查明"外国法,但是又并不说明法院在查明外国法问题上所做的努力也不说明法院未能查明的原因(如中化江苏连云港公司等与法国达飞轮船有限公司等海上货物运输合同无单放货损害赔偿纠纷上诉案[2]),等等。

2. 外国法无法查明时的法律适用

在应当适用外国法,而通过法定途径无法查明时,适用中国法是我国的一贯态度和做法。这在1987年《关于适用〈中华人民共和国涉外经济合同法〉若干问题的解答》(现已废止)第11条、1988年"意见"第193条和2007年"规定"第9条的有关规定中都有体现。我国法院在有关判决中也一直是如此处理的。

但是,在合同争议案件中,同时也出现了不同的实践。如同样是对于适用于提单的美国法无法查明的问题,在"中化江苏连云港公司等与法国达飞轮船有限公司等海上货物运输合同无单放货损害赔偿纠纷上诉案"中,法院直接适用了法院地法中国法作为解释提单的实体法,而在上述"常州市武进经纬纺织有限公司诉北京华夏企业货运有限公司上海分公司、华夏货运有限公司海上货物运输合同无单放货赔偿纠纷案"[3]中,法院最终按照最密切联系原则确定中国法为案件准据法。虽然最后结果都是适用了中国法,但是第二个案件中显然是采用了一种不同于惯常做法的处理方式。我们似乎有理由猜测,2007年"规定"中的"可以适用中国法"的措辞,是不是要给法院提供采用其他外国法无法查明处理方式的可能呢?

---

[1] 美国 JP 摩根大通银行与利比里亚海流航运公司船舶抵押权纠纷案中,就适用于船舶抵押权的成立及效力问题的巴哈马法律,法院通过我国驻巴哈马大使馆进行了查明,但是就该案贷款合同本应适用的合同约定的准据法英国法,法院认为"由于英国法中的有关判例难以查明,最终只能适用我国法律进行裁判",而对于该英国法如何难以查明以及法院是否就查明该英国法作出过努力,都没有说明。参见《美国 JP 摩根大通银行与利比里亚海流航运公司船舶抵押权纠纷案》,http://www.ccmt.org.cn/shownews.php?id=3306,2008年11月访问。

[2] 上海市高级人民法院(2002)沪高民四(海)终字第110号二审判决,上海海事法院(2000)沪海法连商初字第45号一审判决。另外参见《承运人和实际承运人应对无单放货承担连带责任》,http://www.ccmt.org.cn/shownews.php?id=4661,2009年11月访问。

[3] 常州市武进经纬纺织有限公司诉北京华夏企业货运有限公司上海分公司、华夏货运有限公司海上货物运输合同无单放货赔偿纠纷案,参见(2003)沪法商初字第195号民事判决书,http://www.ccmt.org.cn/showws.php?id=1217,2009年11月访问。

三、存在的问题及其成因

通过考察上述我国有关外国法查明的司法实践情况,我们其实很容易发现,在外国法查明问题上我国的现状中存在的最主要问题是:外国法无法查明制度往往在我国法院被滥用,从而实际上成为限制外国法适用的手段,使冲突规范适用的目的落空。而之所以如此,笔者认为,问题关键在于外国法查明责任的概念和制度的缺失,另外,将外国法当作事实来对待的观念和倾向也是该现状产生的重要因素之一。

(一) 外国法查明责任的概念和制度的缺失

1988 年"意见"第 193 条从表面上看来似乎是比较合理的规定,其规定外国法查明可以通过当事人提供有关资料来进行,也可以通过其他方法来查明。虽然该规定从字面上来看没有主语,但是我们都不怀疑其所列举的几个查明方法中有一些也是法院可以采用的方法。而最高人民法院制定该规则的初衷也应该是希望法官和当事人合作共同来查明外国法。但是,为什么在该司法解释指导之下的司法实践却是外国法往往被认为无法查明而导致外国法无法适用呢?笔者认为关键在于,在我国很长时间以来外国法查明责任的问题没有得到注意,因而没有这一概念也更没有相关的制度。

就 1988 年"意见"第 193 条本身来说,该规定将当事人提供外国法作为查明外国法的途径之一,显然是没有对外国法查明的"责任承担问题"和"查明途径问题"进行区分,没有注意或甚至根本就没有意识到对外国法的查明责任承担问题。在这种背景下,实践中法官基本不主动进行外国法查明的情况也是可以理解的:法律和有关司法解释并没有对之课以查明外国法的责任和义务,在司法任务繁重的情况下,法官很自然地不会去主动承担外国法的查明这一同样繁重的任务,因而要求当事人进行外国法的查明,或甚至直接认定外国法无法查明,让外国法的查明制度变成了排除外国法适用的工具。

该司法解释将本来应是关于外国法查明责任的规定"由当事人提供外国法的内容"和其他几种查明途径并列,其初衷可能是想为法院提供更多的外国法查明方式,但是在外国法查明责任承担制度并不明确的情况下,该方式的加入,对整个外国法查明制度规定的影响是"毁灭性"的。通过对上述五种途径的比较,我们很明显地可以发现,从法院方面来说,最容易、最方便的途径就是"由当事人提供"外国法了。与外国中央机关、外国使馆、我国使领馆和中外法律专家联系,对于法院来说,都不如和当事人联系更方便。在法院有权在几种途径中进行选择的情况下,很自然就会选择采用该途径。因此,实践中,由当事人提供外国法,成了法院最常采用,甚至从某种意义上来说唯一采用的外国法查明途径。

一方面,法官不承担查明外国法查明的义务,其可以查明也可以不查明外国法;另一方面,法官可以从包括"由当事人提供外国法"在内的几种查明途径中选择任何一种方式而并不必须穷尽各种方式。这二者共同导致了我国现在有关外国法查明的普遍实际情况:外国法的查明由当事人来进行。

(二) 将外国法当作"事实"来对待的倾向

我国民事诉讼采取"以事实为根据,以法律为准绳"的原则,人民法院在审理涉外民商事案件时,要作出切合实际、合理的判决,维护当事人的正当权益,促进我国对外开放事业的发展,不管是"事实"还是"法律",都必须查清,因此我国际国私法理论界普遍认为,把外国法看成是"事实"还是"法律"的争论,在我国没有实际意义。①正如本书第一章所述,我们也不主张以将外国法定性为"事实"或是"法律"为基础,来采取不同的外国法查明模式。外国法既不单纯是事实,也不单纯是法律,而是"具有特殊性质的法律"。但是,实际上在我国,有关的司法实践显示出了将外国法当作"事实"来对待的倾向。

该倾向最重要的表现体现在外国法查明责任的承担上。我国法院往往将外国法作为事实,从而根据证据规则,要求当事人负责提供外国法的有关证明。一些法官认为外国法就是"事实"或"特殊的事实",从而应主要由当事人负责外国法的证明。②对于法官的这种倾向,从其试图避免外国法查明和减轻法院适用外国法的"负担"角度说,是可以理解的。但是,在这种情况下,与其说将外国法定性为"事实"是当事人负责证明外国法的基础和前提,不如说法官是为了逃避和减轻自己的责任而主张外国法是"事实"。

在外国法查明责任问题上该倾向的另一个表现是,区别当事人选择适用外国法和法官确定适用外国法,而对外国法查明责任的承担有不同规定。在理论界有这样的主张,认为"如果域外法是由当事人根据意思自治原则明

---

① 黄进主编:《国际私法》,法律出版社2005年版,第275页。
② 例如,上海市第一中级人民法院的杨苏法官即将域外法定性为"事实",参见杨苏:《涉外合同纠纷案件适用法院地法的实践及其完善》,载《法治论丛》2004年第1期。广州海事法院的詹思敏法官和广东省高级人民法院的侯向磊法官即将域外法定性为"特殊的事实",参见詹思敏、侯向磊:《域外法查明的若干基本问题探讨》,载《中国涉外商事审判热点问题探析》,法律出版社2004年版,第113—115页。最高人民法院的法官同样认为,"查明外国法作为一项案件事实,当事人负有举证义务"。参见俞灵雨:《外国法的选择适用和查明》,载《人民司法》2003年第6期,第29页。

确选择适用的,例如在涉外合同领域,则该域外法的内容主要由当事人证明尚具有一定的合理性。……域外法并不由当事人选择,而是由人民法院根据内国的冲突规范援引出来的,其间,并不存在当事人的主动行为,却让当事人去承担查明域外法的主要责任,对当事人而言也是不公正的"。① 而最高人民法院2007年"规定"第9条也正是采用了这种做法。这种推理的理由是不充分的,我们在前文对该司法解释的批评中已经有所论述。实际上,这种论点和处理方法的背后,也是将外国法作为事实来对待了。通过该论点,我们分明看到了"谁主张,谁举证"这一针对事实证明责任的规则,只不过该规则是在双方当事人之间分配举证责任,而该论点是在法官和当事人之间分配查明外国法的责任。

此外,在有关法官对外国法查明结果进行认定的权力的规定上,也体现了该倾向。根据最高人民法院2007年"规定"的第10条,当事人对查明的外国法律内容经质证后无异议的,人民法院就应予以确认。在此情况下,即使法官发现该外国法内容是明显错误的,也仍然要进行确认。这一规定应该是借鉴了关于法官在审判中对案件事实进行认定的权力的规定,其背后体现的就是将外国法等同于事实的立场。在这一问题上,可能本节前文所述广东省高级人民法院在对当事人提供的港澳地区法律内容的确定上的做法更可取,即人民法院认为一方当事人提供的法律有明显错误的,即使他方当事人未明确表示异议,也不应予以确认。

而在这一外国法"事实"化倾向的种种表现背后,我们可以看到我国国内诉讼法学界对外国法的认识和立场的影响力。我国一些诉讼法学者甚至武断地认为,外国法"一般为待证事实而成为证明的对象"②,显示了其并不具备比较法的眼界和国际主义的精神,对外国法以及外国法适用的重要性也是茫然无知。这种观点在我国法官根据"以事实为依据,以法律为准绳"原则,依职权对事实和法律都进行查明的时代,对外国法查明的影响并不是很大。但是,随着我国以强化当事人证据提交责任为切入点的民事诉讼制度改革的进行,我国诉讼法学界逐渐认为,传统民事诉讼体制下的职权主义构造属于计划经济时代的产物,社会主义市场经济体制下"法院或法官裁判所依赖的证据资料只能依赖于当事人,作为法院判断的对象的主张只能来

---

① 刘萍:《域外法查明制度的反思与重构》,载《武汉大学学报(哲学社会科学版)》2006年第4期,第513—514页。
② 叶自强:《司法认知论》,载《法学研究》1996年第4期,第26页。

源于当事人,法院或法官不能在当事人指明的证据范围以外,主动收集证据"。①这种观点逐渐为当前的民事审判实践所接受,2002 年开始正式实施的最高人民法院《关于民事诉讼证据的若干规定》就在相当程度上明确了当事人的举证责任,并将法院收集证据的活动规定在有限范围之内。由此,该片面的认识逐渐对外国法在我国法院的适用构成了致命的伤害。如果将外国法等同为事实,其也通常被排除在司法认知对象范围之外,由此当事人应将外国法作为待证事实举证证明,法官应发挥管理和引导职能而非承担查明职责,法官不应通过可能的手段和途径去查明外国法。在此背景之下,出现"外国法无法查明"被滥用的情况是很自然的。诉讼法理论和司法机关关注更多的似乎是司法资源的节省、司法任务的减轻以及诉讼程序经济效率地展开②,外国法的适用和冲突规范目的的实现这些价值,并没有在他们的视野占据应有的位置。笔者无意卷入诉讼法学界围绕我国民事诉讼是采职权探知主义还是辩论主义的论争,而只是要指出,从比较法的研究来看,法官依职权查明外国法与国家经济体制是计划经济还是市场经济并没有太大关系。

由上述外国法查明问题上我国现状中存在的两个最主要问题的论述可见,我们要在我国确立合理的外国法查明制度,必须要注意这两个问题:明确外国法并非是"事实",而是"特殊性质的法律",不能像对待"事实"证明一样来处理外国法的查明;明确外国法查明责任的概念,设计和规定合理的外国法查明责任承担规则。

第二节 我国有关外国法查明的立法

从立法上对外国法查明问题进行明确,对于我国来说是十分必要的。本节将首先论述我国在《涉外民事关系法律适用法》中对外国法查明问题进行明确规定的必要性,然后对曾经出现的有关立法建议和草案就外国法查明制度所作的有关规定进行分析和评价,从中获得启发和参考,最后将以比较法研究中获得的理想的外国法查明制度为基础,结合我国的实际情况,对中国法中合理的外国法查明制度进行论述,并对我国刚刚通过的《涉外民事

---

① 张卫平:《诉讼架构与程式——民事诉讼的法理分析》,清华大学出版社 2002 年版,第 10 页。
② 徐鹏:《冲突规范任意适用研究》,武汉大学博士学位论文,2006 年,第 143 页。

关系法律适用法》中的有关规定进行评价并对其具体实施提出建议。

一、我国进行有关外国法查明立法的必要性

在 2010 年 10 月 28 日我国《涉外民事关系法律适用法》通过之前很长时间,我国在外国法查明上没有相关立法,仅有不甚完善的司法解释。尽管如此,不管是从理论上还是从实践上的考虑来说,我国在《涉外民事关系法律适用法》中完善了有关外国法查明的立法,这都是合理的和必须的。

(一) 一般证据规则适用于外国法查明的不足

正如我们在前文有关外国法查明方法的论述中所述,外国法的查明其实也可以通过一般证据规则来由当事人进行证明,而各国包括坚持严格的外国法"法律说"的德国也都不反对通过一般证据规则和方法来进行外国法的查明。但是,实践情况显示,除了英国严格坚持传统的外国法"事实说"的立场,将外国法等同于一般事实而要求当事人如证明事实一样证明外国法以外,其他国家的立法或司法机关都并不提倡通过一般证据规则来证明外国法,而实践中也很少通过证据规则来进行外国法的查明。

在我国,实践中也有法官将外国法作为事实来对待而要求当事人按照证据规则来进行外国法的查明,但是这样会遭遇举证期限、证据类型上的矛盾和冲突。①我国证据规则规定举证期限可以由当事人协商,并经人民法院许可;由人民法院指定举证期限的,指定的期限不得少于 30 日。②如果将外国法定性为"事实"或"特殊的事实",由当事人举证,则当事人对外国法内容的举证亦受到上述举证期限的限制,否则,即承担举证不能的后果。然而,这样要求当事人是不公正的。在我国,外国法并不是必须要当事人主张和援引才能适用,法官仍然可以依职权主动适用冲突规范和外国法,而当事人主张适用的外国法也并不一定会被法官确定为案件准据法。案件准据法的确定和外国法的适用与否是由法官在对案件进入实质审理之后才能决定的。那么,在案件进入实质审理之前,当事人并不能肯定地知道案件的准据

---

① 参见刘萍:《我国域外法查明的现状、反思和重构》,载《中国国际私法学会 2006 年年会论文集》,第 128 页。
② 2001 年最高人民法院《关于民事诉讼证据的若干规定》第 33 条规定:人民法院应当在送达案件受理通知书和应诉通知书的同时向当事人送达举证通知书。举证通知书应当载明举证责任的分配原则与要求,可以向人民法院申请调查取证的情形、人民法院根据案件情况指定的举证期限以及逾期提供证据的法律后果。举证期限可以由当事人协商一致,并经人民法院许可。由人民法院指定举证期限的,指定的期限不得少于 30 日,自当事人收到案件受理通知书和应诉通知书的次日起计算。

法究竟是何法,是否应该举证。只有在法官根据案件的具体情形和我国现有冲突规则已经确定案件的准据法为外国法之后,外国法的查明程序和步骤才具有了开始的前提。

民事诉讼法中的证据规则是针对证明案件事实的证据来进行制度设计的,并没有考虑也不应该考虑外国法这种特殊的证明对象。套用民事诉讼证据规则来进行外国法的查明,实际上是对民事诉讼证据规则提出了过分的要求,其在实际操作中也对现有的民事诉讼体制造成诸多困难和不便。对于当事人来说,如果其认为其在一般民事诉讼证据规则之下可以顺利完成外国法的查明而没有任何困难和不便,则其当然可以如证明事实一样向法院提供外国法内容的证据。但是,立法和司法制度也应为当事人和法官提供专门的外国法查明的制度,让当事人自己根据不同的实际情况在这二者之间进行选择。正如上文所述,我国诉讼法领域的一些学者和不少法官,对外国法适用的重要性了解不够,因而将外国法等同于一般事实。我们不能期待在这样的诉讼法园地里开出健康的外国法查明和适用的花朵。由此,国际私法学界更应该强调外国法的查明在涉外民商事案件审理中的特殊地位,因其具有特殊性和独立性,所以应该为外国法的查明设立专门的和特殊的制度,而不是因陋就简地套用我国现成的民事诉讼证据制度。

(二) 解决我国实践中滥用"外国法无法查明"问题的需要

对外国法查明问题进行立法,尤其是对外国法查明责任承担的明确规定,是解决我国实践中滥用"外国法无法查明"现象的最好途径。可能会有反对的观点认为,我国法院对外国法查明问题应如何处理,应留待法院自己在司法实践中进行摸索,找到适合自己的处理方式,从而主张对外国法的查明问题不从成文法上进行具体的规定。但是,我们不能不承认,我国法院自己摸索的结果就是司法实践中法官往往完全不承担外国法查明的责任或在外国法查明上表现消极,其有两个方面的具体表现:外国法如事实一样要由当事人负责证明和"外国法无法查明"的滥用。其最终影响是我国冲突规范指定的外国法常常以"无法查明"的理由得不到适用,冲突规范的立法目的落空。我国法官对外国法查明制度的如此利用,应在情理之中,因为法院在外国法查明问题上具有毫无限制的决定权,而不受约束的权力往往就会导致该权力的滥用。由此,解决该问题的最好途径就是寻求对该权力的约束。

正如我们在前文有关"外国法无法查明"的滥用部分中所述,对法官该认定权的约束,可以通过允许当事人就法官对"外国法无法查明"的认定进行上诉来进行。①而当事人对该认定进行上诉的一个主要理由,就是法官没有履行自己在查明外国法上的职责而轻易地认定"外国法无法查明"。但是,如果我们没有有关外国法查明制度的立法来规定法官在外国法查明问题上所具有的义务,则当事人的上诉就没有法律基础。

此外,其他国家的经验也显示,有关的成文法规定,是对实践中法官往往不进行外国法查明的实际情况进行改变的良好途径。德国虽然在相关的立法中并没有明确规定法官查明外国法的职责,但是从某种意义上来说,德国却是最不需要在立法中明确法官承担外国法查明责任的国家,因为德国的理论和司法实践已经建立了牢不可破的传统,要求法官在所有案件中都要依职权查明外国法。但是,如果我们没有这样的传统,那么有关立法的明确规定就是必须的了。例如,1987 年瑞士《联邦国际私法法规》的有关规定,实际上是统一了瑞士各州法院在外国法查明问题上的不同做法,包括要求外国法由当事人负责证明的做法。而比利时和意大利也是通过有关国际私法专门立法的形式,统一了司法实践中本国法院在外国法的查明问题上的不同立场,而最后确认法官应依职权查明外国法的原则(参见本书第二章第二节)。包括并不是成文法国家的美国,为了对其早期司法实践所遵循的英国普通法将外国法作为事实来对待的传统进行改变,也采用了成文法的方式,在其 1966 年《联邦民事程序规则》第 44 条第 1 款中规定外国法是"法律问题"。而我国要想对司法实践中存在的滥用"外国法无法查明"等问题有所改变,也要通过对外国法的查明进行成文立法规定合理制度的途径。

(三)国际私法立法的国际趋势

就外国法查明制度进行专门的规定也是国际私法立法上的一种国际趋势。在对外国法查明制度的比较研究中,虽然我们可以发现很多国家都没有有关外国法查明的成文法规定,而法院在司法实践中通过判例所确立的规则却十分重要,但是这并不能说明对外国法查明不做成文法规定是国际上的一般做法。早期的国际私法成文立法中,确实是很多都没有关于外国法查明的规定,但是笔者在研究中也同样注意到,晚近的国际私法立法中却基本都包含有关外国法查明的规定,如在国际上影响广泛的 1987 年瑞士《联邦国际私法法规》和 2004 年比利时《国际私法法典》,分别在其第 15 条和第 16 条对外国法查明问题作了比较全面的规定。它们的做法代表了在这一问题上的一种国际趋势。我国作为具有大陆法系传统的国家,和瑞士、

---

① 具体内容参见本书第四章第一节有关内容。

比利时一样,成文法立法仍是我国法律制度建设的主要途径,我们同样也应该如它们一样,在有关的立法中对外国法查明问题进行明确地规定。

至于外国法查明立法的形式,在没有完善的国际私法专门立法的情况下,外国法的查明当然也可以规定在民事诉讼法中,但是作为一个涉外民商事审判中的特殊问题,其最合适的位置应该在国际私法立法中,这也是晚近有关国家的国际私法专门立法几乎都包含有外国法的查明制度的原因。

而至于其在国际私法立法中的位置,有的立法将其作为国际私法的一般问题,在总论或总则中加以规定,如瑞士和比利时,有些国家则将其认定为国际民事诉讼程序的一部分,放在国际民事诉讼编加以规定,如委内瑞拉。① 我们支持将其放在总论或总则中的做法,因为外国法的查明并不仅仅是程序法上的问题,就如我们无法肯定地说冲突规范是程序法一样。

二、有关我国外国法查明立法的文件及评价

在 2010 年 10 月 28 日我国《涉外民事关系法律适用法》通过之前,我国的立法机关和国际私法学界曾就外国法查明拟订过有关草案和建议条文。而最高法院也从涉外商事和海事司法审判实践的需要出发,发布过有关外国法查明的处理办法,鉴于司法解释在我国法律制度中具有的特殊地位,我们也姑且将其和其他文件一起讨论。对这些立法建议和草案利弊之处的分析,可以为我们设想我国合理的外国法查明制度提供启发和参考。

(一)《中华人民共和国民法典(草案)》第九编

由我国全国人大法工委于 2003 年年底组织草拟的《中华人民共和国民法典(草案)》第九编"涉外民事法律关系的法律适用法"中有关于外国法查明的专门条款。该草案第 7 条规定:"依照本法规定应当适用的法律为某外国法律,中华人民共和国法院、仲裁机构或者行政机关可以依职权查明该域外法律,也可以(1)由当事人提供;(2)由我驻该国的使、领馆提供;(3)由该国驻华使、领馆提供;(4)由与中国订立司法协助协定的缔约对方的中央机关提供;(5)由中外法律专家提供该外国法律。法院、仲裁机构、行政机关无法查明或者当事人、上述使领馆、中央机关和法律专家不能提供该外国法律的,可以适用与该外国法律相类似的法律、与当事人有最密切联系国家的法律或者中华人民共和国相应的法律。"该规定看起来似乎全面,但是实际上并不可取。

---

① 参见 1998 年《委内瑞拉国际私法》第 60 条。

乍看起来,该规定比起1988年"规定"似乎更完善,其在第7条第1款中保留了第1款的规定,又在该司法解释规定的基础上增加了法院依职权查明外国法的规定。但是,细看起来,实际上该草案不仅没有比该司法解释更完善和进步,反而显得更加混乱并让人费解。一方面,该草案仍然没有明确外国法查明的责任。"中华人民共和国法院、仲裁机构或者行政机关可以依职权查明该域外法律"的规定,我们可以将其理解为其将法官主动亲自进行外国法查明作为外国法查明的方法或途径之一,也可以将其理解为规定了法官在选择通过何种方式进行外国法查明上的决定权,但是我们却无法将其理解为是对法官查明外国法的责任的规定。既然该规定用的措辞是法院"可以依职权查明该域外法律,也可以……"并且也没有说明法院在什么情况下要依职权查明外国法,什么时候可以让当事人提供外国法,则法院完全可以在任何情况下都不进行外国法的查明。从这个意义上来说,该草案在1988年司法解释的基础上增加的这一点实际上价值不大,因为在没有规定法官可以依职权查明外国法的时候,1988年"规定"也并不反对法官自己依职权进行外国法的查明,在实践中法官也完全可以这么做。1988年"规定"的最大问题是缺乏对外国法查明责任的承担的规定,而该草案也仍然没有解决该问题。另一方面,1988年"规定"毕竟对外国法查明的方法进行了明确的规定,但是该草案第7条第1款的规定虽然也只能被认为是对外国法查明方法的规定,却因为对表述方式的改变而显得更加混乱,让人费解。其将法院、当事人和外交机构、中央机关和法律专家等主体并列,认为当事人和这些主体都可以提供外国法,这样的处理方式,只会徒添混乱,以致有学者认为该规定扩大了外国法查明的责任主体。① 其实,外国法查明的责任主体不可能是除法官和当事人之外的其他人,该草案的本意可能是要扩大进行外国法查明的主体,认为这些主体都可以进行外国法的查明。但是,其将"法官依职权查明外国法"这一通常用来表达外国法查明责任承担的表述和其他方法并列,又没有说明其规定的到底是查明责任还是查明方法,必然让人无法有明确的认识。也许,实际上,该规定就是有意要将这二者进行混淆和模糊,从而减轻下级法院的负担,给其提供更大的自由裁量权从而方便地避免进行繁重的查明外国法工作?

从外国法查明方法的规定的角度来说,显然1988年司法解释的规定至

---

① 刘萍:《域外法查明制度的反思与重构》,载《武汉大学学报(哲学社会科学版)》2006年第4期,第512页。

少在形式上显得更加清楚。虽然其只是说外交机构、中央机关和法律专家等可以和当事人一样提供外国法,并由此显得有些奇怪,但是我们不能忽视,法官和当事人之外的其他主体提供外国法只能是受法官或当事人的聘请或要求,他们不可能是外国法查明的责任主体。因此,该草案第1款只能被认为是规定了外国法的查明方法或途径。该草案保留了该司法解释中的五种外国法查明途径,但是改变了说法。然而这种改变并不成功,虽然同样是提供外国法,但这些主体在外国法的查明上的地位是截然不同的,他们却并不适合被并列。此外,我们并不主张在查明方法上进行如此穷尽式的列举,而是主张一种更开放式的立法方式。

在外国法无法查明的认定上,该草案的规定无法对法官的判断起到任何指导作用,也无法对法官在该问题上的决定权有任何约束作用。根据该草案的规定,外国法无法查明在两种情况下都可以被认定:法官无法查明外国法就可以认定外国法无法查明;当事人、有关使领馆、中央机关和法律专家不能提供该外国法律也可以认定外国法无法查明。显然在第一种情况下法官作出外国法无法查明的认定是十分容易的。而在第二种情况下,从措辞来看,似乎要求穷尽上述几种方式之后才能认定外国法无法查明,这显然又是不甚合理的,该穷尽式的要求,在实践中可能造成司法资源和当事人时间金钱的浪费,并不可取。而如果认为上述主体中任何一个被要求提供外国法而不能提供就能认定外国法无法查明,则显然该标准又过于宽松。我们也可以肯定,该草案的规定并不能对实践中的滥用"外国法无法查明"的问题的解决有实质性的帮助。

在外国法无法查明的处理上,该草案的做法显得十分灵活。除了适用与该外国法律相类似的法律或中华人民共和国相应的法律,还可以选择按照最密切联系原则确定应该适用的法律。其将几个可能的做法进行并列,为的是为法官提供更多的选择。但是备选项过多,又没有提供如何在它们中间进行选择的任何指示,则结果往往就是让实践者无法适从,并徒增实践的混乱。何谓与该外国法律相类似的法律,我们不得而知,概念的模糊也导致该规定难以操作。

(二)《中华人民共和国国际私法示范法(第六稿)》

由中国国际私法学会起草的《中华人民共和国国际私法示范法(第六稿)》第12条规定:"中华人民共和国法院和仲裁机构,审理国际民商事案件时或中华人民共和国行政机关处理国际民商事事项时,在法律规定应适用外国法律时,可以责成当事人提供证明,也可以依职权查明。不能查明或经查明不存在该法律规定时,适用与该外国法律类似的法律或中华人民共和国的法律。"[1]这一规定明确了外国法查明的主体以及外国法不能查明时的救济方法。从表述上来看,该示范条文也比上述《民法典(草案)》的规定简洁、明确。但是,这一规定仍然没为建立完善合理的外国法查明制度提供法律基础。其对法院和当事人在外国法查明上的责任承担、分工与合作和他们各自的权责规定并不明确。

和《中华人民共和国民法典(草案)》的规定一样,该示范法草案在规定法官进行外国法查明时也是用的其"可以责成当事人提供证明,也可以依职权查明"的表述,可以想象,该示范条文同样也无法建立起外国法查明的责任承担制度,也无法约束法官或当事人逃避外国法适用的行为。起草者对该示范条文作出了说明:"在各国国际私法实践中,一是由当事人举证证明,二是由法官依职权查明,三是由法官依职权查明,但当事人亦有提供和证明的义务。本条规定采取第三种做法。"可见,起草者在外国法查明责任的承担上主张法官和当事人分担外国法查明的责任,但主要是法官依职权对外国法进行查明。但是,似乎该条规定也并不能达到示范法起草者的初衷。该条文措辞实际上将谁来查明外国法的决定权赋予了法院,让法院决定是自己主动查明外国法还是要求当事人予以查明,而并没有要求法官要查明外国法的义务。在对当事人和法官分担外国法查明责任的规定上,该示范条文也没有给出依据什么标准来对该外国法查明责任进行分配,使法官对该问题的判断具有很大的任意性。在这种方式下,法院是否履行外国法查明职责也将无法依据相应司法程序予以制约和监督。法院可以将外国法的查明责任完全交给当事人承担。该草案被采纳后很可能也会导致完全由当事人负担外国法查明责任的结果。

由此,有学者进而指出,该外国法查明制度之下,很可能导致我国冲突规范的任意适用现象。既然该规定并没有确认法官承担查明外国法查明的责任,而外国法主要由当事人负责查明,则当事人可以权衡为外国法查明可能支付的聘请专家、请求公证等金钱支出和时间耗费与适用外国法可能取得的利益,在预计为外国法查明所支付的成本大于外国法适用获得的收益后,可能缺乏积极举证的动力甚而会有意识地消极举证,造成外国法无法查明或者不能充分查明的后果,从而规避相关冲突规范指向的外国法而获得

---

[1] 中国国际私法学会:《中华人民共和国国际私法示范法》,法律出版社 2000 年版,第 93—94 页。

法院地法的适用。①这种现象和我国现有的冲突法制度是不相容的。该示范条文也仍然是无法解决我国在外国法查明问题上所面临的问题。

该示范条文不仅规定了外国法无法查明的处理,而且也规定了外国法并不存在关于争议事项规定情况的处理。而其为二者所规定的处理方式是一样的。但是,外国法无法查明和外国法没有有关规定是不能完全等同的,二者的处理方式也不宜完全一样。

(三) 最高人民法院《第二次全国涉外商事海事审判工作会议纪要》(2005年)

2005年12月26日最高人民法院印发了《第二次全国涉外商事海事审判工作会议纪要》(法发[2005]26号,以下简称"会议纪要")。虽然是最高人民法院为了指导下级法院进行涉外商事海事审判工作而发布的内部文件,但是该"会议纪要"从文本的意义上来说,对有关外国法查明的立法也具有一定的参考价值。其第51条至第53条对外国法的查明进行了规定:

> 51. 涉外商事纠纷案件应当适用的法律为外国法律时,由当事人提供或者证明该外国法律的相关内容。当事人可以通过法律专家、法律服务机构、行业自律性组织、国际组织、互联网等途径提供相关外国法律的成文法或者判例,亦可同时提供相关的法律著述、法律介绍资料、专家意见书等。
>
> 当事人对提供外国法律确有困难的,可以申请人民法院依职权查明相关外国法律。
>
> 52. 当事人提供的外国法律经质证后无异议的,人民法院应予确认。对当事人有异议的部分或者当事人提供的专家意见不一致的,由人民法院审查认定。
>
> 53. 外国法律的内容无法查明时,人民法院可以适用中华人民共和国法律。

这应该说是我们所见到的相对较完全的外国法查明的规定。几乎涉及了外国法查明制度中的所有主要问题。第51条第1款规定外国法查明责任的承担和查明外国法的方法或途径;第51条第2款规定法官负责查明外国法的条件;第52条规定对外国法的质证认定程序;第53条规定了外国法无法查明等情形下的处理。

---

① 参见徐鹏:《冲突规范任意适用研究》,武汉大学博士学位论文,2006年,第136—138页。

根据该规定草案,在商事争议事项上,外国法查明的责任应由当事人承担,但是当事人查明外国法确有困难的,经过法院的审查,也可以将该责任交给法院,由法官依职权查明外国法。这一规定应该是比较合理的。在商事争议事项上,法官有权力根据案件实际情况来对是由自己还是由当事人承担查明外国法的责任进行判断。该草案的规定是比较符合我们的这一主张的。但是,我们仍然认为该规定在对法官的职责的要求上不够,建议在当事人对提供外国法律确有困难而申请人民法院依职权查明相关外国法律,人民法院经审查认为情况属实的,就"应该"依职权查明外国法。在此情况下,我们不能为法官在确认当事人确实需要帮助的情况下拒绝进行外国法查明找到合适的理由。如果法院在查明过程中也认为自己查明该外国法有困难,完全可以认定外国法无法查明,而并不必担心自己因此而陷入困境。

有观点对此提出疑问,认为在合同领域外国法由当事人选择适用而要求当事人承担查明外国法的责任还可以理解,如果外国法是法官依照职权根据我国的冲突规范指引确定的,这种由法官依法确定的外国准据法,其内容却要由当事人提供或者证明,逻辑上似乎不能成立。[1]这种担忧并无必要。冲突规范的适用和外国法的查明问题并不是必须要给予一致的回答,外国法的查明问题具有相对独立性。更何况,冲突规范在我国都是由法官依职权适用,合同领域的当事人可以自己选择适用的法律,但是被选择的法律的适用也是经过了有关"合同适用当事人合意选择的法律"这一冲突规范的指引并得到法官的确认的。

该规定对外国法查明方法采用了一种推荐式而非穷尽式的列举方式,对待可能出现的新的外国法查明方法和途径如互联网的态度也比较开放。其所列举的外国法查明途径,不再包括1988年司法解释中规定的而实践中较少采用的外交领事途径和司法协助途径,而是推荐了通过法律专家、法律服务机构、行业自律性组织、国际组织等来查明外国法这些实践中相对较常采用的方法和途径,值得肯定。但是,我们认为,这些方法和途径在法院依职权查明外国法的时候也可能采用,所以也没有必要专门规定"当事人"可以通过这些途径查明外国法。

至于外国法的质证程序,根据该规定,一般来说,外国法应如事实一样,在其是由当事人提供的时候,要经过质证,并且法官对当事人没有异议的内

---

[1] 刘萍:《我国域外法查明的现状、反思和重构》,载《中国国际私法学会2006年年会论文集》,第126页。

容要予以确认,而对当事人有异议或不一致的外国法要由法官审查认定。但是,该规定的"征求意见稿"中曾同时规定,法院认为一方当事人提供的外国法律是明显错误的,即使另一方当事人未明确表示异议,亦不应予以确认。从而使该草案虽然借鉴了英美法上对外国法进行质证的做法,但并没有完全遵守其有关证据规则,而是赋予了法官在外国法内容认定上的自由裁量权,考虑到了外国法不同于一般事实的特殊性质。但是,遗憾的是,该规定的最后文本没有对这一点予以采纳,而忽视了外国法不同于一般事实的特殊性质。

同样与该规定的"征求意见稿"不同的是,关于外国法的无法查明,其"征求意见稿"注意到了法官认为无法查明、当事人拒绝提供外国法律以及当事人在人民法院指定的期限内未能提供外国法律而不能说明正当理由等这些外国法无法查明的具体情况的区别①,但是,该规定也没有对其予以采纳,而是规定外国法无法查明时,人民法院可以适用中华人民共和国法律解决案件争议。但是,对于经法院要求仍然拒绝提供外国法恶意规避外国法的适用的当事人适用法院地法可能并不是十分合理。适用法院地法这样一种唯一的处理方式虽然具有明确性和便于法院操作,但是其"可以"适用中国法律的措辞,却又反而增加了不确定性。那么法院是否也可以采用其他的处理方式呢?建议去掉该"可以"二字。

从总体上来说,该草案对商事纠纷案件中外国法查明制度的设计还是比较合理的。但是必须要注意的是,该制度只对于商事领域的案件来说才是合理的。并不宜将该制度特别有关外国法查明责任的承担的规定延伸至非商事争议事项上去。在那些涉及公共利益的争议案件中,法官承担查明外国法的责任仍然是必须的。我们还是需要寻求能解决所有领域的外国法查明问题的完善的制度。

(四)《中华人民共和国涉外民事关系法律适用法(草案)》

2010年8月23日,第十一届全国人大常委会第十六次会议审议了《中华人民共和国涉外民事关系法律适用法(草案)》。该草案被予以公布以向社会公开征集意见,并有望在2010年年底通过全国人大常委会第三次审议

---

① 最高人民法院于2005年11月发布的《第二次全国涉外商事海事审判工作会议纪要(征求意见稿)》第58条规定:"外国法律的内容无法查明时,或者当事人拒绝提供外国法律,或者当事人在人民法院指定的期限内未能提供外国法律而不能说明正当理由的,人民法院可以适用中华人民共和国法律解决案件争议。"

成为正式立法。①该草案第 11 条是关于外国法的查明的规定:"外国法律的查明,当事人选择适用外国法律的,由当事人提供;没有选择的,人民法院、仲裁机构或者行政机关可以要求当事人提供,也可以依职权查明。不能查明外国法律的,适用中华人民共和国法律。"该条内容比较简单,只对外国法查明的责任和外国法无法查明的处理做了规定。

关于外国法查明责任的承担和分配,根据该条的规定来看,外国法的查明主要由当事人来进行:在当事人合意选择适用外国法的情况下,外国法的内容毫无疑问要由当事人负责证明;在外国法由法官决定适用的情况下,外国法的内容也可能要由当事人来负责查明,除非法官决定自己进行查明。这种情况从另一个角度来看,可以说法官并不承担任何外国法查明的责任,因为根据该条的规定,在适用的法律为当事人自己选择的情况下,法官不必自己查明外国法,在其他情况下,虽然法官可以自由决定自己是否进行外国法的查明,但是它们没有任何义务必须要自己进行外国法的查明。在该条规定确立的制度之下,法官可以将外国法的查明责任完全交由当事人承担。

和前述《中国国际私法示范法(第六稿)》第 12 条的有关规定一样,这一条文草案成为立法之后,很可能会导致在我国外国法的查明将完全由当事人负责的后果。而这种情况将可能导致我国冲突规范所指定的外国法的适用可以轻易地被当事人通过外国法的查明制度而规避。这样的后果,对于商事领域的纠纷来说,还可以被容许,但是对于涉及弱者保护等问题的身份、家庭等领域的纠纷来说,对社会正义的维护等目的要求法官应该在外国法的查明上承担一定的责任,依职权查明有关外国法。

关于查明外国法的方法以及如何认定外国法无法查明等问题,该条没有规定。关于外国法无法查明的处理,该条文草案明确了在此情况下法官应适用法院地法。从有关措辞来看,该草案没有使用"可以",那么即意味着,外国法无法查明时法官除了适用法院地法以外,无权适用其他的外国法。虽然这里排除了法官考虑适用其他外国法如"与当事人有最密切联系国家的法律"的自由裁量权,但是在外国法无法查明时适用法院地法是国际通行做法,这种简单明确的规定对于法官来说也易于操作,因此,我国立法如果做如此规定也是合理的。

但是,从总体上来看,这一立法草案内容仍然过于简陋,对于构建我国

---

① 参见《涉外民事关系法律适用法(草案)全文及主要问题的汇报》,http://www.npc.gov.cn/npc/flcazqyj/2010-08/28/content_1592751.htm,2010 年 9 月访问。

合理、完善的外国法查明制度并没有太大的指导意义。一方面,其对需要注意的外国法查明的方法以及外国法无法查明的认定等没有规定。另一方面,其作出了规定的内容,也仅仅是对于我国现在的司法实践情况予以了确认,这种确认也使在我国司法实践中存在的有关问题,即由当事人负责查明外国法,法官滥用"外国法无法查明"而适用法院地法等,将继续存在而得不到改进。这对于我国涉外民商事争议的合理解决以及我国国际私法实践水平的发展都将是危险的。

三、中国法中合理的外国法查明制度

在前文的比较研究中,我们发现,外国法的查明从本质上来说是为冲突规范指定的外国法的适用提供服务的工具,因此一项外国法查明制度,首先应该能够实现其作为该工具的价值,能促成完成冲突规范指定的外国法的适用。外国法查明制度的功能应是协助本国冲突法的适用,那么一切的有关制度设计都应该围绕该功能和目的来进行。一项制度的设计不管从理论上来说多合理,如果导致了实际结果与该目的的背离和该功能不能实现,则都应该说是不成功、不可取的。因此,理想的外国法查明制度,首先应该能够有效地查明外国法,能够实现冲突法的主要目的,即达到冲突规范指定的准据法的适用,并尽量准确地适用外国法。其次,理想的外国法查明制度应该是有效率的制度,在实践中能够用合理的时间和金钱花费来达到查明外国法的目的。最后,该制度应该是公正的,使法官尤其是当事人对其具有信任感[1],最终间接促成当事人之间的争议得到合理的解决。通过本书前面章节的比较法研究,笔者认为,从理论上来说理想的外国法查明制度,应该围绕公平合理的外国法查明责任承担规则而建立,能充分发挥和调动法官和当事人在外国法查明上的能力和积极性,并能保证查明结果的相对准确性。

但是,我们也不得不承认,在现实世界中理想的外国法处理模式是并不存在的。外国法的查明和适用问题受各国国内不同的法律传统和文化的影响较大,并且和实体法制度不同,其与各国司法机关的联系也十分紧密。在普通法国家引入以法官为主导的外国法强制适用和查明的制度没有任何意义,因为该制度必要的法律传统和文化缺乏[2];同是大陆法系国家如德国和

---

[1] Sofie Geeroms, *Foreign Law in Civil Litigation: A Comparative and Functional Analysis*, Oxford, 2004, p. 392.

[2] Ibid., p. 389.

法国之间的做法也并不相同,其查明外国法的传统做法"专家意见"和"习惯证明书"方式,不管是从外国法查明责任还是从外国法查明方法来说,都有很大差异。笔者试图从前文比较法研究的基础出发,结合我国的具体现实情况,寻求中国法中合理的外国法查明制度。下文将分别对有关具体制度的设计进行论述。

(一) 外国法查明责任的承担

从比较法的角度来说,在外国法查明责任的承担上,瑞士法模式①是比较理想的:从原则上要求法官承担查明外国法查明的责任,从而避免了法官轻易地通过要求当事人证明外国法而逃避冲突规范指定的外国法的适用任务;但是与要求法官在所有情况下都要依职权查明外国法,让法官承担过于繁重的外国法查明任务的德国模式不同,根据案件争议所涉及的利益的不同,法官在涉及公共利益事项上必须依职权查明外国法,而在仅涉及经济利益而不涉及公共利益的争议案件中允许法官将外国法查明的责任交给当事人,从而减轻法官的负担,发挥当事人的能力和积极性。这种模式值得我国借鉴。② 此外,查明责任的承担对法官和当事人合作共同完成外国法查明的义务并无影响,为了查明外国法,法官可以要求当事人予以合作,当事人也有予以合作的义务,而当事人负责查明外国法确实有困难的时候,也可以请求法官提供协助,法院经审查认为情况属实,也应该提供协助。

对我国法官应从原则上承担外国法查明责任的必要性,我们在前文有关我国外国法查明责任的缺失的部分已经有所论述,其是改变"外国法无法查明"被滥用现象的需要。此外,从另一个角度来说,从前文对我国外国法查明的现状的分析来看,外国法在我国实际上往往由当事人进行查明的现实情况,其实并不是司法解释所想要达到的目的,至少在非合同争议事项上

---

① 1987年瑞士《联邦国际私法法规》第16条规定:"(1) 外国法的内容由法官依职权查明。法官为了查明外国法,可以要求当事人的合作。在与经济利益有关的事项上,可以由当事人负责外国法的查明。(2) 外国法无法查明,则瑞士法得到适用。"

② 由于我国并没有"与经济利益有关的事项"的概念,所以在此,我们将其替换为"商事争议事项",前述2005年最高人民法院"会议纪要"中也采用了"商事纠纷案件"的措辞。就商事争议的判断,可以参考我国有关国际商事仲裁的司法解释和司法实践中对"商事"一词的解释。我国对"商事"一词采取广义的解释。我国在加入1958年《纽约公约》所做的"商事保留"中声明,只要按照我国法律属于契约性和非契约性的商事关系所引起的争议都适用《纽约公约》,而根据我国最高人民法院《关于执行我国加入的〈承认及执行外国仲裁裁决公约〉的通知》第2条的规定,所谓"契约性和非契约性商事法律关系",具体是指"由于合同、侵权或者根据有关法律规定而产生的经济上的权利义务关系,例如货物买卖、财产租赁、工程承包、加工承揽、技术转让、合资经营、合作经营、勘探开发自然资源、保险、信贷、劳务、代理、咨询服务和海上、民用航空、铁路、公路的客货运输以及产品责任、环境污染、海上事故和所有权争议等,但不包括外国投资者与东道国政府之间的争端"。

如此。有关司法解释的初衷应该是希望法院和当事人共同合作来查明外国法的。而这种现实情况的出现,我们可以理解为是因为该规定制定者的"立法"技术的欠缺,导致了"立法"初衷和现实结果之间的无法吻合。这种情况在法律现象中是很常见的。对这种"立法"初衷和现实结果之间的偏差情况的处理,可以有两种方式,要么改进"立法"技术,使现实结果能达到该规定的初衷,要么对"立法"初衷进行重新考察,根据现实情况修正"立法"初衷。但是,比较法的研究显示,我国法官和当事人共同查明外国法的"立法"初衷是合理的,我们要改进的应该是如何从立法技巧上来保证该初衷的实现。而第二种选择,即根据现实结果来修改立法初衷,将其变为由当事人负责查明外国法却并不是一个好的选择。在比较研究中,笔者发现,由当事人负责查明外国法除了在英国仍然被严格坚持以外,在大陆法系国家比如法国长期以来都受到质疑和批评。我国作为大陆法系传统的国家,外国法并不是要经过当事人主张才得到适用,在所有案件中都要求当事人承担查明外国法的责任,实际上并不合适。而我们对"立法技术"进行改进的方式就是从原则上规定法官承担外国法查明的责任,而允许在经济利益事项上法官将外国法查明的责任交给当事人。要达到当事人和法官分担查明外国法查明责任的目的,规定二者在同一案件中各自承担部分责任的设计实际上导致最后没有人真正负责外国法查明,显然无法达到该目的,合理的做法应该是区分不同的案件类型,让二者在不同的案件中分别承担外国法查明的责任。

在商事争议事项上,法官何时可以决定将外国法查明的责任交给当事人,其判断标准如何却并不适合做具体规定。法官可以根据案件的具体情况,通过考察法官和当事人获得有关外国法资料的难易程度,其查明外国法将可能支出的金钱和耗费的时间,案件的复杂程度等因素,来确定是由当事人来查明还是依职权来查明。强制性地在立法中规定法官裁量的依据和标准也许并不可取,并不能应付涉外审判实践中千差万别的实际情况。但是要指出,我们仍要坚持的一点是,法官将查明外国法的责任交给当事人必须就此对当事人予以告知。如果法官没有告知当事人查明外国法的责任由其承担或催促当事人提交有关外国法的证明,就应该推定法官并未将查明外国法的责任转移给当事人。做此规定也是为了防止实践中我国法院在外国法查明上没有任何作为就认定外国法无法查明而适用法院地法的情况。

法官和当事人虽然承担不同类型案件中的外国法查明责任,但是其在所有案件中都有互相合作以查明外国法的义务。有些外国法查明方法仅凭当事人自身很难进行,可能需要法院予以协助,例如通过中央机关提供、通过使领馆提供、通过国际组织提供等。在查明责任由当事人承担的情况下,当事人无法自身独立进行的查明方法,可以申请法院予以协助,法院在经当事人申请且认为必需时,应该对当事人提供协助或自己进行外国法的查明行为。但是,在当事人承担查明外国法责任的情况下,如果当事人并未提出申请,法院不能自行决定进行有关外国法的查明。而在查明责任由法院承担的情况下,法院当然可以主动采用其认为合适的任何途径。在案件具体情况显示,当事人可能对有关外国法比较了解,由其查明更有效率时,法官可以要求当事人予以协助进行查明,当事人也有义务尽可能地提供合作,但是这时当事人也仍然是不承担查明外国法的责任。

(二) 外国法查明的方法

从比较法上来说,在外国法查明的方法上,英美法中对抗性的专家证人口头证明外国法的方法,虽然有利于当事人对程序的参与,有助于案件通过当事人都信任的方式得到合理解决,但是其成本过高是一个致命的缺点。对其进行改进的方法有:当事人各自聘请专家证人,但是一般专家证人提供书面证明就可以了,只有在必须的情况下法官才可以要求专家证人出庭接受质证;由当事人协商共同聘请专家,或由法官指定专家。其他国家就有使用这些方法的实践,这些方法值得参考。而德国的通过法院获得的"专家意见"查明外国法的方法也是值得肯定并行之有效的方法,但需要注意其要求国内的比较法教学和研究具有较高的水平,并且在此情况下也要注意对当事人抗辩权的尊重。通过外交或领事途径查明外国法以及通过司法协助的方法查明外国法在实践中采用的并不多。理想的对外国法查明方法的规定,应该采用一种十分开放和实用主义的态度,如瑞典一样,只说明法院可以采信的说明外国法内容的材料形式(可以但不限于外国法成文法、司法判决和法学论著以及外国法官、学者和律师所提供的专家意见)[1],对于具体获得这些材料的方法不作限制;或者如德国、西班牙的有关立法,规定法官有采用任何"其他方法"查明外国法的权力;甚至直接采用更实用主义的做法,如1967年《法国民法典国际私法法规(第三草案)》第2288条、第2289条规定,必要时,在法官建议下,可用一切手段对外国法内容进行确定。而

---

[1] The Permanent Bureau of the Hague Conference on Private International Law, The Treatment of Foreign Law (Succinct Analysis Document), Information Document of February 2007 for the attention of the meeting of experts of 23 and 24 February 2007 on the treatment of foreign law, Annex, p. xxxv.

对于具体方法的采用,可以推荐一些常用的有效的外国法查明方法,但是应仅是推荐,而不应采用穷尽式列举,应为当事人或法官留有自由选择的余地,并为新的外国法查明方法的发展留有空间。

英美法中的专家证人证明外国法的方法,要求专家证人参加质证和交叉质证,让法官通过庭审中当事人之间的对抗来直接找到当事人之间的论争点,获得对外国法的认识,从而被认为是查明外国法的高效方法。但是由于要求当事人的专家证人必须出庭,从而必然带来当事人为查明外国法要付出更多的时间和金钱。从该方法本身来说,这一点应该得到改进。可能免去专家证人必须出庭接受质证的要求就是不错的办法。

德国法院所一直采用的通过法院咨询有关外国法和比较法研究机构获得"专家意见"的办法,我国也可以考虑借鉴。这些机构出具的法律专家意见从公正性和权威性来说都是值得信赖的。但是,该方法要求法官有主动尽力进行外国法查明的意识,也要求法官能够方便地从有关的机构获得关于外国法的专家意见。而后者也是该方法能够顺利地得到采用的前提条件。该专家意见的方法在德国之所以一直被采用并行之有效,与德国国内比较法教学研究与运用的水平较高有必然联系。法官对比较法的学习和研究还能帮助他们对有关的外国法有一个平衡的考虑,防止相信片面的和有偏见的信息。①借鉴了德国做法但比德国显得更灵活的瑞士,也发展了本国的比较法研究机构,该机构不仅为法官提供专家意见,而且也对当事人开放。在瑞士有关机构的专家意见也在法官和当事人进行的外国法查明活动中发挥了重要作用。我国司法实践中虽然也采用通过教育或科研机构的法律专家出具专家意见来查明外国法的方法②,但是该方法并未形成一种经常采用的做法,我国比较法发展的不够和并不具备如马克斯-普朗克研究所和瑞士比较法研究所一样权威而专门的外国法研究机构应该是主要原因之一。由此,建议我国也有意识地建设这类机构,为法院和当事人查明外国法

---

① See Ulrich Drobnig, The Use of Foreign Law by German Courts, in Erik Jayme (ed.), *German National Reports in Civil Law Matters for the XIVth Congress of Comparative Law in Athens 1994*, Heidelberg, 1994, pp.5, 21.

② 例如,江苏省高级人民法院在荷兰商业银行上海分行诉苏州工业园区壳牌燃气有限公司担保合同偿付纠纷案中就采用了该办法查明外国法。参见江苏省高级人民法院(2000)苏经初字第 1 号一审判决。

提供有效的帮助。①

也许是受了我国诉讼法领域的改革借鉴英美法对抗式诉讼制度长处的影响②,我国司法机关和理论界都强调对查得的外国法信息的质证。2007年"规定"第10条就专门规定了对外国法信息的质证。诚然,由于我们主张开放式的外国法查明方法立法,通过不同方法查明的外国法在准确性和权威性上肯定有所差别,并不是所有外国法信息都可以被法院所采信。尤其是当事人所获得的外国法信息,在客观性和公正性上一直都受到争议,要求对此类信息进行质证之后再采用是可以理解的。这便于法官听取双方当事人的意见,最终作出正确判断。如果经质证后无异议,法院应予确认;如果有异议,由法院认定。但是,如果法院认为一方当事人提供的域外法明显错误,即使另一方当事人未明确表示异议,也不应予以确认。

对于法官通过各种方法获得的外国法,似乎并不必须在听取双方当事人的意见后才能确认。③法官在对外国法的了解上的欠缺程度,并不会比其(在查明案件事实之前)对案件事实的了解的欠缺程度更大。如果说法官因为缺乏对外国法知识的学习和训练而被认为难以认定外国法的真实性,那么法官在认定案件事实的真实性问题上也并不具有天然的优势,其并不具有穿越时空回到过去弄清过去所发生的事实情况的特异功能。但是在法官职权主义的诉讼模式下,法官依职权查明的事实,并不需要听取当事人的意见之后才能确认,那么为何法院查明的外国法却需要向当事人出示,听取当事人意见呢?理由可能是法官"不可能像熟悉本国法那样熟悉外国法,故不能确保所取得的外国法的真实性,也不能确保对外国法含义理解的准确性",也就是说,在对外国法的了解这一特定方面上,其行使裁判权的能力存在"瑕疵",不能让人放心,所以其必须求助于当事人。这个理由并不是充分的。我们为何在法官无法查明事实的情形并不少见的情况下,仍然在认

---

① 可以在高等院校等科研机构的基础上建设该专门的外国法咨询机构,我国有学者也建议由最高人民法院成立专门的机构,专司外国法的查明。参见晏圣民:《涉外海事审判中外国法适用的困境和出路》,载金正佳主编:《中国海事审判年刊》(2003),人民交通出版社2004年版,第225—226页。

② 随着最高人民法院于2001年12月颁布施行的《关于民事诉讼证据的若干规定》的出台,在民事审判实践中已开始引入辩论主义原则。最高人民法院推动的从举证方式到审判方式的改革,已经显示了我国民事诉讼程序从职权探知主义到辩论主义转换的趋势。参见徐鹏:《冲突规范任意适用研究》,武汉大学博士学位论文,2006年,第146—149页。

③ 相反观点参见参见詹思敏、侯向磊:《域外法查明的若干基本问题探讨》,载《中国涉外商事审判热点问题探析》,法律出版社2004年版,第123—125页;刘萍:《我国域外法查明的现状、反思和重构》,载《2006年国际私法年会论文集》,第131—132页。

定案件事实问题上给予了法官完全的信任,而在对待认定外国法这一"特殊性质的法律"问题上,却对法官的有关判断能力予以苛求了呢?如果法官不借助当事人的力量,其自己对本国法的了解程度最深,而对案件事实的了解最浅,可以说因为没有当事人提供的材料的帮助其程度几乎是零。而其对外国法的了解我们认为应该是处于二者之间的,显然不可能高于本国法,但是也不应该是低于案件事实。那么,我们既然可以先验地认为法官具备对案件事实的判断和认定能力,则我们也可以先验地推定法官具备对外国法的判断和认定能力。在职权主义诉讼模式下,法官对自己依职权查明的案件事实的确认不需要征求当事人的意见,那么法官依职权查明的外国法也不应该需要征求当事人的意见。当事人查明的外国法需要进行质证,需要由法院进行确认,是因为当事人往往只提供对自己有利的材料,而法官在这一点上并不存在"瑕疵",从这个角度来说,我们应该给予其查明的外国法内容的客观性予以信任。

从另一个方面来说,如果法官依职权查明的外国法还需要征求当事人的意见,显然和法官在整个诉讼过程中的地位和角色不符,如果其查明的外国法内容受到当事人的质疑,则更加是有损司法权威。另外,如果当事人质疑法院查明的外国法的真实性和可靠性,则该情况如何处理又是一个棘手的问题。是由法院重新动用其他途径再进行查明,还是就此认定外国法无法查明?两者都不能令人满意,也都给予了当事人操纵案件程序和实体结果的机会:前者可能会导致当事人恶意拖延程序,后者会导致当事人轻易地达到法院地法适用的目的。问题的症结在于,该种做法给予了当事人与其诉讼地位不相符的优待。当事人不应该具有在一审程序中对法院查明的外国法进行质疑的权利,该种权利的行使应该通过二审上诉程序,通过二审法院对下级法院对外国法的正确适用的监督来实现。当然,这也并不是说我们不需要注意在该种情况下对当事人的有关权利的尊重,法官就自己获得的外国法信息应该对当事人予以告知,而不是在判决作出时才向当事人揭示其查得的外国法信息。当事人也有权利就法官获得的外国法信息发表自己的意见。

(三)外国法的无法查明

比较法中对于外国法无法查明的理想制度中,应该掌握对外国法得到查明和外国法无法查明的认定标准的合理性原则,尊重法官在该问题上的自由裁量权,使其能根据复杂的现实情况对该标准进行灵活掌握,因此各国也都没有对如何认定外国法无法查明进行明文规定,而是留待司法实践去发展有关规则。但从各国的做法来看,仍然可以从两个方面对法官认定"外国法无法查明"的权力进行制约。一方面,要求法官在判决中对"外国法无法查明"的认定特别说明理由,并说明自己和当事人所进行的外国法查明行为。法官对外国法无法查明的判断所基于的客观情况和其推断过程应该予以说明。在任何案件中,法官都必须说明自己在外国法查明上所作出的努力,对自己职责的履行。另一方面,该制约也可以通过上级法院对该问题的监督和审查来实现,应允许当事人就法院对外国法无法查明的认定进行上诉。不管是法官没有履行自己在外国法查明上的职责还是对外国法可能得到查明的情况作出了错误的判断,都应该可以成为当事人对判决提出上诉的理由。而在外国法无法查明的处理上,不管是英美法国家还是大陆法国家,司法和理论界都未能提供一个能够为大家所信服的理论和解决办法。在各国的立法和实践中,法官适用法院地法是一个普遍采用的做法,也是在没有更好选择的情况下的最好选择。而实际情况也显示,当外国法无法查明时,法院地法的适用是一个最简单又现实有效率的选择。同时,有关国家在该情况的处理上所采用的其他方法我们也不能忽视。法院地法的适用不是在所有外国法无法查明的情况下都是合理的,这些方法的采用可以对其进行修正。因此,如果法院地法的适用导致明显不合理的结果,对于相同案件如果存在其他连接点,可以适用该连接点指定的法律。当事人拒绝法院的要求,既不提供有关外国法信息,也不说明合理理由的,也可以驳回其诉讼请求或抗辩。

关于外国法无法查明的认定,由于我国实践中确实存在法官逃避自己的职责,滥用"外国法无法查明"的倾向,我国学者和法官提出了不少建议来遏制这种倾向。有建议要求法官进行外国法的查明必须要用尽一切或某几种域外法查明途径或进行外国法的查明达到一个最低时间。这些做法呆板僵硬,过于形式主义,并没有充分考虑到外国法查明实践的千差万别,可能不仅不能达到制止该类现象的目的,反而会无端增加法院的负担。也有建议要求法官在作出外国法无法查明认定之前尽到"勤勉"的义务,并列举了外国法查明受挫时法官勤勉的一些具体做法,作为法官勤勉义务的指引和参考。①这些具体做法确实对实践有很强的指导意义,可以较好地防止法官轻易地认定外国法无法查明而适用法院地法的倾向。但是,我们并不认为法官尽到该勤勉义务能成为认定外国法无法查明的标准。法官尽到勤勉义务应该是法官承担外国法查明责任的基本含义。在法官承担外国法查明责任的时候,其必定要尽可能去查明外国法而尽到勤勉的义务。但在外国法查明责任由当事人承担或当事人被法官要求协助查明外国法的时候,如果当事人拒绝提供外国法又不说明正当理由的,法官可以驳回当事人的诉讼请求,此时还要求法官尽到勤勉义务似乎并不合理。法官尽到勤勉义务查明外国法只可能是外国法查明责任的承担中应讨论的问题,而不应该在外国法无法查明中来讨论。

外国法无法查明的制度的本意应该是为法官或当事人查明外国法的义务或责任设定一个合理性的限度,避免他们为了实现外国法查明这一不可能或过于困难的任务而花费过多的时间和金钱,最后得不偿失。只是因为在我国,外国法查明责任的承担并不明确,法官对外国法无法查明进行了滥用,导致我们把对外国法无法查明的注意力都集中到对法官逃避自己职责的问题上来,而忽略了其实外国法无法查明的制度也有其积极意义,法官在外国法无法查明的认定上的自由裁量权也应该得到肯定和尊重。我们要遏制该滥用倾向,应该首先对法官查明外国法的责任进行明确,其次从前文所述两个方面对法官认定外国法无法查明的权力进行制约。

而在外国法无法查明的处理上,同外国法无法查明的认定一样,我国学者的思维也被对我国外国法无法查明被滥用的现实情况的忧虑所左右,而认为在外国法无法查明时仅简单以中国法代替应适用的外国法存在着诸多弊端②,其中就包括如果一味地以我国法去代替无法查明的外国法,可能导致我国法官消极地查明外国法,因为有观点认为这必然会导致法官负担的增加。所以,我国在司法实践和理论界都有要打破一味以中国法代替不能

---

① 这五种做法是:(1)在对当事人提供的域外法不能确认时,法院依职权委托法律专家出具法律意见,然后参考该意见认定相关的域外法是否"不能查明";(2)不同法律专家提供的意见相左时,法院允许法律专家以证人身份出庭对质;(3)在查明的法律难以直接适用时,参考适用法律专家的法律适用意见;(4)在法律查明不充分时,以准据法所属法域法律的基本原则作补充;(5)在对当事人提供的域外法,难以辨别真伪时,法官可以通过互联网或权威机关出版或审定的数据库查阅该外国法,然后进行对照审查。参见詹思敏、侯向磊:《域外法查明的若干基本问题探讨》,载《中国涉外商事审判热点问题探析》,法律出版社2004年版,第123—125页。

② 参见参见郭玉军:《近年中国有关外国法查明与适用的理论与实践》,载《武大国际法评论》(第7卷),武汉大学出版社2007年版,第10—11页。

查明的外国法的做法的主张。《中国国际私法示范法(第六稿)》第 12 条和《民法典(草案)》第九编第 7 条都拓宽了外国法无法查明时的解决方法,在适用法院地法的处理方式基础上增加了适用与该外国法律相类似的法律或者按照最密切联系原则确定应该适用的法律两个处理办法。就适用法院地法的处理方式来说,我们应该消除偏见,实际上从世界范围来说该方法是一种简单、有效的普遍做法,我国也没有理由拒绝它。

而关于适用与该外国法律相类似的法律的办法,如果对于什么是与该外国法律相类似的法律不能给出明确合理的解释,则有可能反而造成实践的混乱,与该法律相类似的法律可以包括很多种法律,可能是该法律立法过程中借鉴过的其他国家法律,也可能是该国国内法中与该专门法相近的其他部门法或者是特别法无法查明时适用该国的普通法。而至于按照最密切联系原则确定应该适用的法律,实际上采用该处理方法的立法与实践并不多。该方法从其自身来说,也只能是处于一种补充性的地位。在合同等采用当事人意思自治原则的领域,如果当事人选择适用的法律无法查明而采用该方法还有一定合理性,但是如果无法查明的该外国法本身就是根据最密切联系原则所选择确定的(包括具体冲突规范规定中采用了最密切联系原则,以及国际私法立法中存在"例外条款"的规定,使与案件明显具有更密切联系的法律排除冲突规范指定的法律的适用等情况),那么该方法无疑不起任何作用。此外,最密切联系原则本身也具有模糊和抽象的特征,在实践中也时有被我国法官所滥用来达到法院地法的适用。该原则的适用虽然不像适用与该法律类似的法律的方法那么不够明确,但是其毕竟要求法官对案件重新进行考察来决定适用何法,从而增加了法院的工作量。显得更加不合理的情况是,法官还可能在该工作结束之后发现与案件有最密切联系的法律就是该不能查明的外国法。因此,虽然笔者也主张打破对外国法无法查明时就适用外国法的传统处理方式,但是笔者认为给法院提供的其他做法的选择应该是明确的和可行的:如果法院地法的适用导致明显不合理的结果,对于相同案件如果存在其他连接点,可以适用该连接点指定的法律;当事人拒绝法院的要求,既不提供有关外国法信息,也不说明合理理由的,也可以驳回其诉讼请求或抗辩。

四、《中华人民共和国涉外民事关系法律适用法》有关条文的评价及实施

2010 年 10 月 28 日,第十一届全国人民代表大会常务委员会第十七次会议通过了《中华人民共和国涉外民事关系法律适用法》,该法将于 2011 年 4 月 1 日起施行。该法第 10 条规定:"涉外民事关系适用的外国法律,由人民法院、仲裁机构或者行政机关查明。当事人选择适用外国法律的,应当提供该国法律。不能查明外国法律或者该国法律没有规定的,适用中华人民共和国法律。"

（一）对该立法的评价

外国法查明的有关规定出现在《涉外民事关系法律适用法》的"一般规定"部分,表明外国法的查明问题的重要性在我国受到关注。该问题的地位从之前的司法解释中的有关规定,最终上升为正式立法。该条对外国法查明责任的承担和外国法的无法查明予以规定,但对外国法查明的方法并没有涉及。该条关于外国法无法查明的规定十分简单明了,根据该条规定,外国法无法查明的即适用中国法。对于外国法无法查明的这一处理方式,符合国际社会一般做法,措辞上去掉了以前有关司法解释和立法草案中常出现的外国法无法查明可以适用中国法的规定中的"可以",使法院实施和操作起来更加简单、明确。下文将主要围绕外国法查明责任的承担问题对该条规定予以评价。

在外国法查明责任的承担上,根据该条规定,应予以适用的外国法由法院等负责查明。这实际上是从原则上规定了法官承担外国法查明的责任,其应该依职权对应予适用的外国法进行查明。在这一点上,该立法的最后文本和之前 2010 年 8 月 23 日十一届全国人大常委会第十六次会议审议并公布的《中华人民共和国涉外民事关系法律适用法(草案)》第 11 条的有关规定并不一样。该"草案"第 11 条的有关规定将查明外国法的责任主要放在了当事人的身上,而《涉外民事关系法律适用法》第 10 条的规定与其正好相反。对法官应依职权查明外国法的确认,应该是《涉外民事关系法律适用法》第 10 条的最大亮点。该条第一次在中国法上明确了法官应承担查明外国法的责任。通过对之前我国最高法院的司法解释和有关立法建议案的考察,我们可以看到,尽管最高法院和立法机关也注意到了外国法查明责任的承担问题,但是却从来没有明确承认法官有责任查明外国法。实际上,立法最后做了如此规定,也是因为在对"草案"第 11 条规定的审议中,有专家提出"查明外国法律应当是人民法院的职责",在立法中应该对此予以明确。①

---

① 参见《明确外国法查明问题》,资料来源:"中国人大网"(http://www.npc.gov.cn/huiyi/cwh/1117/2010-10/26/content_1600730.htm),访问时间:2010 年 11 月 6 日。

这种做法是可取的。正如前文所述,如果不明确法官应依职权对外国法予以查明,则就存在将冲突规范的适用置于任意性适用境地的危险。冲突规范在我国的地位应该是由法官强制适用的,与此相适应,我国立法就应该从原则上明确法官应依职权查明外国法。①

除了规定法官应承担外国法查明的责任这一基本原则以外,《涉外民事关系法律适用法》第 10 条还同时规定,当事人选择适用外国法律时应该提供该外国法的内容。这实际上是授权法官在一定条件下,可以要求当事人对外国法的查明予以协助。而该条件即为当事人选择了适用外国法律。由此,在当事人可以对有关涉外民事关系的法律适用进行选择的案件中,法官可以要求当事人分担有关的外国法的查明责任。而根据《涉外民事关系法律适用法》的有关规定,这些案件类型主要包括信托、夫妻财产关系、协议离婚、动产物权、合同以及侵权等。② 这些领域都是当事人可以自由处分的权利领域,在这些领域要求当事人对外国法的查明予以协助也是合理的,也符合本文前述的理想的外国法查明责任承担制度。

但是,值得指出的是,当事人在选择适用外国法时,其应该在多大程度上承担外国法查明的任务?如果当事人在此情况下,拒绝或无法提供外国法的内容,则会导致怎样的后果?对此,我们却并不能得到明确的答案。从该条规定的表述来看,既然法院应该负责外国法的查明是一项原则,那么即使当事人不予提供其选择适用的外国法的内容,法院也应该通过别的途径来争取查明外国法。但是,从立法过程中有关专家的意见来看,似乎又并非如此。有关专家曾指出,"当事人提供外国法律是(外国法)查明的重要条件"③,那是否意味着,如果此条件不获满足,法官可以放弃外国法的查明了呢?此外,从该条规定的文字表述来看,其在规定"当事人选择适用外国法律的,应当提供该国法律"时,用的措辞是"应当",那么即意味着,当事人承担着提供其选择适用的外国法的义务,如果其不履行该义务,就应该带来惩罚性的后果。如果法官在此情况下,自己还要通过其他途径完成外国法的查明任务,显然就使当事人没有承担任何不履行其法定义务的后果。

此外,在该条的规定中,也仍然还存在其他不甚明确的地方。该条规定"当事人选择适用外国法律的,应当提供该国法律",此处的"选择"一词,是

---

① 《涉外民事关系法律适用法》第 2 条规定:"涉外民事关系适用的法律,依照本法确定。"
② 参见《涉外民事关系法律适用法》第 17、24、26、37、38、41、44 等条的规定。
③ 参见《明确外国法查明问题》,资料来源:"中国人大网"(http://www.npc.gov.cn/huiyi/cwh/1117/2010-10/26/content_1600730.htm),访问时间:2010 年 11 月 6 日。

否要求必须是双方当事人合意选择,其是否可以被理解为一方当事人单方面"选择"或"主张"适用外国法呢?如果答案是可以包括当事人单方主张适用外国法的情况,则意味着在所有类型的案件中,只要一方当事人主张外国法的适用,其就应该提供有关外国法的内容。在此情况下,外国法的地位将和"事实"类似,其将成为和事实一样要由当事人举证证明的事项。基于本文前文所述的理由,在涉及到社会公共利益的领域,如婚姻、家庭、产品责任等案件中,当事人不被允许自由选择应适用的法律,法官也应该承担完全的外国法查明的责任。由此,我们主张这里的"选择"还是应该是"当事人的合意选择"。但是,在此情况下,又产生了一个问题,既然外国法的适用是双方当事人共同选择的,那么,又应该由哪一方当事人来提供该外国法律呢?还是双方当事人都必须对外国法内容予以提供?这一问题有待立法和司法机关的进一步明确。

最后,正如有关专家所指出的,"当事人提供外国法律是(外国法)查明的重要条件",那么在"当事人选择适用外国法律"这一特定情况之外的其他情况下,即外国法的适用时法官决定的时候,法官是否也可以要求当事人就外国法的查明予以协助,提供有关外国法的内容呢?就此,从该条的有关规定来看,我们也不得而知。这也有待于司法机关在实践中进一步明确。

(二) 对该立法实施的建议

该立法条文的有关规定,虽然言简意赅,但是正如上文分析所显示的,在有些问题上还是不太清楚、完善。这必然引起司法机关在对该立法的实施中会遇到一些困难。我国最高法院有必要在有关问题上发布司法解释,予以澄清和完善,以指导我国法院对该立法的实施。

在外国法查明责任的承担上,有关司法解释首先要明确如下问题:当事人应该提供外国法内容的情况是限于当事人双方合意选择适用外国法的时候,还是一方当事人主张案件适用外国法就应该提供该外国法的内容?在当事人合意选择适用外国法时,具体是应由哪一方当事人提供外国法,还是双方当事人都需要提供外国法呢?当事人拒绝或无法提供外国法的内容时如何处理?法官在当事人没有选择适用外国法的时候,是否也有权要求当事人提供应适用的外国法的有关内容呢?

就这些问题,我们认为,在当事人合意选择适用外国法的时候,这些案件往往是与财产或经济利益有关的领域,对于这些案件,当事人应该部分承担查明外国法的责任,双方当事人都有义务提供其选择适用的外国法的内容,如果他们提供的外国法内容相互矛盾,法官有义务自己进行查明并作出判断,当事人如果拒绝提供有关外国法的内容,则法官可以驳回其诉讼请求或抗辩;在其他案件中,法官也可以根据具体情况,比如一方当事人在查明某外国法上具有便利条件,而请求当事人对其查明外国法的工作予以协助,提供有关外国法的内容,如果当事人拒绝提供或无法提供有关外国法的内容,法官也应该自己通过其他途径进行外国法的查明,而不能以此为理由驳回该当事人诉讼请求或抗辩或者直接认定"外国法无法查明"。

在外国法查明的方法上,虽然该立法没有对其予以明确规定,但是在司法实践中,应该允许法官和当事人用一切合法手段对外国法内容进行确定和证明。有关司法解释可以推荐一些常用、有效的外国法查明方法,对法官和当事人予以指导,但是也应当仅是推荐,以为实践的发展以及新的外国法查明方法的采用留有空间。

在外国法无法查明的问题上,虽然该立法的规定简单而合理,对于外国法无法查明的认定问题也应该留给法官在实践中自由裁量,但是为了限制我国司法实践中滥用"外国法无法查明"的倾向,我国司法机关应该注意对法官认定外国法无法查明的权力予以限制。因此,既然该立法已经明确了外国法的查明是我国法院的职责,所以一方面,我们应该要求法官在判决中对"外国法无法查明"的认定特别说明理由,并说明其所进行的外国法查明行为以及对法定职责的履行;另一方面,应该允许当事人就法官对"外国法无法查明"的认定进行上诉,当事人对该认定进行上诉的主要理由就是法官没有履行自己在查明外国法上的职责而轻易地认定"外国法无法查明"。

本 章 小 结

本章论述了中国的外国法查明问题。在 2010 年 10 月 28 日《中华人民共和国涉外民事关系法律适用法》通过之前,我国立法并没有关于外国法查明制度的规定,但是最高人民法院先后作出的多个司法解释中有相关规定。1988 年最高人民法院《关于贯彻执行〈中华人民共和国民法通则〉若干问题的意见(试行)》(以下简称 1988 年"意见")第 193 条存在的漏洞和模糊之处过多,很难解决司法实践中的外国法查明问题,也导致了司法实践上的困难与混乱。2007 年最高人民法院《关于审理涉外民事或商事合同纠纷案件法律适用若干问题的规定》(以下简称 2007 年"规定")第 9 条和第 10 条规定了合同纠纷案件中的外国法查明制度,要求在合同事项上查明外国法的责任由当事人来承担。该制度体现了很强的试图借鉴英美法模式将外国法作为"事实"来对待的痕迹和实用主义倾向。

在2007年"规定"生效之前,我国对外国法查明的责任问题都没有任何规则,在实践中也没有统一的做法。大部分法院在审判实践中,是将外国法查明的责任交给了当事人。我国法院采用了包括有关司法解释中所规定的五种查明方法在内的各种外国法查明方法。我国法院作出有关外国法无法查明的认定也并未以穷尽司法解释规定的五种途径为前提。我国的有关司法实践中,法院显示出了一种滥用"外国法无法查明"的倾向。在外国法无法查明时适用中国法是我国的一贯态度和做法。我国外国法查明的现状中存在的最主要的问题是,外国法查明制度在我国法院经常被滥用,从而实际上成为限制外国法适用的手段,使冲突规范适用的目的落空。该问题的关键成因在于外国法查明责任的概念和制度的缺失。而将外国法当作事实来对待的观念和倾向也是该现状产生的重要因素。

我国进行有关外国法查明的立法是十分必要的,理由包括:一般证据规则并不能满足外国法查明的需要;就外国法查明制度进行专门的规定也是一种立法的国际趋势;对外国法查明问题进行立法,尤其是对外国法查明责任承担的明确规定,是解决我国实践中滥用"外国法无法查明"现象的最好途径。外国法的查明应在国际私法立法的总论部分加以规定。《中华人民共和国民法典(草案)》第九编、《中华人民共和国国际私法示范法(第六稿)》和最高人民法院《第二次全国涉外商事海事审判工作会议纪要》等曾经出现的有关草案都未能提供完善的外国法查明制度。

比较法中理想的外国法查明制度应该围绕公平合理的外国法查明责任承担规则建立,能充分发挥和调动法官和当事人在外国法查明上的能力和积极性,并能保证查明结果的相对准确性。但外国法的查明和适用问题也受到各国国内不同的法律传统和文化的影响,并且与各国司法机关的联系也十分紧密。还要考虑结合我国的实际情况,才能得到中国法中合理的外国法查明制度。

《中华人民共和国涉外民事关系法律适用法》第10条是我国第一个关于外国法查明的立法。该条规定出现在该法的"一般规定"部分,显示了外国法查明问题的重要性在我国得到了注意。该条对外国法查明责任的承担和外国法的无法查明予以了规定,但对外国法查明的方法并没有涉及。该条的有关规定基本合理,但是就其具体实施仍有一些问题需要明确。该条第一次在中国法上明确规定,从原则上说法官应依职权查明外国法,这与我国冲突规范应该由法官强制适用的地位是相适应的。该条规定同时授权法官在当事人选择了适用外国法律的情况下,可以要求当事人对外国法的查明予以协助,这些情况一般涉及当事人可以自由处分的权利领域,在这些领域要求当事人对外国法的查明予以协助也是合理的,也符合本文前述的理想的外国法查明责任承担制度。根据该条规定,外国法无法查明的即适用中国法。这符合国际社会一般做法,措辞上也使法院实施和操作起来更加简单、明确。但就该条规定的具体实施,应明确:在当事人合意选择适用外国法的时候,当事人应该部分承担查明外国法的责任,双方当事人都有义务提供其选择适用的外国法的内容,当事人如果拒绝提供有关外国法的内容,则法官可以驳回其诉讼请求或抗辩;在其他案件中,法官也可以根据具体情况,而请求当事人对其查明外国法的工作予以协助,提供有关外国法的内容;在司法实践中,应该允许法官和当事人用一切合法手段对外国法内容进行确定和证明;为了限制我国司法实践中滥用"外国法无法查明"的倾向,我们应该一方面要求法官在判决中说明其所进行的外国法查明行为,另一方面允许当事人就法官对"外国法无法查明"的认定进行上诉。

主要参考文献

（一）中文著作

1. 黄进主编：《国际私法》，法律出版社2005年版。
2. 中国国际私法学会：《中华人民共和国国际私法示范法》，法律出版社2000年版。
3. 张卫平：《诉讼架构与程式——民事诉讼的法理分析》，清华大学出版社2002年版。

（二）中文论文

1. 郭玉军：《近年中国有关外国法查明与适用的理论与实践》，载《武大国际法评论》（第7卷），武汉大学出版社2007年版。
2. 郭玉军：《论外国法的查明与适用》，载《珞珈法学论坛》（第6卷），武汉大学出版社2007年版。
3. 黄进：《论国际私法中外国法的查明——兼论中国的实践》，载《河北法学》1990年第6期。
4. 贺晓翊：《我国法院对英美法系判例法的查明与适用》，载《人民法院报》2004年11月10日。
5. 胡敏飞：《我国关于外国法查明的若干问题探析》，载《浙江工商大学学报》2005年第1期。
6. 刘萍：《我国域外法查明的现状、反思和重构》，载《中国国际私法学会2006年年会论文集》。
7. 李旺：《涉外案件所适用的外国法的查明方法初探》，载《政法论坛（中国政法大学学报）》2003年第1期。
8. 李研：《英法两国关于外国法查明问题之比较及其启示》，载《郑州大学学报（哲学社会科学版）》2005年第3期。
9. 宋晓：《外国法：事实与法律之辨》，载《环球法律评论》2010年第1期。
10. 徐鹏：《冲突规范任意适用研究》，武汉大学博士学位论文，2006年。
11. 徐鹏：《外国法查明的比较研究——兼评相关条文设计》，载《中国国际私法与比较法年刊》（第10卷），北京大学出版社2007年版，第159—190页。
12. 杨苏：《涉外合同纠纷案件适用法院地法的实践及其完善》，载《法治论丛》2004

年第 1 期,第 38 页。

13. 晏圣民:《涉外海事审判中外国法适用的困境和出路》,载金正佳主编:《中国海事审判年刊》(2003),人民交通出版社 2004 年版,

14. 叶自强:《司法认知论》,载《法学研究》1996 年第 4 期,第 26 页。

15. 俞灵雨:《外国法的选择适用和查明》,载《人民司法》2003 年第 6 期。

16. 詹思敏:《外国法的查明与适用》,载《法律适用》2002 年第 11 期。

17. 詹思敏、侯向磊:《域外法查明的若干基本问题探讨》,载《中国海商法年刊》(第 14 卷)。

18. 张磊:《外国法的查明之立法及司法问题探析》,载《法律适用》2003 年第 1 期。

19. 张旭科:《涉外民商事审判中外国法的查明》,载《人民法院报》2004 年 11 月 17 日。

(三) 英文著作

1. Dicey and Morris, *The Conflict of Laws*, 13th ed., Sweet & Maxwell, 2000.

2. Richard Fentiman, *Foreign Law in English Courts*: *Pleading, Proof and Choice of Law*, Oxford, 1998.

3. Sofie Geeroms, *Foreign Law in Civil Litigation*: *A Comparative and Functional Analysis*, Oxford, 2004.

(四) 英文论文

1. Adrian Briggs, The Meaning and Proof of Foreign Law, *Lloyd's Maritime and Commercial law Quarterly*, 2006, pp. 1—7.

2. Alfonso-Luis Calvo Caravaca & Javier Carrascosa Gonzalez, The Proof of Foreign Law in the New Spanish Civil Procedure Code 1/2000, in *IPRax*: *Praxis des Internationalen Privat- und Verfahrensrechts*, Issue 2, 2005, pp. 170—174.

3. Barry J. Rodger & Juliette Van Doorn, Proof of Foreign Law: The Impact of the London Convention, 46 *Int'l Comp. L. Q.*, Vol. 46, 1997, p. 160.

4. David MacClean, Perspectives on Private International Law at the Turn of the Century: General Course on Private International Law, *Recueil des Cours*, Vol. 282, 2000, p. 227.

5. De Boer, Facultative Choice of Law: the Procedural Status of Choice-of-Law Rules and Foreign Law, *Recueil de Cours*, Vol. 257, 1996, pp. 225—421.

6. Doug M. Keller, Interpreting Foreign Law through an Erie Lens: A Critical Look at United States v. MCNAB, *Tex. Int'l L. J.*, Vol. 40, p. 171.

7. Douglas R. Tueller, Reaching and Applying Foreign Law in West Germany: A systemic Study, *Stan. J. Int'l L.*, Vol. 19, 1983, pp. 99—123.

8. F. Vischer, General Course on Private International Law, *Recueil des Cours*, Vol.

232, 1992, pp. 9—256.

9. Friedrich K. Juenger, General Course on Private International Law, *Recueil des Cours*, Vol. 193, 1985, p. 203.

10. Guido Alpa, Foreign Law in International Legal Practice: An Italian Perspective, *Mediterranean Journal of Human Rights*, Vol. 4, 2000, pp. 165—183.

11. I. Zajtay, The Application of Foreign Law, *International Encyclopedia of Comparative Law*, Vol. 3, 1972.

13. John Merryman, Foreign Law as a Problem, *Stan. J. Int'l L.*, Vol. 19, 1983, p. 167.

14. John R. Brown, Ways to Prove Foreign Law, *Maritime Lawyer* 9 (1984), pp. 179—196.

15. John G. Sprankling & George R. Lanyi, Pleading and Proof of Foreign Law in American Courts, *Stan J. Int'l L.*, Vol. 19, 1983, p. 3.

16. John R. Schmertz Jr., The Establishment of Foreign and International Law in American Courts: A Procedural Overview, *Va. J. Int'l L.*, Vol. 18, 1978, p. 714.

17. Klaus Sommerlad & Joachim Schrey, Establishing the Substance of Foreign Law in Civil Proceedings, *Comparative Law Yearbook of International Business*, Vol. 14, 1992, p. 147.

18. Louise Ellen Teitz, From the Courthouse in Tobago to the Internet: the Increasing Need to Prove Foreign Law in US Courts, *Journal of Maritime Law and Commerce*, January, 2003, pp. 97—98.

19. Maarit Jäntera-Jarebor, Foreign Law in National Court: A Comparative Perspective, *Recueil des Cours*, Vol. 304, 2003, pp. 179—385.

20. Roger J. Miner, The Reception of Foreign Law in the U.S. Federal Courts, *Am. J. Comp. L.*, Vol. 43, 1996, p. 587.

21. Richard Fentiman, English Private International Law at the End of the 20th Century: Progress or Regress? In Symeon C. Symeonides (ed.), *Private International Law at the End of the 20th Century: Progress or Regress?* Kluwer Law International, 2002, pp. 187—188.

22. Stephan L. Sass, Foreign Law in Federal Courts, *American Journal of Comparative Law*, 1981, p. 109.

23. The Permanent Bureau of the Hague Conference on Private International Law, The Treatment of Foreign Law (Succinct Analysis Document), Information Document of February 2007 for the attention of the meeting of experts of 23 and 24 February 2007 on the treatment of foreign law.

24. Trevor Hartley, Pleading and Proof of Foreign Law: the Major European Systems Compared, *International & Comparative Law Quarterly*, Vol. 45, 1996, pp. 271—292.

25. Ulrich Drobnig, The Use of Foreign Law by German Courts, in Erik Jayme (ed.), *German National Reports in Civil Law Matters for the XIVth Congress of Comparative Law in Athens 1994*, Heidelberg, 1994, p. 21.

(五) 法文著作

1. A. Bucher et A. Bonomi, *Droit International Privé*, Bâle etc., 2004.

2. B. Ancel et Y. Lequette, *Les Grands Arrêts de la Jurisprudence Française de Droit International Privé*, Paris, 2006.

3. Bénédicte Fauvarque-Cosson, *Libre Disponibilité des Droits et Conflits de Lois*, Paris, 1996.

4. Bernard Audit, *Droit International Privé*, Economica, 2007.

5. Pièrre Mayer et Vincent Heuzé, *Droit International Privé*, Montchrestien, 2004.

7. B. Dutoit, *Le droit international privé ou le respect de l'altérité*, Bruselles, Bruylant, 2006.

8. B. Dutoit, *Droit international privé suisse: Commentaire de la loi fédérale du 18 décembre 1987*, Bâle: Helbing & Lichtenhahn, 2005.

9. Henri Batiffol et Paul Lagarde, *Traité de Droit International Privé*, Tome I, LGDJ, 1993.

(六) 法文论文

1. Bénédicte Fauvarque-Cosson, Le juge français et le droit étranger, *Recueil de Dalloz*, 2000, p. 125.

2. Fallon, L'Application du droit étranger en Belgique, *Revue Critique de Droit International Privé*, 1996, p. 308.

3. Fallon, L'accès aux bases de données de droit étranger, *Journal des Tribunaux*, 1987, p. 33.

4. François Mélin, Vers un alourdissement de l'office du juge à l'égard des lois étrangères? *Petites Affiches* n° 27, 6 février 2003, pp. 15—26.

5. Jean-Pierre Ancel, Le juge français et la mise en oeuvre du droit étranger, *1997 Rapport Annuel de la Cour de Cassation*, 1998.

6. Pièrre Mayer, Les procédés de preuve de la loi étrangère, in *Mélanges J. Ghestin*, Paris, 2001, pp. 617—635.

(七) 网络资源

1. Eleanor Cashin Ritaine, *Editorial*, in ISDC's Letter, Jan. 2006, available at http://

www. isdc. ch/d2wfiles/document/4307/4017/0/ISDC.

2. Association of the Bar of the City of New York, Committee on International Commercial Dispute Resolution——"Proof of Foreign Law after Four Decades with Rule 44.1 FRCP and CPLR 4511"（2006）60:1 *The Record* 49, available at http://www. nycbar. org/Publications/record/vol_61_no_1. pdf.

3. "江苏省轻工业品进出口股份有限公司与江苏环球国际货运有限公司、美国博联国际有限公司海上货物运输合同纠纷案"（武汉海事法院2001年12月25日判决），资料来源：中国涉外商事海事审判网 http://www. ccmt. org. cn/hs/ news/show. php? cId = 700。

4. 郑新俭、张磊：《中国内地域外法查明制度之研究》，资料来源：中国涉外商事海事审判网 http://www. ccmt. org. cn/ss/explore/exploreDetial. php? sId = 811。

5. 《规范管理 积极探索 努力搞好涉外海事审判工作》，资料来源：中国涉外商事海事审判网 http://www. ccmt. org. cn/ss/news/show. php? cId = 6360。

6. "昌鑫轮拖航合同纠纷案"、"纳瓦嘎勒克西航运有限公司诉中国冶金进出口山东公司凭保函提货纠纷案"、"美国JP摩根大通银行与利比里亚海流航运公司船舶抵押权纠纷案"，资料来源：中国涉外商事海事审判网 http://www. ccmt. org. cn。

后记　巴洛克与戴着枷锁的舞蹈

外国法查明研究的缘起(至少在我国)是这样的:冲突规范是我们每一个国际私法学人都会精心去培养和呵护的孩子,当她在法院不被重视,受了"忽悠",哭天抹泪地回来时,我们当然有责任去看看到底是怎么回事儿。然后,我们发现了"外国法的查明"这个被国内民事诉讼法界宠过了头的坏小子。于是,我们开始从理论和实践等各个方面旁征博引,苦口婆心地试图说服这个坏小子要爱我们家脆弱娇柔的小姑娘,以她的快乐和满足为自己的幸福。但是,这种"家长"式的关爱和说服教育能够让我们爱的人幸福吗?谁也不能(至少在现在)肯定地给出肯定的答案:外国法的查明和各国国内民事诉讼制度和司法传统之间血浓于水的关系,不时让我们的理论和说理显得苍白和无力。国际私法理论有自己的说法,而民事诉讼实践有自己的做法。

两种风格:罗马式还是巴洛克式?

外国法的查明问题与各国的法律传统和司法制度关系如此紧密,以至于我在研究中有时候不仅要分别讨论英美法国家的外国法查明和大陆法国家的外国法查明,还必须要明确地区分甲国的外国法查明和乙国的外国法查明。我的研究对象外国法的查明就如水一样,在不同的容器里具有了不同的形状。不过,这也应该是每个进行比较法研究的人都会有的感受。这种变化与多样性也正是社会科学区别于自然科学而具有的魅力之所在。

正是因为这种多样性的存在,研究中我不时能发现一对对的矛盾与分歧。在国际私法的研究中存在如下两种研究路径:从国际私法冲突法的传统理论出发来研究外国法适用的理论和实践以及从外国法适用的实践情况出发来研究国际私法理论与实践。对外国法的查明问题的研究说明了第二种路径的必要性和力量,显示了国际私法的研究从云端走向地面。这种更加务实的作风不能不说是一种进步。从这个意义上,我们要向产生于德国的"冲突规范任意适用"理论的作者致敬。在国际私法学说和学者中,存在如下两种立场:理想的国际主义与现实的民族主义。国际私法学者中坚持国际主义理想的大有人在,他们从外国法和本国法在本国法院应受到相同对待的理念出发,以相同的案件在不同国家的法院审理都能得到相同的判决结果为理想追求,来设计和评价有关的外国法的适用制度。而现实的民族主义者更关注本国的涉外司法审判情况,正视外国法在本国法院所面对的与本国法不同的境遇以及不同国家的外国法适用制度的不同,并在此基础上期望有关具体跨国民商事争议在本国法院的合理解决。

当面对这些分歧与差异时,时空常常仿佛错位,我恍如站在布拉格城堡广场上,左手是巴洛克,右手是罗马古典。巴洛克喧闹繁复,罗马式沉静简约。巴洛克以多样的细节修饰为重,而罗马式以理性的规则为指导,以对称和统一为美。上述两种研究路径和两种立场都分别带有罗马式和巴洛克风格的影子。而具体到国家来说,罗马式的代表即为德国法院和英国法院的做法,他们虽然也认识到将外国法单一地认为是"事实"还是"法律"的做法有不足之处,却始终不渝地坚持这种单一的立场,并将其贯穿到所有细节,只是二者分别将理论上和实践上的合理性来作为各自行为的指导。而法国法院半个多世纪以来看似热闹而"杂乱无章"的判例,正是巴洛克风格的最好例证。法国法院并没有关于外国法的地位的既定观点或立场,丰富而多样甚至互相对立的理论和判例各自精彩。"我们不喜欢简单的东西",法国人固执而骄傲地说。当德国和英国一边坚持自己的传统单一立场,一边又不得不进行反思的时候,我开始欣赏法国人永远"在路上"的探索精神了。

也正如我们容易被布拉格的巴洛克风格所迷醉一样,在研究中,我也时常冒着迷失在各国或迥异或相似的各种做法之中的风险,但是我也同样陶醉其中。在整个研究过程中,对于外国法的查明问题,当我觉得似乎找到一个能够解决问题的思路时,往往又马上会发现,实践中的种种情况又将我沿着该思路得到的某些结论推翻。从最初的事实与法律的区分路径,到后来的权利是否可以由当事人自由处分的区分,其实都无法为我提供完全满意的答案。问题总比我想象的复杂……外国法查明问题的复杂程度让期望用一种单纯、简单而一致的思路来解决所有问题的人不禁感到失望。对该问题的解决思路和结论似乎只可能是巴洛克式的:不同思路的混合,各种具体问题的纷繁复杂,在一般情况和规则之旁又点缀着几乎喧宾夺主的各种例外。用一种思路来解决所有的外国法查明和适用问题,仿佛如要用一种观点和思路来掌握和概括所有国家的民事诉讼制度一样不现实。我们欣赏罗马式的理性之美,但是巴洛克的丰富与繁复又何尝不是一种美,并且它可能因更接近生活的原貌而显得更加生动。谁说比较法研究就只能是从差异之中寻求统一呢？懂得尊重和欣赏各国不同做法的多样性和差异性，何尝不是比较法学者的另一种快乐？

两种选择：放弃飞翔还是戴着枷锁舞蹈？

在对各种外国法查明方法的考察中，我发现，没有一种方法不曾被认为具有花费过多金钱和时间的弊端。所有的查明方法无一幸免。这可能说明一个问题，成本过高并不是某一个外国法查明方法的缺点，而是外国法查明这一过程所无法避免的缺点：外国法的查明和适用就意味着当事人要花费更多的时间和金钱，法官要付出更多的劳动，诉讼程序运行的成本也必然要增加。但是，更加令人忧伤的是，这种种烦劳却并不能达到预期的和令人满意的结果。法官对外国法的了解永远也达不到其对本国法的了解，法官对外国法的适用永远也无法达到其对本国法适用的准确程度。即使通过了外国法的查明程序，法官获得了有关的知识，但是某个特定国家的法律除了具体条文、有关司法解释和判例等情况之外，其背后还有很丰富的内涵，与各国的文化传统、政治制度等密切相关，这些都是不可能通过本著作所述的有关外国法查明制度可以获得和掌握的。在对外国法的了解和确定上，如果把外国法认为是一个客观实在的话，本国法官对它的了解和掌握只可能是：无限靠近但却永远无法真正到达。在外国法面前，本国法官永远无法从"摄影师"转变为一个自信地"参与创造的建筑师"。①

飞行中的鸟，它可以无限靠近地面却不能真正触及它，除非它放弃飞翔。也如鸟一样，在国际私法中有关外国法的适用制度的设计中，我们可以无限接近"如外国法院一样适用外国法"的目标，但是由于不同国家司法制度不同等客观条件的限制，这一目标也是永远无法真正达到的。对外国法的"最好"的适用永远只存在于其本国。从这个角度来说，我们不能不黯然承认，理想的外国法查明和适用制度，即能够帮助和促成法官如适用本国法一样适用外国法的该制度，在现实之中是不存在的。

当我们认清了这一点后，或许会发现，学者们为了实现自己倡导的外国法的适用和一个无法实现的理想，而为当事人增加外国法查明的负担，使其

---

① Werner Goldschmidt 曾指出，"对于本国法，法官像建筑师一样参与创造，而对于外国法，其满足于做一个摄影师"。Werner Goldschmidt, *Die philosophischen Grandlagen des internationalen Privatrechtes*, Festschrift Martin Wolff, Tübingen, 1952, 203 at 217. 转引自 F. Vischer, General Course on Private International Law, *Recueil des Cours*, Vol. 232 (1992), p. 82.

处于比本国法的适用更不利的地位,在当事人都并不希望冲突规范适用的时候显得是多么的自私。我开始理解"冲突规范任意适用"论者的苦心,也开始理解斯堪的那维亚国家在外国法的查明和适用上的"半糖主义":法院要么只会在需要解决的法律问题清晰明确并且待适用的外国法律规范相对简单的情况下适用外国法(这在通常情况下并不需要有关外国法内容的充分证据),要么倾向于依据他们知道的或能够知道的材料来作出裁判,不管这些材料多么有限或对外国法的推测可能出现谬误。①

那么,我们是否可以放弃外国法的适用呢?如果放弃了外国法的适用这一任务,则就可以免去查明外国法的诸多"烦劳"。放弃了飞翔,还何需飞翔的技巧?

从理论上来说,避免外国法的适用、避免外国法查明的方式有多种。最简单的方式是法院拒绝审理含有涉外因素的案件或者拒绝适用外国法而只适用法院地法。但这不仅是人类历史的倒退,而且是国际私法学界的自掘坟墓。然而,也不能否认,历史也同样能给我解决问题的智慧。曾经在古老欧洲广泛采用的"商人法"(lex mercatoria)的复兴以及其他国际"统一实体法"运动,让我们的国际主义理想在商事领域看到了实现的曙光。最后,我们也可以通过加强对国际民商事案件管辖权的统一国际立法,仅从对管辖权进行控制的角度来达到国际民商事争议的合理解决。

从经济学的角度来看,关于案件处理的最理想状态(耗费最少的资源和成本而解决纠纷)应该是法院只适用法院地法。如果当事人希望某项外国法适用于其纠纷,则其最好的选择就是向该外国的法院提起诉讼。因为,毫无疑问,对一项法律最了解的只能是其本国法官。这就如一个理性的消费者选购商品一样,我们会根据所需商品的不同而选择不同的品牌和商店。在此情况下,国际性案件的法律适用将完全取决于原告对法院的选择。

在上述情况下,效率可能得到很大的满足。那么,对于正义的关照又如何体现呢?在法院只适用本国法的理想状态下,应该在于通过对管辖权的控制来对案件的法律适用进行控制:为了排除与案件没有足够联系的法律的适用,坚持把案件与法院地的必要联系作为确定法院管辖权的标准。对各国法院滥用管辖权的控制可以排除大部分的案件法律适用上的不正义。在此,不能不提到1999年海牙《民商事管辖权及外国判决公约》(草案),其

---

① See Maarit Jäntera-Jarebor, Foreign Law in National Court: A Comparative Perspective, *Recueil des Cours*, Vol. 304, 2003, pp.310, 311.

应该被认为是整个国际社会追求该种模式的重要一步。由此，我们也应该反过来认为，这种将外国法的查明问题从根本上消除的设想和模式是有一定可行性的。

如果我循着这个思路更进一步设想，则在遥远的未来，随着国际私法的国际法渊源的逐渐增加，在商事领域，各国法院都适用有关的统一实体法，而在民事身份领域，采用英国法院的做法，将冲突限制在管辖权领域，在法律适用问题上只适用法院地法。由此，外国法的查明问题将不再如今天这样困扰我们。

但是，且慢！我们的冲突法呢？谁来关照我们娇弱的冲突规范？！

正如学会了飞翔的鸟儿无法遏制自己对天空的向往一样，领略和掌握了国际私法这一博大精深的学问的人也无法轻言和接受对适用外国法的彻底放弃。每一个国际私法学人对冲突法理论和制度的热烈深沉的爱，也是不能为圈外人所感同身受的。因此，"冲突规范任意适用"的理论从问世之初就遭到围攻，更不用说主张放弃冲突规范和外国法的适用的论调了。

让外国法在本国法院得到和本国法一样的适用机会和待遇，使争议的国际关系得到更令人满意的解决，自巴托鲁斯（Bartolus）起就一直是各国国际私法学者所孜孜以求的目标和梦想。而这一目标实现的事实不能和为实现这一目标所要付出的种种努力和"烦劳"，都无法阻止我们对这一梦想的追求。托马斯医生因为热烈深沉的爱，在轻与重的痛苦抉择中坚定地选择了后者，在"非如此不可"（Es muss sein!）的信念下奔向自己的命运直至死亡。谁能否认他在"重"的负担之下绽放的生命曾经更加快乐和幸福？那么，对于国际私法学界来说，我们所要做的，就是在合理的范围内，如何尽量更加接近这一目标，在外国法的适用包括外国法的查明等理论和制度上，继续上下求索，蹒跚前行……

让我们向戴枷锁的舞者致敬！